华东政法大学竞争法与竞争政策丛书

丛书主编：徐士英

竞争推进的理论与制度研究

Research on the Theory and Institution of Competition Advocacy

向立力／著

法律出版社
LAW PRESS·CHINA

本项目研究得到英特尔（中国）有限公司的资助

政府与市场的关系

——经济体制改革的核心问题(总序)

从1992年党的十四大报告确立我国建立社会主义市场经济的经济体制改革目标,至今已经过去了整整三十年时间。在这三十年时间里,我国已经基本建立了社会主义市场经济体制。但是,完善这一体制的任务仍然十分艰巨,很多严峻的问题有待解决。2012年,中国共产党的十八大报告中明确提出:"经济体制改革的核心问题是处理好政府和市场的关系",这一论断,一针见血地把新一轮改革的目标直指经济体制本身。在大多数经济资源的配置已经由市场起基础性作用的进程中,政府是有力推动,还是消极影响,甚至不当阻碍,已经成为直接左右经济体制改革能否成功的核心问题。

竞争是市场经济体制的核心机制,处理好政府与市场之间的关系,讲到底就是在多大程度上、多宽范围内依赖竞争机制实现资源的配置。尽管我国绝大多数的竞争性领域都已经对非国有经济开放,但看得见、进不去的"玻璃门"现象仍然广泛存在。在巨型国企轮番"攻城略地"的背后,政府支持的影子若隐若现。有关"国进民退"引发的争议如同当年外商投资企业"超国民待遇"的争议一样,借助行政权力限制市场竞争的现象,成为社会公众的普遍担忧。这种现象的产生,究其实质,关键在于尚未真正建立一个公平竞争的市场环境。毫无疑问,要创造公平有序的市场竞争环境,必须要明确制定和有效实施全面的竞争政策。这里所指的有效的竞争政策不仅要对市场中的限制竞争行为予以规制,同时也要对政府的限制竞争行为予以防范。多年来,我国经济的发展主要依靠的是政府主导的方式。具有明显产业政策性质的普遍实行的经济政策,被认为是保障经济高速增长的法宝,即使改革开放至今,这一模式仍被引以为豪,而忽视了竞争政策在一个市场经济体制中极为重要和核心的作用。随着市场经济发展的进一步深入,体制问题以其不同于改革初期的特殊与复杂的形式被再次摆到了我们的面前。如何制定我国的竞争政策,能否有效协调竞争政策与其他经济政策的关系,创造有利于经济持续发展的竞争环境,已经成为检验处理好政府与市场的关系的核心标准,也关系到改革的成败。

关于“竞争政策”的含义,大多数国家将其界定为“为维持和发展竞争性市场机制所采取的各种公共措施”,包括专门限制市场垄断的反垄断法律制度(狭义的竞争政策含义),以及其他一系列鼓励竞争、推进竞争的行业法律制度和经济政策。由于各国国情和体制的差异,对于竞争政策的理解和侧重也就各不相同。发达国家大多从广义的竞争政策出发,确立清晰的阶段性竞争政策目标,再聚焦到狭义竞争政策即竞争法的实施。与此相对应,发达国家的竞争政策研究除了关注法律实施标准和规则的不断精细化之外,还广泛关注执法之外影响政府决策和体制改革的一系列“竞争推进”措施。而发展中国家和转型经济国家的普遍做法则是通过竞争立法及其实施,逐步实现广义的竞争政策的全面推行。换言之,这些国家基本上以竞争执法为主导,试图通过广泛且严格的竞争执法提升竞争政策理念的社会共识,并带动本国竞争文化的发展。由于这些国家普遍缺乏竞争理念的传统,政府管制较强,并在市场经济和竞争文化相对不够成熟的条件下实施法律,其有关竞争政策的研究更加注重本国国情,也更加重视政府主导的其他经济政策和社会政策对于竞争政策的影响。但是不管怎样,在竞争政策的框架下研究竞争法实施的思路已成为当今国际竞争法学界的共识。

从竞争政策的内涵来看,我国以打破垄断,建立竞争性经济体制为目标的改革本身就是竞争政策实施的具体体现,尽管以前并没有明晰的竞争政策的概念。而在2008年施行的《反垄断法》中,更是第一次以立法的形式明确规定,国务院成立反垄断委员会,其首要职责就是“研究拟定有关竞争政策”(《反垄断法》第9条),这对于我国建设现代化市场经济体制更是具有战略性推进的重要意义。在经济全球化不断加剧、国际竞争问题备受关注的现实背景下,我国《反垄断法》已经实施五周年之际,认真考虑如何从中国的问题出发,认识竞争政策的重要地位,建立竞争政策的体系,充分发挥竞争政策的功能,深入研究中国竞争政策实施存在的问题及未来努力的方向,已经成为我国包括法学、经济学在内的社会科学研究的重要课题。

由于竞争法律制度及其理念源于西方发达国家,我国的《反垄断法》是一个典型的移植法,因此大多数的前期研究着力于引进和介绍西方理论、制度与案例。这对于我国的立法具有重要的推动作用。但是,在研究中较少的“中国意识”,导致对中国竞争政策实施的历史及其对经济发展的巨大作用、当前的实施现状以及将来实施可能遭遇的困难和阻力关注不够;另外,由于“竞争政策”是在《反垄断法》中予以规定的,也使得人们倾向于将竞争政策仅作狭义理解，认为竞争政策等同于“竞争法律”，忽视了对于经济转型中的国家，法律实施之外的体制改革和竞争推进，是竞争政策更为重要的组成部分。实际上，我国《反垄断法》的条文本身及其实施情况都因经济的转轨性而呈现出了明显个性，使得《反垄断法》的实施不仅关乎反垄断法本身，还关乎一系列法律和体制改革的系统工程。在这种形势下，如果缺乏明确的竞争政策理论指导和清晰的竞争政策目标，不仅《反垄断法》的实施会增加不确定性，其他经济法律和政策对竞争问题的规制也难以形成合力，甚至自相矛盾。这将严重影响竞争政策实施的效力，进而影响市场经济的持续发展。因此，单纯的对法律条文的解析和规范化分析，已经不能从根本上解决我国经济竞争所面临的瓶颈问题，对《反垄断法》的认识也已经不能仅仅局限于法律制度本身，而应该上升到“竞争政策”的高度加以透视。

《反垄断法》实施以来，反垄断执法和司法机构在细化规则和积累经验方面已经作出了巨大努力，并取得了有目共睹的成就。但是，中国当前所面临的经济和社会环境，国内和国际的形势决定了我国竞争政策需要承载更为艰巨的任务，注定了竞争政策必须更加注重竞争法律实施之外的意义。这是因为：

其一，当前国内的市场垄断很大程度上已经是自然垄断、行政垄断、国企垄断和市场垄断的耦合体，相互交织难以区分，单纯依靠反垄断法无法对其形成有效规制。其二，垄断行业问题的复杂性，尤其是来自政府限制竞争行为的干扰、所有制结构问题以及经济危机等多种因素，使得垄断行业改革遭遇瓶颈，需要另觅良策。其三，加入 WTO 后竞争政策越来越与其他经济和社会政策（如产业政策、贸易政策和环境政策等）发生冲突，在“后转型时期”需要建立政策协调的长效机制。其四，更为重要的是，我国一直以来缺乏对竞争政策的明晰认知，无论是政界还是学界，都还没有充分意识到以“竞争政策”来统领经济发展的重要意义，市场经济体制改革的实践与竞争政策的理论长期分离，以致某些经济改革的实践与竞争政策的方向出现偏差，甚至背道而驰的现象。因此，除了竞争法律的有效实施之外，还特别需要全力推进垄断行业的改革，大力普及竞争理念，全面加强针对社会公众和政府部门的竞争宣传，有效建立行政立法的竞争咨询和竞争审查等，为市场经济的健康发展创造良好环境，引导市场经济体制渐进式的变革。而这一切，正是实施竞争政策范畴内的重要内容。从 2012 年开始，在国务院反垄断委员会指导下，我国已经成功举办了两届“中国竞争政策论坛”。这充分表明，竞争政策在整个经济体制改革中逐渐得到重视，并开始实质性地影响反垄断法的实施。

本丛书试图结合中国经济体制改革的历史阶段性和国情本土性，以竞争政策目标为导向，以反垄断法为抓手，以竞争推进为路径，努力构建符合中国特色的竞争政策体系，并对竞争政策制定和实施中的重点和难点问题展开分析和论证。由于"竞争政策"涉及的内容极为庞大，其中每一个问题的展开都犹如打开一扇窗户，看到一片海洋一样，难以做到面面俱到；同时，中国的竞争政策研究也正处于发展进程中，尚无众多具体案例和实施过程可供全面探讨；更由于我们的学识条件所限，在很多问题的把握上感到力不从心，难以深入。因此，本套丛书研究的深度和广度十分有限。本丛书的出版只是期待引发更多的探索和研究，希望能够为推动我国竞争政策发展和竞争文化的传播作出努力。

华东政法大学竞争法研究所
徐士英
2013年8月20日于上海苏州河畔

《华东政法大学竞争法与竞争政策丛书》总　　序

2007年反垄断法的颁布是中国经济政策制定史上的一个重大发展。虽然它不可能使国内外的经营者们都为之欢呼雀跃,但却使一贯以来严于持续监管的人们感到了某种担忧。反垄断法会在经济运行较为有效的时期扼杀企业和企业家精神的发展吗?中国能否在控制价格垄断行为时获得像阿凡达那样的神力呢?大家都在拭目以待。

在任何关于中国竞争法意义的讨论中,建立社会主义市场经济体及其实现路径的政府决定是决不能忽视的。中国正在逐渐由一种混合经济取代传统的指令经济,所以,可以想象,经营者们对于政府及国有企业在经济运行中扮演什么角色还不是十分清晰。鉴于这种情况,现在出版这一套丛书来研究上述问题显然是正当其时。

我得承认,对于中国竞争政策问题的其他综合性研究成果,我了解得并不充分,但无论如何,本项研究是启动的路径之一。与一般的感知不同,本研究并不是简单地将竞争政策归结为仅仅是颁布和实施一部竞争法,而是将其置于市场和社会发展进程的更为广阔的政策框架中加以研究。它确定地指出,随着反垄断法的实施,中央和各级政府的政策需要进行调整,以实现社会主义市场经济的均衡发展。既然中央政府已经作出制定反垄断法的重要决策,那么,经济政策的制定者们也将理所当然地迅速转向研究本丛书所涉及的内容。

本研究提出了关于竞争的各个层面的问题,都是需要我们认真对待的。不仅竞争主管机构和政府部门,而且各类行业管理部门,以及所有的利益相关者都需要考虑和研究。这项研究的一个重要方面就是它非常关注复杂的垄断行为,尤其是来自政府的限制竞争行为,以及所有制结构问题带来的垄断行业的改革进程及其影响。

本研究将视野聚焦于中国竞争政策的实施与各类机构功能的转变。包括竞争执法机构、各个层面的管理机构和行业监管机构。竞争政策的实施将会对政府机构提出更高的要求，要使所有的利益相关者都能够明白竞争及其规则，更好地开展竞争宣传和普及工作。利益相关者除了政府和监管机构之外，还包括学术界、媒体、工会、民间的社会组织，以及民众，尤其是消费群体。因此，加强所有的利益相关者关于竞争方面的能力建设就变得至关重要。

本丛书适合在经济政策方面饶有兴趣的读者，尤其是对于那些在探讨中国竞争政策方面怀有特别兴趣的读者，会更有帮助。

我必须对丛书的主编徐教授表达我的敬意。她为本套丛书的研究与出版，为努力培育在这一领域中的新生一代，为推动与弘扬竞争理念在中国民众中的普及贡献了其整个学术生涯。徐教授坚持不懈地在中国和国际的竞争法研究领域中作出努力，尤其是数年来持续参与联合国贸发会议的政府间专家组会议，在竞争政策的讨论中贡献她的才华。

哈桑·卡卡亚

联合国贸易与发展会议

竞争与消费者政策局

Preface

The adoption of the Anti-monopoly law in China in 2007 was a major development in the history of economic policy making in the country. It did not cheer up many in the business as economist at home or abroad. The spectre of a continued regulator worried business. Would it not stifle the growth of entrepreneurship and business when the economy producing good economic results? Will China not get a new avatar of the Price Control and Monopolies act?

In any discussion on the usefulness of a competition law in China, the evolutionary approach which the Government adopted in establishing a socialist market economy cannot be ignored. Expectedly so, as the command economy is being gradually replaced by a mixed economy, Business is still unclear as what role the state and State Owned enterprises play in the economy. Given this context, there could be no more appropriate time for this volume to be published.

As a matter of fact I am not aware of any other academic study that has given such a comprehensive treatment to the issue of competition policy in China. It is a path braking project. Contrary to popular perception, the study does not treat competition policy as just adoption and implementation of a competition law, but looks at the broader policy framework where competition is encouraged as a market and social process. This rightly points out the along with the implementation of the Anti-monopoly Act, government policies need to be appropriately tuned at the central and state levels to achieve a balanced socialist market economy. The government at the centre has made anti-monopoly law a serious policy issue, therefore one hops that policy makers will take this volume as seriously as it deserves to be taken.

The study brings out the various dimensions of competition issues, which need to be taken seriously, not only by the competition authority and the government, but also by different sector regulators, and all stakeholders. An important aspect of this study is that it has looked at the complexity of monopoly industries, especially the interference from the government restricting competition as well as the issues of ownership structure that hamper the reform of monopoly industries.

As rightly articulated in the study, the competition policy in China would require that various institutions function properly, and these include, the competition agencies, the various branches of government at the centre and regional levels along with sectoral regulators. This would require better accountability of all such bodies, which can only become possible if all stakeholders are aware of the relevant issues, hence the emphasis on advocacy. The stakeholders include, in addition to governments and regulators, people in academia, media, labor unions and the civil society organizations, particularly the consumer groups. It is thus critical to build the capacity of all stakeholders.

The volume would be useful to all those who are interested in economic policies, in general, and in China s approach to competition policy, in particular.

I must also confess my deep admiration for Professor Xu, the author of this volume, for devoting her entire academic life to this topic and her crusade for training new generation of lawyers in this field and for her crusade in pushing the system to work in favor of the common people in China. Prof Xu is exceptionally gifted and works both in China and international fora, including the United Nations, where she contributes regularly to the UNCTAD Intergovernmental Group of Experts on Competition Policy and contributes her talent and knowledge. Thanks.

Hassan Qaqaya

目　录

书中图表一览

第一章 导 论

1997 年,美国联邦司法部(DOJ)下辖的国际竞争政策顾问委员会(ICPC)提议建立一个全球性的竞争法研究讨论平台,旨在全球范围内达成和分享关于竞争法律实施方面的广泛共识。这一提议很快就得到了世界上许多在竞争法律实践上经验丰富的国家的响应。2001 年,美国、澳大利亚、加拿大、欧盟、英国、法国、德国、日本、韩国、墨西哥、南非等国家共同发起成立了"国际竞争网络"(International Competition Network,ICN)。ICN 成立的同时即组建了"竞争推进研究项目组"(Advocacy Working Group,以下简称"ICN 竞争推进项目组"),将"竞争推进"(Competition Advocacy)确定为该组织的首个研究项目。竞争推进项目最初的研究主旨在于归纳和梳理,成员国竞争执法机构在查处竞争违法案件之外,是否还有其他有效措施促进竞争政策的实施。同时,ICN 希望能够将这些非执法类的竞争政策实施措施予以理论化、体系化,进而向成员国提供策略建议。[1] 因此,从理论脉络来看,竞争推进是竞争政策理论的一个分支,从发展阶段来看,竞争推进研究属于竞争政策研究进入比较成熟和深入阶段后的新兴研究领域。

二十年来,国际上围绕竞争推进的研究讨论已经十分丰富和成熟,无论是理论本身的体系化,还是理论指导实践的深入程度,在主要市场经济国家都已经十分完善,甚至在那些传统上被认为属于竞争立法与实践相对滞后的发展中国家,或者是不发达国家,其关于竞争推进的讨论也有了和竞争法律实施相并列的发展态势。相比而言,国内竞争法理论研究的重点还聚焦在竞争法律的实施领域,围绕竞争违法案件的探讨十分热烈和深入,关于竞争推进的研究相对不那么充分,这一情况直到近些年才有了比较明显的转变。随着中央对竞争政策、竞争文化的重视,执法机关以及专家学者开始关

---

〔1〕 更多关于竞争推进研究项目组的介绍可见:http://www.internationalcompetitionnetwork.org/wo-rking-groups/current/advocacy.aspx.,Feb.5,2009。

注竞争政策实施的制度、环境等多方面因素，这给竞争推进研究带来有利的学术氛围。本书是对“竞争推进”相关理论和制度的介绍和研究。

第一节 竞争政策的发展历程与当前的重要性

竞争推进理论和实践的发展取决于竞争政策理论和实践的发展。理论上围绕竞争推进的探讨，只有在竞争政策研究进入相对成熟的阶段，尤其是关于竞争政策实施路径的研究视野，被拓展到竞争执法领域之外以后，竞争推进的重要性才有可能引起理论界的重视。因此，围绕我国竞争推进理论实践的任何研究，应当建立在对我国竞争政策理论与实践的全面了解认识的基础之上。

一、改革开放以来我国竞争政策的发展历程

我国竞争政策从观念到理论体系，从单项政策措施到全面进入法律制度获得确立，经过了长期的发展过程，这一过程与改革开放大局尤其是市场经济体制的引入和逐步确立的进程相辅相成。

（一）竞争政策的基础和准备阶段

从1953年开始粮食统购统销和社会主义三大改造到1978年中共十一届三中全会的时期，中国实行的是高度集中的计划价格管理体制。许多商品的价格长期处于不合理状态，价格没有发挥其调节国民经济的杠杆作用。[1] 在经济领域推行市场机制的探讨被视为与社会主义制度相悖，竞争政策还未进入国家政策的讨论范围。

我国竞争政策的理论研究和实践以改革开放为起点。1978年4月，党的中央工作会议上提出“对整个国民经济实行调整、改革、整顿、提高的方针”，“指出经济建设必须适合我国国情，符合经济规律和自然规律”，“必须在坚持独立自主、自力更生的基础上，积极开展对外经济合作和技术交流”。1978年底召开的党的十一届三中全会进一步肯定了1978年初以来，我国“对经济管理体制和经营管理方法着手认真的改革，在自力更生的基础上积极发展同世界各国平等互利的经济合作”的一系列政策，并明确指出“我国经济管理体制的一个严重缺点是权力过于集中”，“应该坚决实行按经济规律办事，重视价值规律的作用”。此后历次党的重要会议和文件，对于市场

---

〔1〕 闫茂旭：《价格改革与社会主义市场经济体制目标的确立》，载《中共党史研究》2017年第7期。

机制、市场规律在经济建设中的作用进行了持续不断的接纳和肯定。

1981 年党的十一届六中全会通过《关于建国以来党的若干历史问题的决议》明确此后社会主义经济建设的大方向是“在公有制基础上实行计划经济,同时发挥市场调节的辅助作用”,“大力发展社会主义的商品生产和商品交换”。党的十二大报告指出,“有计划的生产和流通,是我国国民经济的主体。同时,允许对于部分产品的生产和流通不作计划,由市场来调节”,而国家经济计划也可以划分为“指令性计划”和“指导性计划”,不搞一刀切。同时“鼓励劳动者个体经济在国家规定的范围内和工商行政管理下适当发展,作为公有制经济的必要的、有益的补充”。1982 年 9 月,中共十二大正式确立“计划经济为主,市场调节为辅”的经济建设和改革原则。十二大指出:“我国在公有制基础上实行计划经济。有计划的生产和流通,是我国国民经济的主体。同时,允许对于部分产品的生产和流通不作计划,由市场来调节,也就是说,根据不同时期的具体情况,由国家统一计划划出一定的范围,由价值规律自发地起调节作用。这一部分是有计划生产和流通的补充,是从属的、次要的,但又是必需的、有益的。”

1984 年党的十二届三中全会作出《中共中央关于经济体制改革的决定》,在巩固十二大突破“计划经济同商品经济对立的传统观念”的成果的基础上,进一步指出,要“从根本上改变束缚生产力发展的经济体制”,需要吸收借鉴“当今世界各国包括资本主义发达国家的一切反映现代社会化生产规律的先进经营管理方法”,“要突破把计划经济同商品经济对立起来的传统观念”,“商品经济和价值规律问题上,社会主义经济同资本主义经济的区别不在于商品经济是否存在和价值规律是否发挥作用”。中央同时作出了改革价格体系、完善税收制度,改革财政体制和金融体制的决定,把过去依赖于行政手段推动经济运行的习惯调整到掌握经济杠杆的轨道上来。

《中共中央关于经济体制改革的决定》中还首次出现了关于如何看待市场竞争的阐述。决定指出,“社会主义企业之间的关系,首先是互相协作、互相支援的关系,但这种关系并不排斥竞争。长期以来,人们往往把竞争看成是资本主义特有的现象,其实,只要有商品生产,就必然有竞争,只不过在不同的社会制度下竞争的目的、性质、范围和手段不同。”

1987 年召开的党的十三大围绕市场竞争问题的论述更加清晰。首先,会议报告提出了要“加快建立和培育社会主义市场体系”的要求。其次,会议明确提到了竞争作为市场体系核心机制的地位,即“社会主义的市场体系还必须是竞争的和开放的;垄断的或分割的市场不可能促进商品生产者提高效率,封闭的市场不利于发展国内的合理分工和促进国际贸易”。最后,会议对竞争机制与产业政策之间的关系做了论述，提到“为了实现产业结构和企业组织结构合理化，达到资源优化配置，不仅要发挥市场和自由竞争的作用，而且要依靠国家制定正确的产业政策和企业组织结构政策，并运用价格、财政、税收、信贷等经济杠杆来进行干预和调节”。

（二）市场竞争的政策思想初步确立阶段

1992年春天，邓小平在南方谈话中总结了1978年以来我国改革开放一系列实践经验，科学回答了中国社会主义前进道路上一系列重大的理论和实践问题，其中特别是对社会主义的本质做了精辟的论断：“社会主义的本质，是解放生产力，发展生产力，消灭剥削，消除两极分化，最终达到共同富裕。”[1]党的十五大评价小平同志的南方谈话，是在“文化大革命”结束以后，中国面临向何处去的重大历史关头，冲破“两个凡是”的禁锢，开辟新时期新道路、开创建设有中国特色社会主义新理论的宣言书。[2] 1992年秋，党的十四大根据邓小平年初南方谈话的精神，确定了以社会主义市场经济体制作为我国经济体制改革的目标模式，实现了对改革目标认识的重大飞跃。确认向社会主义市场经济体制转轨，意味着要发挥市场在资源配置中的基础性作用，以提高经济运行的效率；国家的宏观经济调控要在充分发挥市场机制作用的基础上进行，主要是纠正市场的缺陷和保证国家发展战略目标的实现。[3]

1992年召开的党的十四大对1978年以来的改革历程做了总结，提出了“中国特色社会主义理论”，在其指导下，经济体制改革的目标，“是在坚持公有制和按劳分配为主体、其他经济成分和分配方式为补充的基础上，建立和完善社会主义市场经济体制”。关于竞争政策，十四大报告首先对竞争机制促进资源优化配置的作用进行了论述，指出“要使市场在社会主义国家宏观调控下对资源配置起基础性作用，使经济活动遵循价值规律的要求”，“通过价格杠杆和竞争机制的功能，把资源配置到效益较好的环节中去”。其次，报告还提到了竞争的平等性问题，指出“国有企业、集体企业和其他企业都进入市场，通过平等竞争发挥国有企业的主导作用”，强调要“加强市场制度和法规建设，坚决打破条条块块的分割、封锁和垄断，促进和保护公平

---

〔1〕 邓小平：《邓小平文选》（第3卷），人民出版社1993年版，第373页。

〔2〕 龚育之：《从南方谈话到十四大、十五大、“七一”讲话》，载《中共党史研究》2002年第2期。

〔3〕 张卓元：《从计划经济体制向社会主义市场经济体制的大跨越》，载《经济研究》1998年第11期。

竞争”。

1993 年党的十四届三中全会通过了《中共中央关于建立社会主义市场经济体制若干问题的决定》,关于竞争政策的论述集中体现为以下一些观点:第一,竞争是市场机制发挥作用的基础。决定提出,“发挥市场机制在资源配置中的基础性作用,必须培育和发展市场体系”,而这需要以“打破地区、部门的分割和封锁,反对不正当竞争,创造平等竞争的环境,形成统一、开放、竞争、有序的大市场”为基础。第二,竞争有利于推动技术进步。决定指出,要“发展技术、信息市场”,应当“引入竞争机制,保护知识产权,实行技术成果有偿转让,实现技术产品和信息商品化、产业化”。第三,正常的市场竞争秩序有利于保护消费者的合法权益。第四,引入竞争机制有利于促进建立合理的个人收入分配机制。第五,参与国际经济活动,应当坚持平等竞争这一国际经济通行的运行规则。至此,市场竞争作为配置各项资源的基本机制的观念得到确立,这是此后党的重大经济政策的既定前提,此后理解党的全国代表大会报告中,均反复强调“建立公平有序市场竞争环境”“发挥市场对资源配置的基础性作用”“保护企业公平竞争”等意见。关于竞争在促进创新方面的作用,也都有深刻的认识。

从 1978 年改革开放开始,到 1992 年中共十四大提出建立社会主义市场经济体制的目标之前,实行有计划的商品经济,市场竞争机制被有限度地引进。竞争在促使优胜劣汰、实现资源有效配置的同时,难免也产生了不正当竞争和排除、限制竞争等行为,因而也催生了市场竞争方面的立法。虽然在此期间有少部分保护竞争的法规的制定,但从整体和实施效果方面来看,这一阶段竞争政策还没有形成体系。[1] 党的十四大以后,通常的说法就是,以邓小平同志的南方谈话和党的十四大为标志,我国改革开放和现代化建设事业进入了一个新的阶段,是明确目标,加快向社会主义市场经济转变的新阶段。[2] 社会主义市场经济的核心是发挥市场竞争机制在资源配置中的作用,维护竞争机制的问题开始成为经济政策中的重点。

(三)竞争政策的形成和发展阶段

党的十五大通过修订党的章程,将邓小平理论作为党的行动指南,进一步确立了全党工作中心向经济建设转移,实行改革开放,也进一步确立了中

---

〔1〕 王先林:《竞争政策的基础性地位及其主要实现路径初探》,载《中国价格监督与反垄断》2016 年 S1 期(贯彻落实《中共中央国务院关于推进价格机制改革的若干意见》专刊)。

〔2〕 龚育之:《从南方谈话到十四大、十五大、“七一”讲话》,载《中共党史研究》2002 年第 2 期。

国特色社会主义路线、方针、政策，而其中最核心的内容，就是沿着建设社会主义市场经济体制，发挥市场竞争机制调节配置资源的作用来开展中国的经济建设工作。党的十五大报告在论述提高对外开放水平时提出，要“进一步降低关税总水平，鼓励引进先进技术和关键设备。深化对外经济贸易体制改革，完善代理制，扩大企业外贸经营权，形成平等竞争的政策环境”。这是党的高层次文件中，比较明确地提到竞争的政策环境问题。党的十六大报告中则明确提出，“邓小平同志南方谈话以后，十四大确立社会主义市场经济体制的改革目标，改革开放和现代化建设进入新的阶段”，“社会主义市场经济体制初步建立”，指出要“坚持社会主义市场经济的改革方向，使市场在国家宏观调控下对资源配置起基础性作用”。党的十七大报告提出了“科学发展观”，强调“社会主义市场经济体制初步建立，同时影响发展的体制机制障碍依然存在，改革攻坚面临深层次矛盾和问题”，提出“要深化对社会主义市场经济规律的认识，从制度上更好发挥市场在资源配置中的基础性作用”，把发挥市场机制的作用提升到制度层面。实际上，在之后的一段时间，竞争立法活动频繁，2007 年 8 月全国人大常委会通过《反垄断法》，对中国竞争政策做了最为集中和最高层次的确立。此后，竞争政策进入各类法律法规的现象开始成为我国法治建设的一大特点。

党的十八大报告列专题论述了“加快完善社会主义市场经济体制和加快转变经济发展方式”，提出“深化改革是加快转变经济发展方式的关键。经济体制改革的核心问题是处理好政府和市场的关系，必须更加尊重市场规律，更好发挥政府作用”。十八届三中全会上，中央委员会通过《中共中央关于全面深化改革若干重大问题的决定》，指出要“大幅度减少政府对资源的直接配置，推动资源配置依据市场规则、市场价格、市场竞争实现效益最大化和效率最优化。政府的职责和作用主要是保持宏观经济稳定，加强和优化公共服务，保障公平竞争，加强市场监管，维护市场秩序，推动可持续发展，促进共同富裕，弥补市场失灵”。

2016 年，国务院发布《关于在市场体系建设中建立公平竞争审查制度的意见》（国发〔2016〕34 号），要求在今后的法律政策制定环节全面开展公平竞争审查工作；2017 年，五部委印发《公平竞争审查制度实施细则（暂行）》（发改价监〔2017〕1849 号），落实公平竞争审查的具体制度。竞争机制能够向法律法规转化、确立和融合，说明我国围绕竞争政策的理论、实践都已经走到了较为成熟的阶段。

二、理论界对市场经济体制改革的讨论思考

以1992年邓小平南方谈话为分界点，此后理论界关于市场经济体制改革的思考讨论中，“姓资姓社”的道路之争不再成为主流，而是回归到理性看待社会主义市场经济体制建设中的成就与不足，以“政府与市场”关系作为理论探讨的基础和方向。在改革开放20周年、30周年，和小平同志南方谈话10周年、20周年、30周年几个特殊时点，理论界形成了几次讨论热潮。从目前看，其中又以2008年改革开放三十周年前后的讨论最具代表性以及总结意义。

2008年适逢改革开放三十周年，如何看待过去三十年改革开放取得的成就？以及如何继续把改革开放推向前进？这两个问题几乎成为中国知识界研究、讨论的核心问题。从主流媒体的报道不难看出，党和政府对三十年来坚定引入和不断完善市场经济体制的改革方向给予了高度的肯定，同时也意识到了改革开放以来我国经济发展方式上的缺陷和不足。经济发展的结构性矛盾、粗放的增长方式、对政府投资的过度依赖等问题，造成了收入分配、资源利用上的种种弊病。知识界在对改革开放给予肯定的基础上，也围绕着这些问题进行着深刻的反思和批评。

经济学家从经济体制转轨过程中，看到了市场经济体制发展不彻底的问题。高尚全指出，我国“行政性垄断改革滞后，对权力缺乏有效的制约”，干扰了市场经济的运行。[1] 张卓元指出，三十年来我国“垄断行业发展很快，改革滞后”，未来改革的关键“是在垄断行业内引入竞争机制”。[2] 戚聿东指出，“垄断行业改革是完善社会主义市场经济体制的必然要求”，而目前我国“垄断行业改革已经严重滞后于整个改革进程”。[3] 吴敬琏认为要“进一步推动产权制度改革和法制建设”。[4] 钱颖一提出，要避免改革滑向“坏的市场经济”，就必须避免政府的权力过大，进而导致对私人掠夺的约束不够。[5] 成思危指出，要处理好政府干预之手和市场无形之手的关系，“两者应该密切集合起来”，“政府的宏观调控不能违反市场经济的基本规律：价值

---

[1] 高尚全：《中国改革开放三十年：总结和展望》，载《中国改革》2008年第12期。

[2] 张卓元：《垄断行业改革任重道远》，载《四川改革》2011年第6期。

[3] 戚聿东：《深化垄断行业改革促进社会全面发展》，载吴敬琏、江平主编：《洪范评论》（第13辑），生活·读书·新知三联书店2011年版，第37页。

[4] 《吴敬琏、厉以宁解读改革开放三十年得失》，载《今日中国论坛》2008年增1期。

[5] 钱颖一：《避免坏的市场经济，走向好的市场经济》，载《协商论坛》2005年第1期。

规律、供求规律和竞争规律”。[1]

同样对市场经济体制改革不彻底现象的观察中,政治学者看到的是权力过于向政府集中所带来的体制隐忧。萧功秦指出,政府在经济现代化的过程中掌控过多的资源,发挥过大的主动性,在短期内会带来一定程度的经济增长,但长期如此则会带来权力的私产化和权力运作的无规则。[2] 周业安也表达了类似观点,他认为,出于对集中计划经济体制的改革,中央在经济调控方面不断向地方分权。分权后的地方政府竞争给经济发展带来活力,同时也造成了许多负面影响。诸如各地进行市场分割、实施地方保护主义、实行“掠夺之手”等,这都有可能阻碍我国市场化改革和发展的进程。[3] 社会学家更多地担心经济和社会发展中的结构失衡,导致社会贫富差距的不断扩大。

上述关于市场经济体制改革的讨论,集中体现了中国知识界对改革开放过程中,如何进一步理顺政府与市场关系的担忧。一方面,过去我国引入和建立市场经济体制的过程,始于自上而下的政府主导和推动,路径依赖会使这一趋势在未来有所延续;另一方面,政府主导的市场经济已经开始呈现种种弊端,市场调配资源的自由程度受到权力的牵制,权力背后则是业已形成的利益集团。

如何才能保持市场经济体制改革的发展方向不受到干扰和停滞不前?各学科的讨论有一些共识:首先是限制政府的权力,尤其是随意干预市场机制的权力;其次是促进市场开放,鼓励更有活力的市场竞争;最后是建立确保资源分配的公平。当前的中国,要真正实现上述三个命题并不是一件容易的事。“中国社会发生了巨大变迁,市场化的经济基础与维持政治体制运转的意识形态发生了背离。这一基本事实,导致改革开放的重大决策不断遭遇传统意识形态的责难”,进一步深化市场经济体制改革的政策逐渐失去了话语权。[4]

观察世界其他国家市场经济发展的道路,笔者发现,在与我国具有类似经济发展背景的国家,政府在经济赶超中发挥的主导作用,使这些国家中政府与市场的关系微妙,如何限制政府对市场的不恰当干预,也是这些国家不断考虑的问题。此外,即使是在那些较早建立市场经济体制和具有市场经

---

[1] 成思危:《改革的核心是制度创新》,载《资本市场》2008 年第 3 期。

[2] 萧功秦:《中国现代化转型中的地方庇荫网政治》,载《社会科学》2004 年第 12 期。

[3] 周业安等:《地方政府竞争与市场秩序的重构》,载《中国社会科学》2004 年第 1 期。

[4] 高尚全:《中国改革开放三十年:总结和展望》,载《中国改革》2008 年第 12 期。

济传统的国家,虽然政府与市场之间的边界比较清晰,但也存在如何不断确保政府权力在有利于市场机制的框架内运行的问题。而如何更好地促进市场开放和鼓励竞争,则几乎是所有国家都要面对的问题。

也就是说,我国遇到的问题在世界范围内具有一定的共性。结合世界各国的发展经验来看,解决这些问题的出路都指向同一个方向,那就是要采取一切办法,促使“竞争政策”作为一切公共政策的核心。对我国而言,竞争政策在国家经济政策中的地位,随着知识界对于改革开放三十年政策得失的反思中变得越发凸显。

相对于其他社会学科而言,法学最为关注制度建设问题,回应上述问题的视角也体现在制度理性层面。关于市场经济体制背景下如何以制度建设促进资源公平配置的问题,推动了经济法理论的产生和成熟。几乎与我国改革开放同步,经济法理论关注的重点始终没有离开过这一问题。李昌麒指出,法律机制应当着眼于促进改革发展中利益分配的公平,确保起点公平、机会公平和结果公平。〔1〕 经济法在理念上以社会整体利益协调为出发点,追求经济的整体效益和可持续发展,兼顾环境效益和代际公平。〔2〕 在制度构建层面,积极主张建立和完善以宏观调控法、竞争法、消费者保护法为核心的,与市场经济体制相适应的法律制度。〔3〕 强调政府对市场经济的依法调控和规制。而在经济法的理论体系中,竞争法理论更加切近市场经济运行的内核。近年来,竞争法学者不断强调指出,要不断推高竞争政策在国家经济政策中的地位,这对于巩固三十年改革开放的成果而言至关重要。竞争法是竞争政策的集中体现,竞争法应当成为规范市场秩序的基本法律。王晓晔提出,保护竞争就是市场经济秩序中不可或缺的制度追求,竞争法无可争辩地应当成为市场经济法律的核心。〔4〕 漆多俊、徐士英认为,行政性垄断根植于国家权力体制架构和计划经济传统,是当前掣肘我国市场经济发展的一大因素。应当发挥反垄断法对行政性垄断的规制作用,构筑起政

---

〔1〕 李昌麒、黄茂钦:《公平分享:改革发展成果分享的现代理念》,载《社会科学研究》2006 年第 6 期。

〔2〕 李昌麒:《发展与创新:经济法的方法、路径与视域(上)》,载《山西大学学报》2003 年 6 月。

〔3〕 李昌麒:《发展与创新:经济法的方法、路径与视域(下)》,载《山西大学学报》2003 年 8 月。

〔4〕 王晓晔:《论竞争法在市场经济法律体系中的地位》,载《中南大学学报》(社科版)2006 年 2 月。

府与市场之间的防火墙。[1] 王先林提出,要将反垄断法平等适用于各类经济活动主体,以促进自由和公平竞争原则的不断深化。[2]

三、竞争政策对中国发展的重要意义

国家反垄断委员会主任张穹曾富有深意地指出:"回望人类社会发展演变的漫长历史,有三种力量始终在发挥着重要的作用,即创新的力量、竞争的力量和秩序的力量。首先,创新是源头性力量。创新是人们发现新事物、发明新科技、享受新生活的源头。其次,竞争是激励性力量。资源的有限性决定了竞争一直伴随社会发展,竞争激励所有社会主体发挥自己的潜能,使社会进步更多体现理性的选择,而不是人为的任意。以竞争为核心的市场经济的发展,为整个世界带来了持续的繁荣。最后,秩序是稳定性力量。只有良好的秩序才能带来安宁与稳定。中国 30 多年经济社会的快速发展,主要得益于三个方面:在发展方面注重了创新,在经济方面引入了竞争,在社会方面完善了秩序。"[3] 如果更进一步聚焦,可以说中国 30 多年改革开放取得成功,正是通过确定的制度来维护了竞争作为经济活动的基本秩序,进而对整个社会资源配置产生了巨大的效率上的提升,激发了社会活力。

经济学理论也在持续地论证竞争对于经济发展的作用。竞争是市场制度的灵魂。因为要让市场能够保持经济的持续稳定、有效率的增长,需要发挥两个功能:一个是有效地把稀缺资源配置到最正确的地方,即有效地配置资源;另一个是形成一种在经济活动中共存的激励机制,对委托人、代理人的激励方向要一致。对于这两个功能,无论是有效地配置资源,还是共融的激励机制,都要通过竞争形成的价格信号来实现。但是竞争在原有的体制下是受到压抑的,所以要用竞争政策来保证竞争的加强,保证市场发挥功能,保证市场在资源配置中起决定性作用。[4] 从宏观经济层面来看,近现代以来国别和区域竞争是驱动世界经济发展的强大动力。以迈克尔·波特为代表的竞争理论学者认为,国别和区域竞争是一个不断的对内发现和强化比较优势的过程,国家和地区把扩大比较优势作为经济发展的核心战略,在这个过程中,资源被最大效率地利用,跨地区、跨国界的产业链形成。而

---

[1] 漆多俊:《反垄断立法中的行政性垄断问题》,载《时代法学》2006 年第 4 期;徐士英:《政府干预与市场运行之间的防火墙》,载《华东政法大学学报》2008 年第 2 期。

[2] 王先林:《论中国反垄断法的平等适用》,载《法治研究》2007 年第 5 期。

[3] 张穹:《充分发挥竞争政策的基础作用通过创新和竞争推动经济发展——在第四届中国竞争政策论坛开幕式上的致辞》,载《中国价格监管与反垄断》2015 年第 11 期。

[4] 参见吴敬琏:《强化竞争政策,推动经济增长》,载《经济》2016 年第 35 期。

早在古典经济学阶段，大卫·李嘉图对国际贸易模式的研究就已经提到了比较优势理论。按照李嘉图的论述，所谓比较优势就是不同国家生产同一种产品的机会成本差异。该差异的来源是各国生产产品时的劳动生产率差异，这是波特竞争理论的起源，也体现了经济学发展历史中始终对竞争机制对资源配置的作用高度关切。[1] 国别和区域竞争的过程中，各国经济部门在不断寻求和扩大差异化竞争优势，实际上又促进了全球经济的融合发展。2001 年中国加入世贸组织后带动亚太地区经济高速发展就是最好的证明。在微观经济层面，企业是经济发展的基础和直接动力来源，为了获取市场份额和利润，企业必须不断地参与市场竞争，为此就需要不断地开展技术创新来改进产品和服务质量、降低价格，这也就达到了优化资源使用效率的目标。从比较优势的理论看待企业竞争也同样成立。企业对内寻找比较优势并转化为市场竞争优势的过程，就是企业不断对内提升资源使用效率的过程。国家需要通过经济立法、司法和执法来确保企业的财产所有权、经营自主权以及公平参与市场竞争的权利不受侵犯，以维护企业持续投入资源参与市场竞争的信心。

对内分析中国改革开放进程也可以得出同样的结论。在宏观层面，国别竞争的压力使中国的经济部门立足中国自身的资源禀赋和发展阶段，寻找比较优势并将其转化为竞争优势。改革开放以来，中国逐步地放弃了传统的经济体制和赶超战略，逐步建立了社会主义市场经济体制，在经济发展上采取了比较优势战略。比较优势战略使经济发展在每个阶段上都能发挥当时资源禀赋的比较优势，从而维持经济的持续增长并提升资源禀赋的结构。这种战略的选择使中国经济取得了举世瞩目的成就，对外经济开放度不断扩大，经济始终保持着高速增长。[2] 中国的区域经济发展也是差异化竞争的过程。微观层面，中国经济以渐进改革的方式逐步确立了对企业和个人财产的制度保护，逐步放开企业经营自主权，在价格领域通过双轨制改革，逐步放开原材料和商品定价权，劳动报酬也不再“一刀切”，国家放弃对企业的破产担保，允许企业关停。“改革开放以来，一大批优秀企业家在市场竞争中迅速成长，一大批具有核心竞争力的企业不断涌现，为积累社会财富、创造就业岗位、促进经济社会发展、增强综合国力作出了重要贡献，在与

〔1〕 林毅夫、李永军：《比较优势、竞争优势与发展中国家的经济发展》，载《管理世界》2003 年第 7 期。

〔2〕 汪青松、卢卫强：《比较优势、竞争优势和后发优势——中国经济发展战略的选择》，载《商业研究》2005 年第 8 期。

市场的交锋中,(企业家)不仅赚到了第一桶金,也做大了经济的蛋糕”。[1]

竞争机制需要受到保护,这是竞争政策存在的价值。竞争政策是鼓励产出、降低成本、促进效率等政策目标的集中体现。WTO 竞争问题专家就认为,“竞争政策是应对企业的限制竞争行为的政策与法律的总称”。[2] 国际消费者团结和互信促进协会(CUTS)认为,“竞争政策包含一切政府所采取的,影响企业行为和产业组织结构的方法,包括最广泛意义的促进自由贸易的经济政策。而最核心的竞争政策指的是,竞争法或反垄断法,以及那些对企业可能作出的限制竞争行为设定约束的法律和规则”。[3] 从上述竞争政策的定义可以看出,竞争政策以保障和促进市场机制不受干预地运转为目标,它既反对政府权力对市场运行过程的不恰当干预,又反对市场中的企业滥用市场优势限制和排除竞争。可见,竞争政策对于厘清政府与市场的边界、促进市场开放和鼓励更具活力的竞争具有重要意义,而这两大目标的实现,必然带来资源分配上的公平与效率的兼顾。

四、竞争政策研究的发展以及存在的主要问题

根据中国知网的文献统计(见图 1、图 2),国内学术界对竞争政策问题的关注始于 20 世纪 90 年代末,此后经历三次热点时期,一是 2001 年中国入世前后,二是 2008 年《反垄断法》颁布前后,三是 2015~2016 年。党中央国务院于 2015 年 10 月发布了《中共中央国务院关于推进价格机制改革的若干意见》(中发〔2015〕28 号),文件指出要“加强市场价格监管和反垄断执法,逐步确立竞争政策的基础性地位”,这是“第一次在中央文件中明确了逐步确立竞争政策的基础性地位,表明我国经济发展将向更加倚重竞争政策转变”。[4]

---

〔1〕 何鼎鼎:《让企业家精神激荡改革大潮》,载《人民日报》2018 年 1 月 24 日,第 5 版。

〔2〕 See Robert D. Anderson, “Competition Policy in the WTO: An Introduction to the Issues”, www. wto. org/english/tratop_e/dda_e/symp04_pp_anderson_e. ppt. , Feb. 8, 2009.

〔3〕 See CUTS Centre for Competition, Investment and Economic Regulation: *Towards a Healthy Competition Culture*..., p. 12. at http://www. cuts-international. org/THC. pdf. , Oct. 3, 2008. [hereinafter CUTS, *Towards a Healthy Competition Culture*]

〔4〕 张穹:《发挥竞争政策基础性作用维护公平有序的市场竞争——中发 28 号文件的市场理念、理性精神与未来实践》,载《中国价格监督与反垄断》2016 年 S1 期(贯彻落实《中共中央国务院关于推进价格机制改革的若干意见》专刊)。

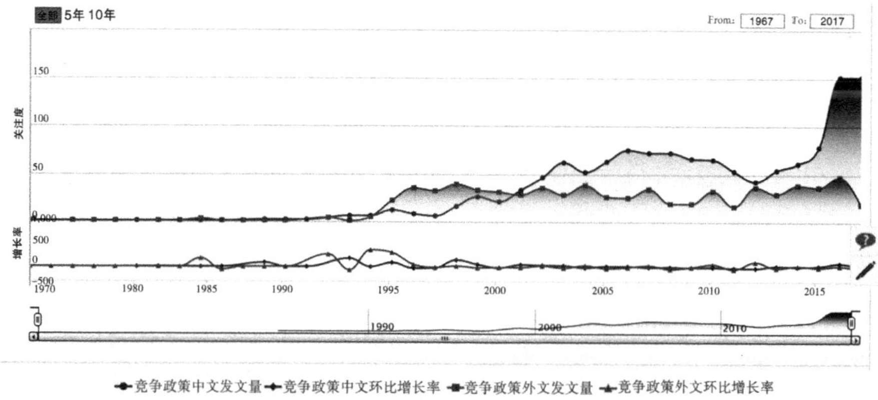

图1 “竞争政策”学术关注度统计

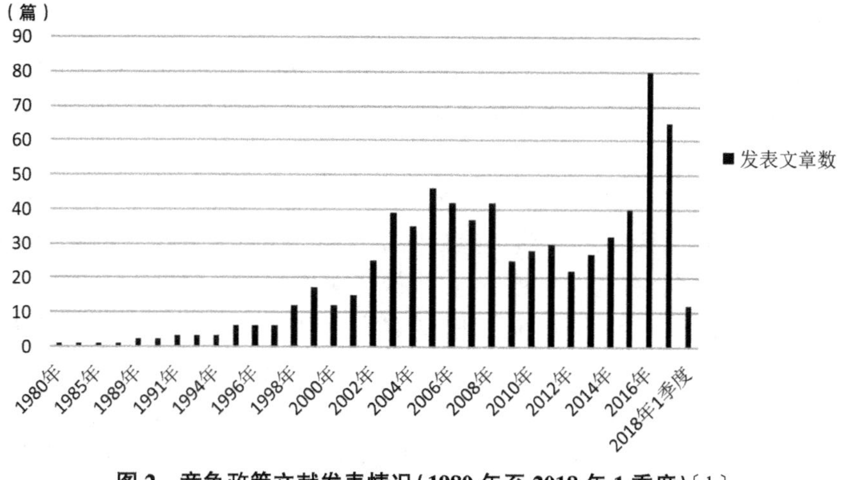

图2 竞争政策文献发表情况(1980年至2018年1季度)〔1〕

《反垄断法》的颁布以及国务院有关文件已经对确立竞争政策在我国经济政策中的基础性地位提供了有力的法律政策保障,竞争政策与竞争法的重要性也已经被我国理论界和经济实务界广泛认同。但我国的市场经济是转型而来的,长期依靠产业政策政府主导的经济政策,在政府和市场之间更依赖政府,在管制和竞争之间更相信管制,重政府、轻市场的经济观念具有强大的惯性,转变政府职能任重道远。我国传统上缺乏良好的竞争文化,对竞争政策缺乏最基本的认知和理解,在一定程度上影响甚至左右竞争政策

〔1〕 以标题含有“竞争政策”,在中国知网查询,查询日期:2018年4月27日。

的实施。[1] 因此,我国竞争政策的发展阶段,距离政策文件所指明的“基础性地位”,依然存在相当的距离。国内理论界对这个问题十分明了,近年来的研究文献也直指我国竞争政策推行过程中面临的各种疑惑和存在的各种问题。

第一,竞争政策与产业政策谁更基础?王晓晔研究员指出,从长远立场看,通过确立竞争政策的基础性地位,保护和鼓励企业通过价格、质量、服务以及广告方面的竞争,提高资源配置效率,提升企业生产效率,提高消费者的社会福利,推动经济民主,这是富有远见的选择;产业政策在短时期内创造就业机会、推动产业结构调整,但无法从根本上解决经济发展的长期动力问题,竞争政策与产业政策相比无疑具备基础性地位。[2] 国家发改委体改所张林山研究员指出,政府干预性产业政策从根本上造成了政府与市场关系没有理清,是当前产能过剩的深层次原因;竞争政策比产业政策对经济增长和结构调整贡献更大、更为持久。[3]

第二,有了反垄断法是否还需要竞争政策?徐士英教授指出,中国市场上存在的垄断现象是多种因素所致,既有国家经济政策形成的垄断,又有市场竞争导致的垄断;既有地方保护形成的地域分割,又有行业特征必需的自然垄断,加上所有制结构问题、垄断行业改革问题、经济危机影响等多种因素,相互交织难以区分,可以说是垄断的耦合体。单纯依靠反垄断法无法对其形成有效规制。在这种形势下,如果缺乏明确的竞争政策理论指导和清晰的竞争政策目标,不仅《反垄断法》的实施会增加不确定性,其他经济法律和政策对竞争问题的规制也难以形成合力,甚至自相矛盾。竞争政策对《反垄断法》实施也有具体的促进作用,如克服《反垄断法》实施的不确定性,确定《反垄断法》在垄断行业的实施边界以及确定《反垄断法》实施的控制标准。[4] 史际春教授指出,在反垄断法之下,并没有当然不法也不存在当然合法的垄断行为。适用反垄断法所依据的表面上是它的法条,实际上却是

---

[1] 参见张穹:《发挥竞争政策基础性作用维护公平有序的市场竞争——中发28号文件的市场理念、理性精神与未来实践》,载《中国价格监督与反垄断》2016年S1期(贯彻落实《中共中央国务院关于推进价格机制改革的若干意见》专刊)。

[2] 参见王晓晔:《竞争政策为什么应成为国家的基本经济政策》,载《中国价格监督与反垄断》2016年S1期(贯彻落实《中共中央国务院关于推进价格机制改革的若干意见》专刊)。

[3] 参见张林山:《供给侧结构性改革:重视和完善竞争政策是重点》,载《中国经贸导刊》2017年2月下。

[4] 参见徐士英:《竞争政策——反垄断法实施的政策前提》,载《中国价格监督与反垄断》2016年S1期(贯彻落实《中共中央国务院关于推进价格机制改革的若干意见》专刊)。

市场经济之“理”，也即某种经济学，在操作中就表现为一定的政策。正因如此，在一些西方国家出现了法政策的概念，指法的制订、宗旨、实现等一系列机制，这与政策法和政策法治化是不谋而合的。[1]

第三，如何确立起竞争政策的基础性地位？竞争政策基础性地位的确立需要一个协调和磨合的过程，不是一蹴而就，要在时间上给出竞争政策和产业政策发生“相对运动”的变化空间，以时间换空间，这是尊重经济政策调整需要逐步进行这一规律的理性态度。[2] 大概从20世纪80年代中期以来，虽然我们的目标是要建立有计划的商品经济，或是建立市场经济，但是处于基础性地位的政策却是产业政策。这种产业政策的特点是支持一部分产业、抑制一部分产业，支持一部分企业、抑制一部分企业。显然这是抑制竞争的，是违反公平竞争原则的。最近十年，我们碰到很多棘手的问题，这些棘手的问题也要靠市场机制，靠竞争来解决。但中国的改革还在进行中，要加强竞争，不是经一蹴而就的号召就能很容易解决的，这其中涉及的很多理论问题、政策问题、法律问题、执法问题都需要解决。[3] 逐步推动确立竞争政策基础性地位的过程中，要大力宣传竞争政策，普及竞争文化，切实加强反垄断执法，维护公平竞争的市场秩序，还要逐步确立竞争政策和产业政策之间的协商机制。[4]

除了前述理论层面的各种疑虑和论争，我国竞争政策推进实施的过程中也存在不少具体的障碍和问题。首先是不同经济、政治政策之间的平衡问题。政策权衡不当就会出现过于随意的豁免情况，致使竞争政策管理机构在执法中增加主观因素影响，降低标准、放松管制，从而影响竞争政策的实施效果。[5] 其次是行政权、立法权不恰当的运用可能阻碍竞争政策目标的实现。常见的一种情形是，企业在面对反垄断指控时，常常以存在管制法律的依据或履行了管制法的义务为由，主张反垄断责任豁免，这在反垄断法

---

〔1〕 See Louis Kaplow and Steven Shavell, “The Grounds of Welfare: Fairnessversus Welfrare”, 112 *YaleL. J.* 1511. 转引自史际春、赵忠龙：《竞争政策：经验与文本的交织进化》，载《法学研究》2010年第5期。

〔2〕 参见张穹：《发挥竞争政策基础性作用维护公平有序的市场竞争——中发28号文件的市场理念、理性精神与未来实践》，载《中国价格监督与反垄断》2016年S1期（贯彻落实《中共中央国务院关于推进价格机制改革的若干意见》专刊）。

〔3〕 吴敬琏：《强化竞争政策，推动经济增长》，载《经济》2016年第35期。

〔4〕 许昆林：《逐步确立竞争政策的基础性地位》，载《价格理论与实践》2013年第10期。

〔5〕 王丹：《我国竞争政策实施中存在的主要障碍及对策》，载国家宏观经济研究院网：http://www.amr.gov.cn/ghbg/scyx/201708/t20170822_68491.html，最后访问日期：2018年4月24日。

理论上被称为“管制行为抗辩”(Regulated Conduct Defence)。[1] 竞争政策语境中所讨论的“管制行为”本质上是各类行政权、立法权的具体运用活动。国家权力干预经济活动在一定程度上是必要的,但不恰当的干预也会帮助不少企业反竞争行为逃脱反垄断制裁。波斯纳(Posner)就曾尖锐地指出,许多行业管制并没有纠正市场失灵,而主要是其支持企业阻碍竞争对手以实现自身经济目的的反映。[2] 中国作为经济转型国家,政府在过去很长时期内习惯了运用行政力量直接调节经济活动,因此,中国竞争政策实施过程中尤其需要重视这一点。[3] 最后是竞争政策实施的思想文化基础较为薄弱。各类市场主体依法开展公平竞争的意识还未完全确立,政府依赖于产业政策实现个别产业或企业的迅速发展,企业或个人习惯性依赖于行政力量获得“特殊待遇”。

第二节 竞争推进研究的缘起

在竞争政策的组成方面,学界大多倾向于宽泛的理解,认为除竞争法是竞争政策的核心部分之外,竞争政策的内容应当更广。竞争政策包括诸如政府用于决定和影响市场竞争条件的各种政策措施和工具,甚至包括国有企业私有化、放松管制政策,等等。[4] 对竞争政策给予宽泛的理解,是为了把更多的经济政策纳入竞争政策的价值体系,当不同的政策目标发生冲突时,在竞争政策的价值体系内,其他一切价值目标都能够自然地被“公平和自由的竞争秩序目标”所吸纳。

因此,在如何确保竞争政策目标的实现上,就分化出两条径路。一是依靠竞争法的实施,对竞争法的适用对象进行必要的规制,使市场秩序向竞争政策目标回归。二是依靠实施竞争法律以外的其他政策手段,作用于那些不属于竞争法规制,但又对市场秩序造成破坏的主体及其行为,同样达到使市场秩序向竞争政策目标回归的效果。两条径路相互依存,彼此互动,共同

---

〔1〕 张占江:《弥补反垄断法行政垄断规制局限的制度方案——基于反垄断经济分析范式的修正》,载《中国价格监督与反垄断》2015年第1期。

〔2〕 See Richard A. Posner, "Theories of Economic regulation", *The Bell Journal of Economics and Management Science* Vol. 5, No. 2, 1974, pp. 335 -358. 转引自张占江:《弥补反垄断法行政垄断规制局限的制度方案——基于反垄断经济分析范式的修正》,载《中国价格监督与反垄断》2015年第1期。

〔3〕 李小琳:《市场经济体制背景的竞争政策基础体系解构》,载《改革》2017年第3期。

〔4〕 See Bernard Hoekman, Peter S. Holmes, *Competition Policy, Developing Countries, and the World Trade Organization*, World Bank Policy Research Working Paper No. 2211.

维护竞争政策目标。后一条径路即是本书希望展现的,国际竞争法学界通常用“competition advocacy”(竞争推进)一词来概括。

一、竞争推进概念的形成

(一)各国对竞争推进基本共识

国际上关于“competition advocacy”的讨论始于20世纪70年代,短短几十年间,与之相关制度探索还在不断涌现,因此很难形成关于这样一个复杂概念的准确界定。关于什么是竞争推进,各国竞争主管当局和竞争法学界在反复的讨论中还是逐步达成了一些基本的共识。

竞争推进是区别于竞争执法的另一套实现竞争政策目标的工具。与以企业为唯一对象的竞争执法相比,竞争推进的对象范围更加广泛。ICN竞争推进项目组提出,竞争推进是构筑竞争文化的重要机制,是“由竞争主管部门采取非执法机制所实施的,旨在国内经济活跃的目的,而与促进国内竞争环境有关的措施,它所依赖的主要途径是通过协调竞争主管部门与其他政府机构之间的关系,以及不断增进公众对竞争能带来利益的意识。”〔1〕之所以说竞争推进是竞争主管部门在执法职能之外的一项职能,因为一般认为竞争推进有两个组成部分,第一,针对其他承担有经济规制或相关规则制定权的公共机构的推进措施。例如,竞争主管当局通过评估现行的法律,或者对法律和其他经济主管部门制定的法规的草案进行研究,然后向立法机关或其他政府部门提出评论意见,指出其在决策中存在的反竞争或者低效率行为。〔2〕让它们清楚地知道,哪些领域是竞争机制该发挥基础作用的领域,从而使这些公权力部门制定的法律或政策体现出对竞争机制的友善。〔3〕第二,针对社会公众的推进措施,以提高他们对竞争以及竞争政策在促进经济增长、保护竞争方面的作用的意识。包括采取措施教育尽可能多的公众有关于竞争的知识。组织消费者意识论坛,发放相关新闻宣传品等都是常见方法。

(二)“倡导”还是“推进”:“competition advocacy”的翻译

在对竞争推进的内涵、制度构成有了较为全面的了解之后,还有一个问

---

〔1〕 See *Advocacy and Competition Policy*: Report prepared by the Advocacy Working Group, Pi, at http://www.internationalcompetitionnetwork.org/uploads/library/doc358.pdf, Oct. 20, 2007. [hereinafter *ICN doc*358]

〔2〕 See *Competition Advocacy in Regulated Sectors*: *Examples of Success*, at http://www.internationalcompetitionnetwork.org/uploads/library/doc370.pdf, Feb. 8, 2009. [hereinafter *ICN doc*370]

〔3〕 See *ICN doc*358, p. 31.

题要略作推敲，那就是关于“competition advocacy”一词的中文翻译。advocacy一词与support、plead to基本同意，含有“提倡”、“拥护”、“推进”和“支持”等意。现代英语中能够称得上是advocacy的行为形式多样，常见的如媒体公关、宣传、公开演讲、发布研究报告等。然而，一个基本的趋势是，英语在使用advocacy时多与政治活动有关，多指特定利益团体游说政策当局推出某种政策的行为，[1]包括任何人或组织采取的影响政治决策的行为。advocacy可以分为两种类型：第一种类型是柔性的，通过宣传、教育措施向公众普及某种政策主张，并逐渐影响一个国家的决策层；第二种类型是刚性的，通过建立特定制度来推动其政策主张的实现。现实中两种类型的措施并行不悖。如果从柔性措施理解advocacy，那么很容易将其翻译为“倡导”，因为它并没有足够的执行力，而从刚性措施来理解advocacy时，“倡导”就不够涵盖那些强有力的政策推动措施。

结合国际上对competition advocacy制度构成的共识可以发现，柔性的竞争文化培育策略仅仅是competition advocacy制度的一部分。从competition advocacy在国外的实践经验来看，单纯的文化倡导所起到的作用非常有限，完整的competition advocacy制度还应当包含公平竞争审查、垄断行业引入竞争等。在很多国家，这些措施都已经有了立法支撑，具有严格的执行力。ICN提出competition advocacy这一概念时，其主要的目的就是希望建立一种足以抗衡经济管制权力的制度，用于防止政府对竞争机制的不恰当干预。从这一点来看，competition advocacy的含义也远不止“倡导”这么消极。因此，笔者倾向与采取“竞争推进”这一更为积极的翻译。

二、竞争推进的国内外研究情况

国内外关于竞争推进问题的研究大致可以分为两大类型：一是以各国竞争主管部门的实务工作者为主进行的实务研究，他们的共同特点是，由于竞争执法中遇到的各种困难产生了对“以竞争执法作为实现竞争政策的唯一手段的思路”的怀疑，在此基础上，他们开始探索一些执法之外的手段，由此总结出了一套以“竞争推进”作为统称的做法。这个阵营随着世界各国竞争主管部门的交流合作而不断扩展，影响力也越来越大，尤其对于那些新近开始竞争法实践的国家而言，具有很大的启发意义。二是学院派的理论研究。他们大多具有经济学或法学研究背景，也接近其本国或其他国家的竞

[1] 根据Dictionary.com网站提供的Merriam-Webster's Dictionary of Law（Merriam-Webster, Inc.）对advocacy的解释整理。http://dictionary.reference.com/browse/advocacy, Feb. 8, 2009.

争主管部门,在发现实务界关于竞争推进的探索后,理论工作者一方面希望从经济学和法学的传统知识中为这一现象找到理论支撑,另一方面也希望通过总结各国通行的经验,为竞争推进制度的体系化、制度化作出理论上的贡献。

（一）各国竞争主管部门围绕竞争政策和竞争推进的讨论

竞争主管当局在实施竞争法律,实现竞争政策的目标时可能都会遇到来自政府经济管制部门的阻力,竞争主管当局面临的问题还在于要维护其自主的决定,免受来自那些对竞争法不甚了解,或者可能早已被企业或利益集团所俘获的官员们的干预。为了化解这种压力,各国竞争主管当局都采取了一些措施去影响本国的高层决策者、其他政府部门以及社会公众。

1. 国外的情况

美国 FTC 前主席德伯拉・普拉特・梅杰罗斯(Deborah Platt Majoras)就对竞争当局一味重视竞争执法的行为给出了善意的提醒,他在多个场合一再强调:“它们(竞争执法)还不够有效,有时我们取得了一次胜利,但最终却可能失败,只要企业成功地劝说政府保护他们免受竞争之苦。”他举了自己在任时遇到的一个案例,1998 年 Chrysler 汽车零售商在与网络打折销售商的竞争中逐步失去销售量,他们的回应是威胁拒绝销售特定款式的 Chrysler 汽车并且限制售后服务,除非 Chrysler 限制其网络分销商。FTC 立即声称这些销售商实施了集体抵制交易的行为,并且采取执法措施迫使这些销售商与 FTC 达成协议。然而,这还不是故事的结局。由于汽车销售商随后成功地说服全部五十个州的立法机构颁布法律禁止汽车制造商通过网络销售公司直接进行汽车销售,从而令 FTC 的执法成果付之东流。这一结果告诉我们,仅仅重视竞争执法而不强调对于立法者和政府管制当局进行竞争推进所导致的后果。[1] 可见,竞争主管当局除了执法之外,似乎还应当承担更多的职能,诸如致力于减少州际壁垒,促进货物和服务的自由流通,在管制市场引入竞争,以及帮助剪除自然垄断产业内的管制法律以及促进消费者保护。[2] 其他一些国家的竞争主管当局也表现出与 FTC 类似的观点。作为澳大利亚的竞争推进的关键措施之一的“公平竞争审查”(legislation

〔1〕 See Deborah Platt Majoras, *State Intervention: A State of Displaced Competition*, Geo. Mason L. Rev. 2006 Vol. 13, pp. 1175-1187.

〔2〕 See Eleanor M. Fox, “A Report on the First Annual Conference of the International Competition Network”, http://www. internationalcompetitionnetwork. org/uploads/library/doc582. pdf; Feb. 11, 2009. [hereinafter *Fox's paper*]

review)，旨在“让决策和咨询更加透明，从而使受到影响的群体能够接受变革”。澳大利亚国家竞争委员会认为，通过给予立法者（包括经济管制政策的制定者）一种新的思维方式或框架，即考虑其决策的成本以及怎样才能达到更有效率的产出，从而改变立法者已经习以为常的文化传统。为了有效推动法律评估工作，委员会确定了法律评估指南，即法律不应当限制竞争，除非它被明确证实有以下情形：(1)限制竞争带来的好处要超过其成本；(2)立法的目的只能通过限制竞争的方式才能实现。[1] 从这两点评估原则可以看出，委员会要力图改变的所谓“文化传统”，就是立法机关以及政府经济管制部门过去所习惯的，用限制竞争的方式来达到政策目的的思维定式。芬兰竞争局认为，竞争推进是竞争当局所实施的致力于影响限制经济的结构、法律以及商业模式的行为，其目标是让政府、产业、经济组织都理解竞争规则的内涵和竞争规则所推崇和拥护的价值，目的是促进在社会决策的过程中竞争视角的地位能有所提升，从而让政府、产业和经济组织能够自觉以自己的行为和决定去促进有效的竞争。竞争推进是最有效的预防竞争违法的方法。[2]

此外，对于发展中国家和转型国家而言，竞争推进的重要性还有一些特别的体现：首先，市场经济重视和依赖于法治与规则，因此随着市场经济体制的建立，各国政府都会逐步意识到规则制定程序的重要性。在这个过程当中，如果竞争主管当局和其他规则制定机构之间的对话能在较早的层面进行，就有可能保证促进竞争的意图能成为各项立法的根基。其次，随着市场化的深入，各种特殊利益集团会为了避免失去特权而游说决策当局；而与行业管制部门相比，竞争主管当局的地位更加超脱，更不容易被利益集团俘获。竞争主管当局向行业主管部门不断灌输竞争价值，可以有效地降低行业管制部门被俘获的概率。最后，竞争法律的实施需要对竞争案件的清晰认识与裁判，这对于那些年轻的竞争主管当局以及司法体系来说常常是一种挑战。[3]

2. 国内的情况

随着国际交流的频繁，我国实务部门对竞争推进问题也逐步有了一些

---

〔1〕 See Centre for International Economics, *Guidelines for NCP legislation reviews*, http://ncp.ncc.gov.au/docs/LEGu-001.pdf, Mar. 11, 2010. [hereinafter *Guideline for NCP LR.*]

〔2〕 See *Fca Yearbook* 2008, http://www.kilpailuvirasto.fi/tiedostot/vuosikirja-2008-englanti.pdf, Mar. 13, 2010.

〔3〕 See *ICN doc*370.

认识,相关主管部门开始主动接触国际竞争推进问题研究方面的专家,并向业内人士介绍这一概念。从目前可以检索到的资料来看,中国商务部是国内相关政府部门中较早开始接触竞争推进问题的。2006 年 4 月 7 日,商务部副部长于广州会见美国联邦贸易委员会主席德伯拉·普拉特·梅杰罗斯。席间,梅杰罗斯女士就主动介绍了美国近年来实施竞争推进的情况。当时,商务部网站采用了"倡导竞争"这个概念来指代梅杰罗斯女士提及的"推动取消政府不适当的立法或管制"等制度。[1] 而我国一些地方政府主管部门也在一些国际交流中体现出对竞争推进相关问题的关注和重视。2009 年 8 月,黑龙江省工商行政管理局局长孟祥君在参加金砖四国国际竞争会议时,做了关于促进竞争的方法和经验方面的发言,其中就提到了通过"积累案件调查经验"和"加强对公众的竞争法律教育"来促进全社会形成良好的竞争秩序的观点,已经接近了竞争推进问题的核心要素。[2] 而本次会议的中心议题之一,正是发展中国家的竞争推进问题。

(二)关于竞争推进问题的研究文献

1. 国外的研究文献

国外将竞争推进从竞争政策的一系列问题中抽象出来作为专题研究始于 20 世纪 70 年代末,起初只是停留在少数实务工作者的理念创新层面。1988 年,美国俄亥俄州立大学商学院的助理教授阿诺德·C. 塞尔尼克 Arnold C. Celnicker),发表了一篇关于美国联邦贸易委员会的促进竞争和在消费者当中进行竞争推进的文章,第一次比较系统地把 FTC 关于竞争推进方面的种种政策措施予以归纳,并按照 FTC 的提法,把这些措施称为"竞争和消费者推进项目"(Competition and Consumer Advocacy)。塞尔尼克教授于 1975 年至 1987 年在 FTC 任职,这段经历使他的文章能够用详实的资料回顾 FTC 在竞争推进问题上从尝试到逐渐成熟的历程,尤其对 FTC 早期竞争推进运行机制做了深入的介绍,并较早地注意到了对竞争推进的效果进行评估的问题。[3] 也许是很多客观条件还不够成熟,这篇文章发表之后没

---

〔1〕 参见商务部条法司:《于广州副部长会见美国联邦贸易委员会主席梅杰罗斯》,载商务部网:http://tfs. mofcom. gov. cn/aarticle/dzgg/f/200605/20060502126220. html,访问日期:2009 年 2 月 15 日。

〔2〕 See Meng Xiangjun,"Make Great Efforts to Intensify Publicity of Competition Enforcement and Vigorously Promote Competition Enforcement", http://www. bric - competition. com/page. php? id = 81, May. 5,2010.

〔3〕 See Arnold C. Celnicker,"The Federal Trade Commission's Competition and Consumer Advocacy Program," *S. Louis U. L.* J. Vol. 33:380,1988-1989. [hereinafter *Celnicker's paper*]

有引起太多的注意,它距离学术界关于竞争推进的讨论高潮还有近十五年的时间。在此之后,一些研究经济转型国家竞争政策的学者,注意到了竞争推进制度能够帮助改革派政府更好地对抗反对改革的利益集团,推动国内经济更加开放和竞争。1997 年,美国经济学家 A. E. 罗德里格斯(A. E. Rodriguez)和时任 FTC 经济局副助理局长的马尔科姆 · B. 科特(Malcolm B. Coate)共同发表了一篇关于经济转型国家竞争政策的研究论文,标题中就使用了"竞争推进"(competition advocacy)的概念。文章以拉丁美洲国家为例,运用数学模型说明市场经济体制对转型国家提升生产效率的好处。然而,这篇文章所指的竞争推进与我们现在所理解的概念有一些差别,它所指的竞争推进涵盖了国家经济体制转型初期有助于确立竞争秩序的全部经济政策,如经济自由化政策、产权私有化政策、自由贸易政策,等等。[1] 受到 20 世纪末 21 世纪初一批前社会主义国家和曾经持保守的贸易政策的发展中国家国内经济体制转型这一热点问题的影响,与该文研究径路类似的论文比较多,较具代表性的还有世界银行 2003 年发布的一篇关于竞争推进和竞争政策关系的研究报告,后文只是在案例分析时选取了阿根廷石油市场改革的例子。[2]

在国际层面,标志着竞争推进在真正意义上进入学者们的研究视野的事件,是 2002 年国际竞争网络(ICN)在意大利那不勒斯召开第一届国际年会,那届年会的主题就是"竞争推进问题"。会议召开之前,ICN 向五十余个成员国家和地区发放了当地实施竞争推进情况的调查问卷,并于大会期间据此发布了世界上第一份系统阐述竞争推进的含义、意义以及与竞争政策关系的研究报告——《竞争推进与竞争政策》。此后,这份报告中的内容被研究竞争推进的学者广泛引用,是截至目前国际上公认的,关于竞争推进最权威的研究文献,[3] 也成为本次会议最大的成果。会议期间,来自世界各地的学者围绕竞争推进的概念、意义和制度内容展开了讨论,纽约大学法学院埃莉诺 · M. 福克斯(Eleanor M. Fox)教授撰写的会议综述较为完整地体

[1] See A. E. Rodriguez, Malcolm B. Coate, "Competition Phoneolicy in Theransition Enconomies: The Realole of Carompetition Advocacy," *Brooklyn Journal of International Law*, 1997. [hereinafter *Rodriguez& Coate's paper*]

[2] See Tomas Serebrisky, *The Role of Advocacy in Competition Policy: The Case of the Argentine Gasoline Market*, World Bank Policy Research Working Paper 3130, September 2003, http://www-wds.worldbank.org/external/default/WDSContentServer/IW3P/IB/2003/10/03/000094946_03092310565341/Rendered/PDF/multi0page.pdf. Sep. 8, 2008.

[3] See *ICN doc*358.

现了学者们的共识。[1] 美国 FTC 主席蒂蒙西·J. 缪里斯(Timothy J. Muris)发表了题为“建立一个竞争的文化:竞争推进的基础性作用”的演讲,回顾了美国竞争推进的历史和经验。[2]

2002 年那不勒斯年会后,ICN 每年都会召开一次学术会议,竞争推进问题一直是历次会议讨论的热点问题之一。十年来,仅 ICN 每年年会所关注的竞争推进项目下的专题就多达几十个,这些专题报告既是各国开展竞争推进实践的经验总结,也为后来者提供了必要的指引。笔者在此也简单地介绍一些研究情况。2003 年,由匈牙利竞争主管当局牵头,在全球范围内选择了 30 个国家作为范本,对其竞争法中涉及竞争推进的条文进行比较研究,匈牙利经济竞争办公室官员约瑟夫(József Sárai)在大会发言中指出,与其他国家竞争法的规定相比而言,“匈牙利竞争法第八十五条授权竞争主管部门采取一些切实有效的竞争推进措施的做法,被实践证明是具有特殊意义的”,他也期望匈牙利竞争法的这一经验在未来能够被其他国家关注到。[3] 而与前述竞争推进条款几乎同时开展的还有一个研究项目,即对各国竞争主管当局已经采取的竞争推进措施进行归纳,旨在总结出一些有利于增强一国竞争主管当局竞争推进能力的通行做法。[4] 2003 年至 2005 年,ICN 组织对部分成员国中在垄断行业、受管制行业内引入竞争做得比较好的案例进行了筛选和分析,公布了一系列案例分析报告。这种案例追踪分析的方法一直延续到现在。2006 年和 2007 年,ICN 将研究的重点转向司法机构,这两年的研究则重点关注法院对竞争法了解的程度与一国竞争政策实施状况之间的关系。研究的基本结论是,法院对竞争法、竞争政策往往不够了解,这为竞争主管当局推进竞争设置了一定的困难,因此,竞争主管当局还应当注意对司法机关的协助。[5] 2011 年,ICN 对竞争推进问题的关注和研究进入了第二个十年,在其最近公布的 2011~2016 年研究计划中,ICN 宣

---

〔1〕 See Fox's paper.

〔2〕 See Timothy J. Muris, "Creating a Culture of Competition: The Essential Role of Competition Advocacy," http://www.ftc.gov/speeches/muris/020928naples.shtm, Feb. 8, 2009. [hereinafter *Muris's paper*.]

〔3〕 See József Sárai, "Model Advocacy Provisions Panel", http://www.internationalcompetitionnetwork.org/uploads/library/doc437.pdf, Feb. 11, 2009.

〔4〕 See ICN, "Practical Techniques: A Toolkit for Advocacy", http://www.internationalcompetitionnetwork.org/uploads/library/doc433.pdf, Feb. 11, 2009.

〔5〕 See ICN, Report on Competition and the Judiciary (2006), and Competition and the Judiciary 2nd Phase Report - Case Studies (2007), http://www.internationalcompetitionnetwork.org/library.aspx, Sep. 12, 2008.

布将更多地关注发展中国家引入竞争机制，以及如何帮助政府决策的过程更加符合竞争机制的基本原理等问题。[1]

在ICN的影响下，各国关注竞争推进问题的学者越来越多，对竞争推进的认识也越来越全面。2005年，詹姆斯·C.库珀（James C. Cooper）、保罗·A.帕特勒（Paul A. Pautler）和托德·J.泽维斯基（Todd J. Zywicki）共同发表了关于美国竞争推进的论文，这篇文章是对1988年塞尔尼克教授论文的延续，在前文的基础上，对竞争推进在美国产生和发展的动因、遇到的困难以及取得的成果都做了较为全面的研究。[2] 2006年，瑞士圣加仑大学的西蒙·J.艾薇妮特（Simon J. Evenett）教授撰文，全面总结和回顾了此前各方围绕竞争推进的概念、竞争推进在推动放松管制、促进竞争方面的作用等方面的观点。[3] 2008年，美国田纳西大学法学院教授莫里斯·E.斯图克（Maurice E. Stucke）发表了题为"更好的竞争推进"（Better Competition Advocacy）的文章，这也是迄今对竞争推进问题的研究中，内容最全面、分析最深入的学术论文。在厚达86页的论文中，斯图克教授从国际上众多竞争推进的成功例证和关于竞争推进问题的共识切入，从什么是竞争、竞争的目的和价值是什么、如何检验竞争的目标是否实现等一系列与竞争推进相关的最为基础的命题谈起，讨论的范围涉及市场机制的运行机理、市场失灵的表现、政府如何发挥作用，以及美国的竞争政策评价等问题。斯图克教授最后用一连串的拷问结束他的讨论，提醒各国竞争主管部门在实施竞争推进过程中始终应当牢记的，是"什么样的机制才是为了促进竞争的需要所必须建立起来的？"等终极问题。[4]

还有越来越多的国际组织从各自不同的关注点切入，也对竞争推进的

---

〔1〕 See ICN, "*ICN Advocacy Working GroupLong-Term Strategic Plan* 2011 - 2016," http://www.internationalcompetitionnetwork.org/uploads/library/doc763.pdf, Oct. 1, 2008.

〔2〕 See James C. Cooper, Paul A. Pautler, Todd J. Zywicki, "Theory and Practice of Competition Advocacy at the FTC", *Antitrust law journal*, *Vol*. 72, No. 3. 2005. pp. 1091-1112. [hereinafter *Zywiciki's paper*]三位作者均是美国国内令人尊敬的竞争政策研究学者，其中詹姆斯·C.库珀长期担任FTC政策规划办公室顾问，保罗·A.帕斯勒则是FTC经济局负责消费者权益保护的副局长，托德·J.泽维斯基曾任FTC政策规划办公室主任，后执教于美国多所著名大学的法学院。三位专家联手撰文对1988年Celnicker教授论文为完成的工作进行扩展和深入，足见竞争推进问题在当前的重要程度。（笔者注）

〔3〕 See Simon J. Evenett, "Competition Advocacy: Time for a Rethink?" 26 *NW. J. INT'L L. & BUS.* 2006.

〔4〕 See Maurice E. Stucke, "Better Competition Advocacy", *ST. John's Law Review*, Vol. 82: 951-1036, 2008. [hereinafter *Better Competition Advocacy*]

研究起到了一定的推动作用。例如，一些以推动全球或区域性经济合作为宗旨的国际组织，出于加速市场整合的目的，在其成员国中积极宣传市场竞争的基本理念和推进公平竞争的政策方法，经济合作组织(OECD)、亚太经合组织(APEC)都是这方面的典型代表。国际消费者团结和互信促进协会(CUTS)，则从保护消费者享有更全面的信息和最大化消费者利益的角度，对竞争政策及相关法律制度进行推广。[1]

此外，关于竞争文化的研究总是和竞争推进问题联系紧密，在倡导建立更适宜于市场经济的文化环境时，竞争推进往往能发挥有利的作用，类似的观点在许多的国际组织的研究报告中都可以看到。[2]

2. 国内的研究文献

国内对竞争推进的关注和研究，经历了从逐步接触到深入了解的过程。早期研究以相关个案的介绍居多，如苏浩开对澳大利亚国家竞争政策的介绍等。[3] 也有些对竞争政策感兴趣的实务工作者在与国外同行的交流中接触到了竞争推进制度，并尝试从个别的措施层面对其进行研究和介绍，如国家工商总局的曹红英曾在20世纪90年代末连续撰文介绍澳大利亚竞争推进中的具体制度。[4]

近两年，国内有一些青年学者开始尝试全面地将国际上关于竞争推进问题的研究成果向国内学术界进行介绍。2010年，上海交通大学法学院张占江博士发表的《竞争倡导研究》[5]一文是国内为数不多的系统介绍竞争推进理论的论文之一。论文开宗明义地提出，竞争倡导是反垄断主管部门实施的除竞争执法以外所有改善竞争环节的行为，具有"促进和补充反垄断执法"、"推进竞争政策的有效实施"以及"推动竞争文化建设"等作用。在具体制度路径上，该文介绍了"立法优先咨询"、"改善准入管制"、"管制的竞争评估"、"企业合规指引"以及"多样化的倡导工具"等措施。

笔者也曾围绕如何在中国引进竞争推进制度的问题做过一些讨论，提

---

〔1〕 相关文件可在这些组织的网站中查找。

〔2〕 See CUTS, *Towards a Healthy Competition Culture*, p. 32.

〔3〕 参见苏浩开：《澳大利亚推出国家竞争政策》，载《全球科技经济信息瞭望》1996年第2期。

〔4〕 参见曹红英：《澳大利亚竞争政策改革(一)》《澳大利亚竞争政策改革(二)》《澳大利亚竞争政策改革(三)》，分别载《中国工商管理研究》1999年第5期、第6期、第12期。这些文章都是根据其参与第二届奥斯陆竞争会议的见闻所写。

〔5〕 张占江：《竞争倡导研究》，载《法学研究》2010年第5期。值得注意的是，张文中将"competition advocacy"一词翻译为"竞争倡导"而非"竞争推进"。对于这个英文词语的翻译，下文在关于竞争推进的概念部分还将做具体论述。下引称"张占江文"。

出竞争推进问题是在西方市场竞争机制基本发育成熟之后,对竞争机制的缺陷进行反思,进而提出的一整套解决方案。在市场竞争机制不断向原先没有市场经济传统和竞争文化的国家和地区传播时,竞争推进也能够起到很好的对抗旧体制的作用。中国作为一个晚近引入市场竞争机制的国家,应当尽早意识到竞争推进的价值,并在借鉴国际经验的基础上尽快建立符合国情特点的竞争推进制度。[1]

除了以上为数不多直接以竞争推进问题为研究对象的文献之外,国内学者还从一些相近的研究视角阐述着与竞争推进密切相关的一些问题,有的研究已经比较接近国际上关于竞争推进的研究思路。他们主要包括:

第一,从行政性垄断规制问题切入的法学研究视角。王晓晔提出,在我国当前滥用行政权力限制竞争十分普遍的国情条件下,反行政垄断不仅应当成为我国反垄断法的任务之一,而且应当成为我国反垄断法的主要任务。我国应把调查和审理这类案件的任务统一交给反垄断主管部门,当企业或者消费者的权益受到行政垄断行为的侵害时,应有获得司法救济的机会。我国应当改革行政法,授予法院监督政府行为的权力,尤其是监督政府抽象行政行为的权力。她进一步提出,只有当我国在制止行政垄断方面能够采取有效法律措施的时候,才能说我国已经建立起社会主义市场经济体制。[2] 许光耀指出,对于抽象行政垄断行为,反垄断法可以起到上位法的作用,作为否定下位抽象垄断行为的依据,他还认为目前我国相关立法最需完善的是相关的责任制度以及执行机制。[3] 刘继峰考察了俄罗斯反垄断法对行政垄断的规制方法的特点,为认识我国行政垄断的特殊性提供了借鉴。[4] 黄勇、邓志松重点研究了行政垄断在中国的滋生土壤,从中国基本政治经济制度对行政垄断的决定性影响,并对财税和干部考核等具体制度进行了分析,得出结论认为,目前我国的行政垄断与西方发达市场经济国家存在显著区别。[5] 叶卫平认为,基于行政力量和行政性安排在中国过度存

---

〔1〕 参见向立力:《建立中国的竞争推进制度——近现代西方竞争文化在中国的传播》,载《亚洲竞争法论坛(2010)学术论文集》。

〔2〕 参见王晓晔:《行政垄断问题的再思考》,载《中国社会科学院研究生院学报》2009 年第 4 期。

〔3〕 参见许光耀:《行政垄断的反垄断法规制》,载《中国法学》2004 年第 6 期。

〔4〕 参见刘继峰:《俄罗斯反垄断法规制行政垄断之借鉴》,载《环球法律评论》2010 年第 2 期。

〔5〕 参见黄勇、邓志松:《论规制行政垄断的我国〈反垄断法〉特色——兼论行政垄断的政治与经济体制根源》,载《法学杂志》2010 年第 7 期。

在的基本社会现实,中国反垄断立法必须更多地从中国国情中寻找制度的根基,从确立竞争得以开展的基础制度和环境出发,遏制行政性垄断。[1] 郑鹏程博士提出,要综合运用政治、经济、法律手段治理行政垄断,并论证了“协商合作制”在反行政垄断法律控制体系中的重要地位。[2] 杨兰品博士提出,必须加快政治体制改革的步伐,必须依靠宪政改革约束政府行为。[3]

第二,从放松管制改革问题切入的经济学研究视角。王俊豪、王建明提出了中国垄断性产业存在自然垄断和行政性垄断的二元性,行政垄断则存在合理的和不合理的两重性,进而认为要从根本上打破行政垄断,需要根据二元性和两重性特征,制定有效的分类管制政策。[4] 过勇、胡鞍钢利用寻租经济学的方法对中国行政垄断的本质、成因、形式、特征进行了分析,对行政垄断的经济损失规模及租金的耗散等问题进行了研究,并提出了进改革建议。[5] 胡光志、王波提出了完善我国反行政垄断立法应以成本—收益分析为标准,以实现有效配置稀缺资源的目的改革思路。[6] 于良春、杨骞引入新比较经济学的社会制度选择分析框架,结合我国电信产业行政垄断问题,提出了适用于我国行政垄断制度改革的一般分析框架。[7] 而近几年来,在于良春教授的主持下,山东大学经济学院的研究团队结合我国垄断行业改革的实际,对我国铁路、银行、电信、电力等多个产业的行政垄断及其改革状况从经济学角度进行了分析。[8] 地区性行政垄断问题是我国行政垄断研究中的重点,对此,于林、于良春通过建立反映地区性行政垄断的数学模型,证实地区性行政垄断与经济增长呈倒U形关系,而且经济开放程度越

〔1〕 参见叶卫平:《竞争立法与竞争秩序建构——以行政垄断规制必要性为中心》,载《深圳大学学报》(人文社会科学版)2007年第1期。

〔2〕 参见郑鹏程:《行政垄断的法律控制研究》,西南政法大学博士学位论文,2002年。

〔3〕 参见杨兰品:《中国行政垄断问题研究》,武汉大学博士学位论文,2005年。

〔4〕 参见王俊豪、王建明:《中国垄断性产业的行政垄断及其管制政策》,载《中国工业经济》2007年第12期。

〔5〕 参见过勇、胡鞍钢:《行政垄断、寻租与腐败——转型经济的腐败机理分析》,载《经济社会体制比较》2003年第2期。

〔6〕 参见胡光志、王波:《行政垄断及反行政垄断法的经济学分析》,载《中国法学》2004年第4期。

〔7〕 参见于良春、杨骞:《行政垄断制度选择的一般分析框架——以我国电信业行政垄断制度的动态变迁为例》,载《中国工业经济》2007年第12期。

〔8〕 参见杨玉秀:《中国电信行业行政垄断与竞争政策研究》,山东大学博士学位论文,2010年;王会宗:《中国铁路运输业行政垄断与引入竞争问题研究》,山东大学博士学位论文,2010年;刘长霞:《经济转轨时期中国银行业反行政垄断与促进竞争政策研究》,山东大学博士学位论文,2008年,杨淑云:《中国电力产业行政垄断及其效率影响分析》,山东大学博士学位论文,2010年。

高,地区性行政垄断越不利于经济增长。[1] 于良春、余东华对转型时期中国各省市区的地区性行政垄断程度进行了量化测算和比较,提出了用于分析区域经济政策效果的差异的指数工具。[2]

第三,从推动建立竞争文化问题切入的跨学科研究视角。厉以宁教授最先系统性地提出了文化对社会经济生活影响的命题,他认为除了“政府之手”和“市场之手”之外,由道德和习惯组成的文化之手也会干预到经济生活的秩序,而“非交易领域”则是道德和习惯发挥作用的主要阵地。社会对效率、垄断等问题的看法都具备相应的道德和习惯基础,他尤其举了企业文化的例子。他还提出,随着社会经济的高度发展,非交易领域在社会经济生活中的比重会不断增加,道德和习惯构成的文化因素会发挥越来越大的作用。[3] 关于竞争文化的内涵及其与反垄断法律的关系,徐士英教授提出,现代竞争文化能够弥补传统法律文化的诸多不足,可以保障实质公平的竞争,并倡导在提高个体利益的同时增进社会整体利益。在反垄断法律的支撑下,现代竞争文化能起到教育民众、普及观念的作用,为反垄断法律的实施奠定基础。[4] 关于如何培育竞争文化,丁国峰认为,反垄断法的实施需要市场竞争文化基础,而反垄断法的私人实施正是发展和培育市场竞争文化的最佳方法。[5] 对此,黄勇、江山从中国文化的特征分析出发,认为中国传统文化土壤缺失竞争文化的因素,考虑到中国息讼文化的影响,加之反垄断法实施本身所具有的极强的专业性,中国不宜大力提倡和依赖反垄断法的私人执行制度。[6] 也有学者从企业文化的角度切入,提出企业文化实质上是一种竞争文化,企业对信誉、形象、品牌和知名度等核心竞争力的重视,是引发市场竞争根源,因而,竞争文化的培育可以从企业内部开始。[7] 最后,针对中国文化的特殊性问题,李宏斌从东西方文化起源的角度切入,提出了在中国传统文化的土壤上,引入和培育以强调个人功利、饱含斗争色彩的竞争文化可能遇到的难题,进而提醒,只有把两种文化精神辩证地统一起

---

〔1〕 参见于林、于良春:《地区性行政垄断的经济增长效应》,载《当代财经》2010 年第 6 期。

〔2〕 参见于良春、余东华:《中国地区性行政垄断程度的测度研究》,载《经济研究》2009 年第 2 期。

〔3〕 参见厉以宁:《超越市场与超越政府——论道德力量在经济中的作用》(修订版),经济科学出版社 2010 年版。

〔4〕 参见徐士英:《竞争文化与和谐社会——论中国反垄断立法的社会基础》,载《江西财经大学学报(中国法学会经济法学研究会 2005 年年会专辑)》。

〔5〕 参见丁国峰:《我国反垄断法私人实施的竞争文化探讨》,载《法治研究》2009 年第 7 期。

〔6〕 参见黄勇、江山:《反垄断法实施的文化维度论纲——以竞争文化、诉讼文化与文化为中心》,载《江西社会科学》2008 年第 7 期。

〔7〕 参见李梅:《培育企业的竞争文化》,载《中国电力企业管理》2009 年第 2 期。

来,以和谐引领竞争,才是文明进步与发展的最佳机制。[1]

上述研究成果虽然没有直接提出竞争推进这一概念,但无疑对我国学者和决策层尽早地认识到竞争推进的意义,起到了很好的启发作用,因而这些成果也是我国竞争推进研究必不可少的前提和基础。

三、竞争推进研究对于我国的意义

(一)有助于拓展国内竞争法学的研究视野

改革开放以来,我国引入了市场经济体制,却在很长一段时间内始终没有引入规制市场秩序的基本法律——竞争法(反垄断法)。这在其他国家市场经济的发展历程中是不多见的。为此,竞争法学者多年来致力于引入竞争法律制度,以规范国内市场竞争秩序。2007 年,全国人大常委会通过了《中华人民共和国反垄断法》,并决定于 2008 年 8 月 1 日起实施。反垄断法的通过极大地鼓舞了国内竞争法学者,竞争法学者们对竞争政策的关注集中体现在竞争法的实施方面是再正常不过了。于是,此后一段时间,学者们围绕如何更好地实施这部法律做了很多开创性的研究。关于反垄断法各项制度的内涵、法律实施所依托的经济分析工具,都广泛涉猎。然而,就在我们关注竞争法及其实施的问题时,国际竞争政策研究已经悄然打开了一扇新的大门,那就是关于竞争推进的研究和讨论。因此,我国尽早启动对竞争推进问题的研究有助于国内竞争法学研究更好地与国际接轨和对话。

(二)有助于我国竞争主管部门尽早明确自身的职能定位

竞争推进是一套区别于竞争执法的新制度,为竞争政策目标的实现带来了全新的径路。因而,在 ICN、OECD 等国际组织的倡导下,许多国家的竞争主管机构都开始关注这一全新的问题。不仅如此,在许多国家看来,随着理论界对竞争推进问题研究的深入,必然会带来的现象是,竞争主管部门的职能将大为丰富。未来的竞争主管部门很可能不再局限于针对具体的限制竞争行为的执法活动,而是将更多的精力投入改造一个国家的根本经济制度和国民文化禀赋方面,这无疑将大大提高竞争主管部门在国家决策过程中的影响力。从目前美、欧、日、韩等发达国家的经验来看,这种趋势正变得越来越明显。我国是新近引入竞争法律制度的国家,竞争主管部门的建立也滞后于上述发达国家,这使我们在某种程度上具备了“后发优势”,不必重走一遍“执法——发现不足——推进”的老路,而是应当从一开始就将竞争

---

〔1〕 参见李宏斌:《和谐与竞争:中西文化精神新论》,载《延安大学学报》(社会科学版)2005 年 8 月。

推进作为竞争主管部门的主要职能。这一点是我国应当尽早启动对竞争推进问题研究的重要意义之一。

第三节 研究的边界、内容和方法

一、研究边界

(一)竞争执法及其与竞争推进的关系

从大多数国家的竞争法规定来看,在保证竞争法的有效实施方面,竞争主管部门一般被赋予了两种职权,一是依法直接实施行政性的处罚,包括行政性罚金、责令企业完成一定行为的行政命令,等等。二是根据竞争法的规定,代表国家对违反竞争法的企业或个人提起诉讼,诉请司法部门对违法行为予以认定并处以相应的法律责任。在有关竞争政策和竞争法的英文文献中,“competition enforcement”一词包含了上述两类实施竞争法的行为,该词的直译为“竞争执法”。此外,笔者所讨论的竞争执法还有一个特点,那就是它的对象仅针对市场竞争中的主体——企业或者个人经营者。

竞争执法与竞争推进是一组并列的概念,虽然它们的价值都在于确保竞争政策目标的实现,但是两者在理论基础、作用对象和实施手段等方面都截然不同。

与竞争执法的刚性相比,竞争推进更强调竞争主管当局对竞争价值观的推广。印度竞争委员会提出,竞争推进是指那些直接影响公司行为和产业结构的方法。要引导社会形成这样一个共识,即竞争政策的基本目标是保护和维持竞争,因为在市场经济体制下,竞争是确保资源分配效率的最合适的方式。竞争政策应当普遍地适用于各个国家,以保护基本的竞争程序和不存在特殊的“竞争者”。[1]

与竞争推进相比,竞争执法的历史更长久,随着我国改革开放进程,也较早地被国内学界和实务界所接触和认同。竞争推进这个概念至今在国内鲜有人提起,这也是许多发展中国家和转型经济国家的通例。然而,从美欧等市场竞争机制完备的国家和地区的实践看,竞争主管部门的职能中,有较大一部分内容是承担竞争推进工作,这一制度对其维持其国内市场竞争机

〔1〕 See B Block, Paryavaran Bhavan, Lodhi Road, “Public Awareness On Competition Law & Policy,” http://www. cci. gov. in/images/media/Advocacy/Awareness/pacl. pdf? phpMyAdmin = NMPFRahGKYeum5F74Ppstn7Rf00, Feb. 8, 2009.

制的稳定有重要意义。

(二)研究边界

前已论及,竞争推进产生的原因是为了对竞争执法这一路径作出必要的补充。国际经验表明,随着社会对于竞争政策认识的加深,竞争政策更为丰富的内涵也会逐渐为决策层、学者以及社会公众所理解。此时,竞争政策目标的实现路径也会越发多元。相对于目前国内关于竞争法实施方面的研究而言,笔者希望促进我国对竞争政策实现路径的理解更加深入,故希望讨论的是各国竞争主管部门于竞争执法之外,在探索确保竞争政策目标实现的全新路径方面所做的努力。通过对国外相关制度的介绍和分析,为国内市场经济的进一步发展成熟提供新的思路。

二、研究内容

(一)研究思路

本书选题的研究起点源于中国竞争政策的发展历程,以及知识界对改革开放三十余年经验的总结和反思。笔者通过历史回顾和文献分析得出的结论是,要巩固和继续推进中国市场经济体制改革,必须不断推高竞争政策在国家经济政策中的地位。对应竞争政策的内涵,竞争政策的实现径路分化为两条,一是竞争法律的实施,二是法律实施之外的竞争推进。

竞争推进概念于20世纪70年代提出,最近国际上才开始对这一问题进行系统研究。2002年ICN会议报告指出现有以竞争执法为核心的竞争政策实现机制存在的种种问题,并认为未来确保竞争政策目标实施的路径必然会发生一些调整。沿着这一思路,笔者不断梳理国内外关于竞争政策目标实施制度的研究文献,尤其聚焦于各国在竞争执法中遇到的问题,和关于竞争推进的制度建设经验。在归纳汇总的基础上,笔者尝试在ICN给出的关于竞争推进的概念基础上,清理出竞争推进通常所包含的具体制度,如从是否符合竞争政策目标的角度对法律和规范性文件进行评估,在垄断行业中引入竞争机制,在全社会倡导形成有利于竞争机制的文化氛围,等等。循着这个框架,笔者开始检索各国相关制度建设的成例,也包括其国内相关制度发展的历史。

在梳理比对了比较多的国际经验之后,笔者也试图结合我国引入市场经济体制的过程,得出一个初步的结论,即我国引入和确立市场竞争机制的过程中,已经自发形成了一些与竞争推进十分类似的制度,这个过程不完全是企业、公民等市场主体的分散行动,也不是个别学者的孤军奋战,而是包含了很多政府的主动推动和影响。为此笔者意识到,可能不少从事竞争政策制定、实施的人们早已开始思考有别于单一的依靠竞争执法机制的路径调整问题，而在这种背景下，也许在我国全面引入竞争推进这个概念以及相关制度建设经验的时机已经成熟。

（二）主要内容

循着上述研究思路，各章节的主要内容如下：

第一章"导论"。首先是关于选题背景和意义的讨论。在本章的开头中，笔者集中回顾了中国竞争政策的发展历程，并梳理了2008年前后国内知识界关于改革开放三十年经验和教训的观点，由此引出了竞争政策对于我国的重要意义。继而笔者提出了竞争政策的构成应当分为竞争法与法律之外的其他政策形式，因此其政策目标的实现方式也应当分化为竞争执法和执法以外的其他手段，从而引出了竞争推进的话题。此后，笔者归纳了国内外关于竞争推进问题的研究文献，并对研究边界、内容和方法予以界定和说明。最后，对研究的创新与不足之处进行了概要性的介绍。

第二章"竞争推进的基本理论"。本章是关于竞争推进的涵义和意义的讨论。在本章的开头，笔者首先根据目前国际上的研究共识，介绍了竞争推进产生的原因、竞争推进的对象及其制度构成，在此基础上，笔者给出了竞争推进的基本概念。为了进一步说明竞争推进在域外的实践情况，笔者列举了域外关于竞争推进的立法例。在界定概念的基础上，笔者分三个方面对竞争推进的意义进行了论述。在立法层面，竞争推进能够有效对抗利益集团的游说，代表消费者群体确保立法程序对市场机制机制的保护，并且确保竞争法的价值目标优先于其他法律；在执法层面，竞争推进拓展了竞争执法的对象范围；在文化层面，竞争推进有利于推动社会形成促进竞争的文化氛围，从而更适合于竞争政策的实施。

第三章"竞争推进的制度(一)：公平竞争审查"。从第三章开始，进入了对竞争推进具体制度的介绍部分，笔者用三个章节的内容分别介绍了竞争推进的三大核心制度。本章是关于公平竞争审查的介绍。设立这一制度的宗旨是对一国现行的各项法律、法规和规范性文件进行评估，以是否有利于市场竞争机制的顺畅运行为标准，凡有悖于该标准的法律文件均应当被修改直至废止。在不少国家，公平竞争审查工作还延伸至拟讨论的法律文件草案。本章第二节和第三节以澳大利亚和美国为例，重点阐述了公平竞争审查的基本方法、开展这项工作可能遇到的难点以及应对策略。第四节则通过呈现一些数据和实例，以说明公平竞争审查的效果。

第四章"竞争推进的制度(二)：垄断行业引入竞争"。本章是竞争推进的又一大具体制度，其针对的是一些传统的垄断行业。在这些行业中，要么因为自然垄断因素的存在,要么因为国家经济管制政策的限制,大多难以引入竞争机制,竞争主管机构以执法方式推动引入竞争的难度也很大。因此,不少国家开始尝试多元化的竞争引入途径。如本章第二节、第三节和第四节的介绍,通过专门立法、诉讼策略、管制政策约束机制等措施,可以达到单纯的竞争执法难以起到的引入竞争的效果。本章第五节是对这一制度的良好效果的阐述。

第五章“竞争推进的制度(三):竞争文化培育制度”。本章是竞争推进的第三项具体制度,旨在促进社会公众关于市场竞争的认识不断深化和成熟。研究表明,一个国家的公众对市场竞争的理解程度越深入,竞争法和竞争政策的实施可能遇到的阻力就越小。而文化因素的转变如果没有外力的介入和推动,其发生转变的过程是极其缓慢的。竞争主管部门是一国司职推动竞争政策实现的部门,其有义务来承担这项文化培育工作。从不少国家的实践看,竞争文化的培育对竞争法和竞争政策的实施起到了良好的支持作用,而文化培育的手段也是多种多样的,不少措施的效果也十分明显。本章第二节、第三节、第四节和第五节分别列举了目前受到国际竞争法学界普遍推荐的四种文化培养方法。

第六章“竞争推进的发展模式比较”。在了解了竞争推进的概念与主要的制度构成之后,本章需要解决的问题是,竞争推进在不同的国家发展,是否具有不同的模式?从目前笔者观察和检索的情况来看,至少有三个类型的国家都在以自己的方式践行着竞争推进这一制度,分别是以美国为代表的发达国家,以日本、韩国为代表的经济赶超国家以及以俄罗斯、东欧等国为代表的经济转型国家。这三种类型的国家国情背景和竞争法、竞争政策的基础有天壤之别,其实施竞争推进的方法也有明显差异,从而满足了模式比较的前提。通过比较笔者发现,发达国家以竞争执法为核心,竞争推进是辅助实现竞争政策目标的手段。经济赶超国家则均衡用力于竞争执法和竞争推进两种手段,通过竞争推进不断化解竞争执法领域遇到的阻力。经济转型国家则要过多的倚重竞争推进制度,非此难以转变国内排斥市场竞争机制的文化阻力和制度藩篱。此外,笔者还发现,竞争推进的三大基本制度的功用也各有侧重。

第七章“中国竞争推进的基础与制度构建”。本章是关于如何在中国建立起适合我国国情的竞争推进制度的讨论。在本章的开头,笔者重点讨论了在我国构建竞争推进制度的几个基础性问题,如国情基础、模式选择以及如何有侧重地使用竞争推进的几个具体制度。在此基础上,笔者得出了一些方向性的结论。首先,我国市场经济体制改革的过程就是一种竞争推进的尝试,但是我们还没有意识到将这些尝试向制度建设归纳提升的重要性。其次,我国反垄断法实施后,竞争主管部门应当将竞争推进定位为优先实施的政策措施,为竞争执法奠定基础。最后,我国构建竞争推进制度应当以公平竞争审查和垄断行业引入竞争为重点。继而笔者转入了结合具体案例的讨论。在本章第二节和第三节,笔者分别以我国上海市实施行政审批制度改革的例子和我国电力行业引入竞争改革的例子,作为构建我国公平竞争审查制度和垄断行业引入竞争制度的基础,探讨了在我国构建上述两大制度的可能性、制度基础,并提出了若干立法建议。本章第四节是关于我国构建竞争推进制度的其他问题,是笔者希望进一步讨论,但限于篇幅和有限的研究能力而暂时难以深入的问题。

三、主要研究方法

(一)比较分析法

竞争推进问题的理论研究起源于国外,在制度实践上,国外的经验也比我国丰富得多。相比之下,国内竞争问题研究中,无论是法学界还是经济学界都还没有全面接受“竞争推进”这一概念,需要更多地介绍国外实例来说明这一制度的内涵、价值等。因此,比较分析是最主要的研究方法。在对竞争推进的每一个具体制度进行阐述时,笔者试图从一个国外的成功案例切入,紧密围绕案例的背景、制度设计以及经验分析,使相关内容更加充实。

(二)历史分析法

笔者采用历史分析的方法,对竞争推进研究的发展历史进行梳理,试图完整地展现美国、日本、俄罗斯等国实施竞争推进的原因及发展过程中遇到的问题,从而有助于理解这一制度的来龙去脉。

(三)综合分析法

各国关于竞争推进问题的研究大多从竞争政策实施中遇到的实际问题出发,对竞争推进产生背后的理论问题探讨不多。笔者尝试综合运用法学、经济学关于市场竞争的研究方法和结论,并借鉴文化心理学、社会学等其他学科的部分研究成果,清理出一条关于竞争推进必然产生的逻辑线索。

第四节 可能的创新与不足之处

一、可能的创新之处

本书可能是国内首本系统介绍和研究竞争推进问题的专著,因此,在厘定研究主题、界定研究范围、把握研究思路以及选择研究方法等方面都具有一定的开创性。在国外的相关研究中,关注竞争推进概念的资料多,界定竞争推进的具体制度构成的论文很少,不同学者往往从其接触到的某个个案来说明竞争推进的重要性。笔者基于向国内学界系统引入竞争推进的研究目的,试图构建一个基本完备的概念体系,在梳理总结竞争推进的概念之后,将更多的研究精力放在了更有利于制度移植的问题上,即归纳抽象出竞争推进最常见的制度措施,并逐一介绍比对,以推动国内启动相应的制度探索。最后,笔者对在我国建立竞争推进的可能性进行了探讨。笔者经过分析发现,我国建立市场经济体制的过程中,关于竞争推进的思想萌芽已经出现,一些与国际上竞争推进的具体措施极为相似的制度也不断涌现。笔者从国内众多制度创新中,选取了上海市行政审批制度改革、国内电力市场引入竞争改革两个切入点。通过分析发现,因为缺乏对竞争推进机制的系统引入,我国在行政审批制度改革、垄断行业引入竞争等问题上遇到了不少困境。由此得出结论,我国应该尽早关注竞争推进制度建设,把这一国际经验为我所用。而这种研究目标设定和相应研究方法的选择,可能会对今后的相关研究起到一些启发思路的作用。

二、研究的不足之处

第一,竞争推进问题是一个跨学科的研究领域,要充分论证这种制度产生的原因和正当性,必须借助经济学、政策学、法学、社会学等学科的知识;而受制于笔者粗浅的理论积累和狭窄的阅读范围,在理论层面对竞争推进产生的背景、原因的分析与解构不足成为最薄弱之处。

第二,由于国际上对于竞争推进研究的起步较晚,在竞争推进的具体制度构成上观点不一,本书只是将大家讨论得最多的制度进行了归纳,暂且作为竞争推进的具体制度措施予以介绍,资料检索不足之处在所难免,这也很可能导致遗漏了一些重要的制度措施。

第三,从目前国际上的竞争推进问题的研究趋势看,绝大多数文献都是从各种竞争推进的具体措施入手,通过展现一项具体措施形成的背景、运作的基本方法以及运用的效果,达到向国内外介绍、推荐该项措施的目的。总的来说,国际上应用型的研究成果远多于纯理论的分析。本书的研究方法也延续了这一思路,重点偏向于竞争推进的操作方法,希望尽快向国内同人,尤其是竞争主管部门推介这种全新的思路。然而,这也正是本书的不足之处,重应用而忽略了理论抽象。

第二章　竞争推进的基本理论

本章将集中阐述竞争推进的含义,包括国际竞争法学界通常认为的竞争推进的内涵和外延。与市场竞争机制的运行密切相关的制度因素至少有三个方面:竞争立法构成一定地域范围内的基本竞争秩序和规则;竞争执法是事后纠错机制,维护前述规则得以落实;竞争文化的作用在于提升社会成员对竞争法、竞争执法的支持和理解。而竞争推进的产生是源于竞争理论对竞争法的反思,即传统的竞争法建立的制度体系是围绕竞争执法来构建的。然而,关于这套市场行为规则是否能够有效抵御各类对其产生不当限制的力量,反思的结论是否定的,因而需要竞争推进这一全新的制度体系来营造新的支撑点。竞争推进在竞争立法环节能够对利益集团的过度游说起到适当的衡平效果。当竞争执法难以获得有效的规制效果时,竞争推进也能够提供另一套非强制路径,引导市场主体回归到市场竞争秩序的轨道上。竞争文化的构建与竞争推进的关系密切,后者不是消极地等待缓慢的文化变迁,而是主动地引导社会成员,提升他们对竞争法、竞争政策的理解,创造更适宜竞争法和竞争政策产生和发展的文化环境。借助竞争立法、竞争执法和竞争文化三个领域的观察分析,能够基本展现竞争推进的理论脉络。

第一节　竞争推进的含义

国际上,竞争推进最早并非产生于学者的理论推导,而是先由一些实务工作者出于工作需求而提出的,待这一提法形成相对固定的表现形式之后,再由学者对其基本规律加以研究提炼,完成理论塑造。

一、竞争推进产生的原因

(一)竞争政策目标的实现径路及其缺陷

竞争政策的目标是要确保市场竞争机制在资源配置中起基础性作用。

经济学理论认为，面对相对稀缺的资源，市场竞争机制可以让资源流向能够使其发挥最大效用的领域，因而竞争是最有效的资源分配方式。理论认为，当市场竞争机制处于不受任何干预和控制的完全竞争状态时，它所产生的资源配置效率就是最大化的。然而，经济学同时承认，完全竞争状态只存在于理论假设当中，现实生活中只能使市场竞争无限接近于这一假设状态，而这正是竞争政策的目标。当竞争政策成为一个产业、一个国家范围内起主导作用的政策时，这个产业、这个国家的经济运行才能够产生高效率。

在很长一段时期内，竞争执法径路几乎是现代政府实现各类公共政策的唯一方式，这种方式最有利于发挥国家强制力对公共政策目标的支持作用。具体到竞争政策问题时，许多国家一开始都把希望寄托于竞争法（反垄断法）的执法机制，以竞争法律制度来实现竞争政策目标为宗旨。他们认为有效的竞争执法机制足以维持市场竞争机制的良好运转。竞争执法机制固然有其优势，对于违反竞争法的行为，竞争主管部门可以根据竞争法的授权予以制止，手段包括行政执法和诉讼两种，这些手段无疑都具有威慑力和及时性。然而，这种优势同时也是其隐患所在。竞争执法径路具有强制、不可逆转等特性，实施过程中任何一个环节出现偏差，其结果都有可能偏离原先的政策目标。由于人们有限的认识能力，执法部门对市场经济的活动规律，以及如何有效地对市场运行进行调解的理解都存在局限，在这个领域施行过于强力的政策手段会增加前述偏离政策目标的风险。

（二）竞争推进是竞争政策实现路径的多元化

竞争推进产生之初并不是要彻底改变或者替代传统的竞争执法路径，而是希望在传统的竞争政策目标实现路径的基础上，构建一种多元化的政策目标实现机制，准确地说是提供一种对竞争执法路径的修补机制。

根据国际竞争法网络的研究结论，竞争推进是“由竞争主管部门采取非执法机制所实施的，旨在国内经济活跃的目的，而与促进国内竞争环境有关的措施，它所依赖的主要途径是通过协调竞争主管部门与其他政府机构之间的关系，以及不断增进公众对竞争能带来利益的意识”。[1] 这是 ICN 根据目前世界上一些尝试过竞争推进的国家的实践经验，总结归纳出的一个初步定义。

可见，竞争推进和竞争执法在确保竞争政策作为一个国家经济领域里的主导政策方面具有共同的目标设定，尽管它们发挥作用的机理存在不小

〔1〕 See *ICN doc*358.

的差异。ICN 曾用一个简单的图表来描述竞争推进与竞争执法的关系。(见图 3)

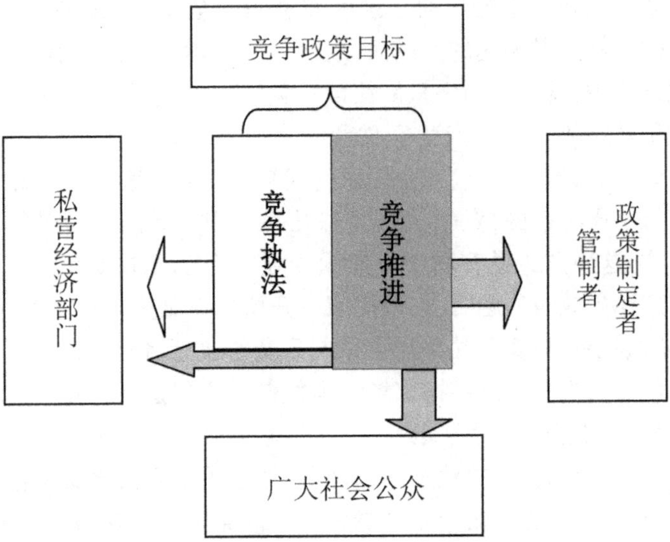

图 3　竞争政策、竞争执法与竞争推进的关系[1]

图 3 中的箭头代表了竞争执法和竞争推进在作用对象上的不同,这也是理解竞争推进概念的关键。一般来说,竞争执法机制适用的对象主要是企业或者经济组织,目的是防止企业或者其他经济组织在参与市场竞争的过程中,实施对市场竞争秩序有限制或阻碍作用的行为。而由图 3 以及前文的表述可知,竞争推进的适用对象就要广泛得多,既包括企业和其他经济组织,也包括广义上的政府机构,即立法、行政和司法机关,目的是避免上述公共机构实施对竞争产生限制作用的行为,如制度限制竞争的公共政策等。

二、竞争推进的对象

(一)公共机构

竞争法的诞生是缘于企业和经济组织在参与市场竞争的过程中实施的各类限制竞争的行为,一个实力雄厚的企业往往具备相当大的资源调配能力,对市场运行产生的影响是相当大的。一旦这样的企业滥用其手中的"市场权力"(market power),将给市场带来极大的灾难。因此,竞争法的核心制度——滥用市场优势地位、卡特尔以及企业合并,都是针对市场参与者而言

[1] See *ICN doc358*, p. 26. 笔者增加了与"实现竞争政策目标"意思相关的图示。

的，又可以笼统地将违反这三种行为称为“私人反竞争行为”（private anti-competition）。然而，在竞争法诞生多年之后，执法者逐渐意识到，仅仅限制企业和经济组织对市场所造成的扭曲作用是不足以保证市场的健康运行的。相对于大型企业所掌控的权力而言，“政府有能力掌控经济政策的转变，并对于市场竞争发挥着基础性作用”。[1] 在那些实行严格管控的产业内，公共权力使竞争和市场毫无用武之地。而即便是在自由、开放的市场上，国家政策的变动随时都可以钳断市场之手。但政府及其他公权力机构又不是竞争法所当然规制的对象，它们所实施的对竞争产生限制的“公共反竞争行为”（public anti-competition）很难通过竞争执法来应对。因此，公共机构对国家权力的滥用给市场竞争造成的损害要远远超过企业和经济组织。

除了执法对象上的局限外，竞争主管当局被授予的传统权限也不足以应对公共反竞争行为，竞争法与其他公权力机构干预市场经济活动所依据的行业管制立法在法律位阶上是平等的，不存在谁服从谁的问题，因此即使其他公权力机构依据行业管制立法对经济运行进行干预，哪怕是对竞争秩序造成损害的干预，竞争主管当局也无权对其进行制约。也就是说，竞争执法在防范和避免公共机构损害市场秩序方面所能发挥的作用十分有限，在市场经济自然发轫的国家，早期政府的资源掌控力相对弱小，市场的总量也不太大，政府干预市场的热情和能力都很有限。竞争执法的上述缺陷表现得并不明显。随着国家经济总量的积聚，政府与市场互动的机会增多，政府干预经济的行为愈加频繁，竞争机制也遭受越来越多的干扰。面对这些竞争执法上难以突破的瓶颈，竞争推进应运而生，它的产生很大程度上是为了应对竞争法对公共机构规制能力不足的缺憾。因此，各种竞争推进措施针对的核心对象就不再是企业和经济组织，而是那些具有干预市场经济运行的公权力的机构。公共机构的范围很广，笼统地说凡是有权行使公权力并可能对市场竞争秩序产生干预作用的机构，都在竞争推进所关注和适用的范围之内。包括立法机关、行政机关、受委托管理经济事务的社会组织，有时也包括司法机关。

（二）企业和社会公众

回到图 3 所显示的结构当中我们可以看到，竞争推进适用的对象要比竞争执法宽泛，除了其针对核心对象——公共机构之外，竞争推进还有一部分

---

[1] See Muris's paper.

内容就是针对广大社会公众所进行的宣传和教育。教育企业和公众能够创造一个竞争文化氛围，是争取“公众来理解和支持竞争政策是保护消费者和促进经济增长的最佳途径”。[1] 通过宣传和教育，在企业层面促使“经营者主动承担自由市场的竞争压力及其后果，注重自身的竞争能力建设，避免动辄就向主管机构寻求帮助甚至庇护”；在消费者层面促使他们“努力去争取市场竞争最终给自身所带来的利益，从最简单的利益最大化中认识、加强对市场竞争的渴望，高度警惕并限制竞争行为对自身利益的损害”。[2] 这种各个市场环节相互衔接的竞争文化一旦形成，必然能够提升企业和公众自觉遵守竞争法的意识，还可以有效地减少竞争执法的阻力，从而有效提高竞争政策实现的效率，这对于广大发展中国家而言尤为重要。

三、竞争推进的制度构成

竞争推进除了在适用对象上与竞争执法有区别之外，实施竞争推进的具体方法和策略也与竞争执法有很多差异。竞争执法要严格依照法治原则，依靠严密证据链和符合逻辑的法律推理来确定违法行为，并追究法律责任。竞争推进在方法上的可选择余地则相对要大得多。

（一）公平竞争审查制度

法律和各种规范性文件对市场运行秩序产生的影响最为重大和深远，因此竞争推进的具体方法中最为重要的部分，就是以“是否有利于市场竞争机制的运转”为标准，对国内全部法律和规范性文件进行评估。它既包括了对现行有效的法律和规范性文件的评估，也包括了对即将提交审议的法律草案，或者即将颁布的规范性文件草案的评估。例如，澳大利亚国家竞争政策规定，要建立“一套框架体系去系统评估立法的目的和现实环境之间的关联；评估新的法律可能带来的价值”，并且根据 NCP 的要求，“所有新制定的可能限制竞争的法律都必须包括一个法律影响的陈述”，而且“任何可能继续对竞争产生限制的法律将每十年接受一次系统性的评估”。[3]

（二）垄断行业引入竞争制度

垄断行业产生的原因很多，有相当一部分行业的垄断是基于政府的许

---

〔1〕 See Deborah Platt Majoras, “*Promoting a Culture of Competition*”, http://www.ftc.gov/speeches/majoras/060410chinacompetitionadvocacy.pdf, Feb. 8, 2009.

〔2〕 黄勇、江山：《反垄断法实施的文化维度论纲———以竞争文化、诉讼文化与权利文化为中心》，载《江西社会科学》2008 年 7 月。

〔3〕 See *Guideline for NCP LR*.

可甚至支持。扩大就业、短期经济赶超、环境保护、国家安全等原因都可能导致国家在一个行业内实施严格管制。管制的结果是对市场经济的不同程度的排斥,轻度的管制可能只是提高行业进入门槛,较严重的管制则可能对产业内企业的价格、产量以及其他因素进行限制,严格的管制则意味着行业性的垄断。管制在短期内可能达到某些政策效果,但长期来看,这种效果远不能弥补其对竞争机制造成的损害,只有竞争机制才能保证长期的效率。面对管制性行业,推动引入竞争的改革是从根本上减少管制的措施,但在缺乏外力的推动时,实施管制政策的主管部门本身的改革动力是不足的。此时,竞争主管当局就需要充当这个外力的作用。竞争主管当局要尽量减少管制政策对竞争机制的损害,所以要对管制机构施加影响。这种影响最终的目的是要消除不必要的管制,并将管制的成本控制在最低限度。在大多数情况下,对管制性行业的影响有时不需要太正式,"可能是在各种场合劝说行业管制部门重视竞争的基础性作用;也有的国家在行业管制法中直接规定了竞争主管当局实施这种影响的法定方式,例如,美国电信法就规定司法部(反托拉斯局)可以就行业内的竞争问题向联邦电信委员会发出正式的文件"。[1] 但这种影响必须形成制度,并在时间上持之以恒。域外经验表明,竞争主管部门在这个问题上的长期投入,对垄断行业最终走向开放和竞争有着至关重要的作用。

(三)竞争文化培育制度

竞争文化是以认同竞争、鼓励竞争为核心内容的文化禀赋,是"关于市场竞争的一系列思想观念、商业规则和法律制度的总称"。[2] 公共政策的推行需要相应的社会环境为其支撑。一国的竞争文化氛围直接影响着这个国家竞争法和竞争政策实现的社会环境。竞争文化的培育与竞争执法的效果之间没有直接的联系,甚至有时过于强势的竞争执法,还会因为与本国文化禀赋的冲突而延缓甚至阻碍竞争文化氛围的形成。因此,有效的竞争文化培育路径以加强宣传和教育为佳。无论在哪个国家,竞争主管当局无疑是对竞争政策的理解最为权威的机构,因此,它有责任承担起竞争政策的宣传教育,以及促成本国尽快形成竞争文化氛围的任务。宣传教育的对象既包括公权力机构,也包括了广大社会公众。对于前者,宣传和教育的平台是多种多样的,每一次参加政府高级别会议,每一次发出相关文件和公函都可

---

〔1〕 See AWG of ICN, *Report prepared by the subgroup n°3 : case studies*, pp. 2-3, http://www.internationalcompetitionnetwork.org/uploads/library/doc359.pdf, Feb. 11, 2009.

〔2〕 徐士英等:《竞争法新论》,北京大学出版社 2006 年版,第 288 页。

以视为一种教育和宣传。当然,也可以更加直接,例如,有些国家的竞争主管当局会组织针对相关公权力机构及其工作人员的竞争政策培训。针对广大社会公众,最有效的宣传和教育平台就是公共媒体。竞争主管当局要不断加强自身工作的透明度,利用各种与媒体合作的机会宣传竞争的理念。

(四)其他

第一,竞争主管部门的独立机制。竞争主管部门自身机制是否健全,是关系到能否有效推动竞争文化建设的重要前提。在实施竞争政策的过程中,竞争主管部门在很多情况下必须作为其他政府部门的对立面出现,如何确保这个部门的独立性和提升它的影响力关系到竞争政策能否有效地贯彻。不少具备丰富的竞争推进经验的国家和国际组织通过研究发现,对于竞争主管部门而言,一套健全的提升独立性与影响力的机制需要从多方面建构,尤其需要一些特定的技巧和经验。例如,经济转型国家的竞争主管部门实施竞争推进的重点就在于防止竞争政策的制定和实施过程受到经济主管部门的过多干预。俄罗斯联邦反垄断政策和企业扶持部部长伊利亚·于扎诺夫(Ilya Yuzhanov)表示,一个国家的竞争主管当局的独立地位至关重要,只有真正的独立才是竞争性发展的基础。[1]

第二,竞争政策的国际交流与合作。不同国家和地区在竞争政策和竞争法的一些具体问题上会有不同的立场,在经济全球化背景下,这种立场的冲突会给企业带来困扰。以欧盟和美国这两大主要经济体为例,美国反托拉斯执法受到芝加哥学派等理论的影响,比较强调反托拉斯执法对经济发展的长远影响,尤其看重的是企业长期创新动力是否会因案件的判决而受到影响,因此,一些与企业的长期创新动力有关的经济学理论假设也可能会影响到美国法官对一个案件的判决。相比之下,欧盟法院在大陆法系传统的影响下,更看重证据的直接性,除非有证据能够证明,否则理论假设对法官的影响不大;受德国竞争执法思想的影响,欧盟法院更强调企业行为对当前的影响,反垄断执法对一个产业未来的影响,尤其是对企业长期创新动力的影响并不是欧盟竞争执法机关和法院最核心的利益关切。[2] 因此,同样的行为在美国和欧洲可能受到完全不同的对待。由于这种不一致根植于这

---

〔1〕 See Fox's paper.

〔2〕 See Alan Devlin & Michael Jacobs "*Antitrust Divergence and the Limits of Economics*", *Northwestern University Law Review*, Vol. 104, No. 1, (2010). [hereinafter Alan Devlin & Michael Jacobs's paper]

些经济体各自特有的政治、经济特性中，因而很难调和；[1]而在经济全球化愈演愈烈的背景下，这种不一致性会对反垄断执法的效果造成较大的不利影响。而竞争推进不拘泥于个案和司法管辖问题，能够在国际合作问题上形成一个良好的对话平台，各国竞争主管部门以竞争推进为主题的交流活动非常容易展开，这就为弥补竞争政策和竞争法的国别差异提供了可能。

四、竞争推进的理论定位

（一）竞争推进的理论本源是政府与市场关系问题

竞争推进和竞争执法共同构成了竞争政策实施的并行途径，因此，竞争推进的目的被包含在竞争政策的目标之中。竞争政策目标是一个多元化的体系，一方面，通过竞争法律的实施，规制市场主体的竞争行为，从而对市场竞争秩序形成一种有益的调节；另一方面，通过竞争推进，把竞争法律实施所无法涵盖的主体及其行为纳入竞争政策实施的框架，最终目的依然是对市场竞争秩序形成有益的调节。集中看竞争推进作用的对象可以发现，包括立法机关在内的广义政府机构的法律政策制定、垄断行业的改革以及竞争文化的形成，这些都是基于竞争政策总体目标的考虑下，对市场竞争关系所进行的具体调节方式。

市场竞争秩序由无数具体的竞争关系构成，法律的公平竞争审查制度类似于立法和公共政策制度活动中的“防火墙”，确保在法律和公共政策的拟定过程中，政府基于中立的立场调整竞争主体之间的法律关系和公共利益分配，在没有合理的理由以及充分的法律依据时，即使是民主制度下的立法者也不能在法律和公共政策中设定偏袒竞争关系中某一方的规定。只有在这样的规则下，拥有立法权和公共政策制定权的政府，才有可能确保其国内经济运行的基本规则与市场经济运行规律相适应，从而激发其国内资源调配的效率和经济创新活力。

垄断行业引入竞争制度的目的在于改变既定的垄断行业结构，尤其是因为政府的保护而形成的垄断结构。经济发展的历史表明，在没有不公平的竞争规则偏袒时，单凭企业自身的经营能力，很少有企业能够长时期地排除潜在竞争者而独占市场。因此，垄断行业引入竞争的制度，本质上依然是破除政府公权力对市场机制的不恰当干预。

竞争文化培育制度是在政府的主动推动下，在国内形成良好的竞争文

[1] See Alan Devlin & Michael Jacobs's paper.

化氛围,其中的具体策略、机制都在于应对集中显现的不利于公平竞争秩序的,法律政策、经济制度之外的因素。在政府的推动下,通过转变这些因素,逐步形成有利于公平竞争秩序的大环境与竞争推进的其他制度,进而与竞争政策的其他实施方式相呼应,共同改善一国国内市场竞争秩序。

在当前的经济发展程度下,世界各国政府都需要对经济运行施加一定的干预,干预行为背后的政策立场不同,干预的方式和取得的效果也有很大差距。经济学家认为,政府干预政策的上述差别可能导致国与国之间市场竞争环境的优劣对比,进而影响到国内经济发展活力,最终则可能是解释各国之间经济发展程度差异的答案之一。一些国际竞争法专家提炼出竞争推进的概念,并梳理出一系列的推进制度的目的,也可以理解为,为各国政府提出一个处理"政府应当如何干预市场"的指导框架,政府遵循这个框架来制定和实施与市场经济运行相关的法律和公共政策时,就能够较好地促进市场良性运转,相反则可能破坏市场运行的基本规律。因此,从理论上再度总结竞争推进制度,其旨在解决的根本性命题依然是"政府与市场关系"。

(二)竞争推进是竞争法理论的发展前沿

首先,从理论发展的时间脉络来看,竞争推进是竞争法理论的发展前沿。竞争法理论源于对反垄断法、反不正当竞争法等竞争法律的立法、执法、司法过程的理论研究,研究的方法主要包含了法学、经济学方法。在竞争推进问题被正式作为一个竞争法理论问题提出以前,竞争法理论研究的脉络都是以个案分析为出发点,即特定案件的处理引发理论思考,研究主要沿着两个方向发展:一是导向类型化裁判规则,即通过个案处理来引发对某一类竞争行为的讨论,从而梳理建立起对这类竞争行为的裁判准则,指导未来司法活动和企业行为;二是导向公共政策调整,即通过个案处理揭示一个行业或者一个区域所存在的不合理规则,建议通过公共政策予以矫正。但无论上述那种研究方向,一直以来竞争法理论没有将政府自身的决策行为,以及企业所实施的竞争活动之外的行为纳入研究范畴。换言之,过去竞争法理论研究主要集中在"市场竞争行为"的核心领域。竞争推进的提出,也是源于竞争法实践所遇到的现实问题。那些原本不属于市场竞争行为的其他因素,被发现越来越多地影响着市场竞争行为和市场竞争机制,应当得到竞争法理论的重视和回应。竞争推进问题的提出,是竞争法理论进入 21 世纪之后的新发展。

其次,从研究领域来看,竞争推进处于竞争法理论与相关理论的交叉地带,因而也是竞争法理论发展前沿。围绕竞争推进问题的研究不同于竞争法理论以往的脉络,不是从市场竞争中的个案分析出发,而是关注市场运行规则本身,研究规则的设定是否合理合法,这种研究论证的过程需要运用竞争法之外的其他部门法理论或者经济学理论,因此,是典型的交叉领域。

五、竞争推进的域外立法情况

自竞争推进的基本概念被提出,以及其核心制度框架形成后,原本是部分竞争执法部门的工作人员和学者的探索和尝试,逐渐被越来越多的国家认可和接受,其中不少国家还通过修改其国内竞争法律,或者对个别条款的重新解释,对竞争推进机制给予了立法上的肯定。应当说,各国竞争立法对竞争推进的接纳,极大地促进了竞争推进的理论研究和实践。

前已论及,从最广义来理解竞争推进的含义,它可以包括竞争主管部门所采取的一切执法以外的措施,其核心目标在于推广竞争法和竞争政策在不同群体中的影响力。因此,不少国家的竞争法在授予竞争主管部门具体的竞争推进权力时,也多从竞争主管部门与其推进对象之间的关系入手。这样的条款大致可以归为六类:[1]一是关于竞争主管部门与立法机关的关系,主要是关于竞争主管部门如何参与立法程序的规定;二是关于竞争主管部门与行政机关的关系,主要是如何对行政机关提出有利于竞争政策的建议,等等;三是关于竞争主管部门与司法机关的关系,主要是前者在涉及竞争法的案件审理过程中,向后者提供专业意见,这种权力配置涉及司法独立问题,故而很少见于竞争立法当中;四是关于竞争主管部门与管制部门的关系,主要是前者如何针对特定的管制行业开展促进竞争的工作;五是关于竞争主管部门与工会的关系,由于少数国家将劳动者的联合也视为竞争法调整的对象,工会可能涉嫌限制劳动力资源的自由竞争,因此,在这些国家,竞争主管部门也被赋予影响工会的权力;六是关于竞争主管部门与社会公众的关系,主要是竞争主管部门可以通过哪些方式来向社会公众宣传竞争的理念。下面笔者分别列举几类常见的立法例,以供比较分析。

(一)关于竞争主管部门与立法机关的关系

这方面的规定主要是授权竞争主管部门就与竞争机制相关的问题,向立法机关提出意见,或者接受立法机关的咨询。

在竞争法中体现了这方面条款的国家有芬兰、法国、意大利、爱尔兰等。

---

[1] See ICN, *Report on Advocacy Provisions*, June 2003. 这份资料在 2003 年 ICN 墨西哥年会期间公开发表,后因故未在其网站上全文公布。关于该份资料的检索信息可见: http://www.internationalcompetitionnetwork.org/library.aspx? search=&group=5&type=0&workshop=0&page=3,访问日期:2008 年 10 月 3 日。

例如,意大利立法授权竞争主管部门有向议会发出通报的权力。“出于更有效地保护市场和竞争,竞争主管部门可以针对法律、条令或政府规范性文件中的个别条款,向制定该条款的议会或者政府机构发出通报,只要竞争主管部门认为这些条款对竞争造成了扭曲,或者影响了市场的正常运行,并且这种扭曲或影响不是基于公共利益所作出的。”[1]此外,竞争主管部门可以对如何消除上述条款对竞争和市场带来的不利影响,向议会提出意见和建议。以色列规定,其竞争主管部门每六个月应当向国会经济委员会递交一份关于国内垄断状况的报告。[2] 国会经济委员会将根据该份报告所列举的情况,依法向主管经济的政府部门展开质询或者召开听证会,等等。[3]

(二)关于竞争主管部门与其他行政机关的关系

这方面的规定主要是授权竞争主管部门对行政机关的具体行为提出意见,尤其是质疑性的意见。有的国家授权竞争主管部门提前介入行政机关制定规范性文件的过程,以防止这些文件超出法律授权的范围,对竞争机制造成不良的影响。

在竞争法中体现这方面条款的国家有澳大利亚、比利时、捷克、匈牙利等。例如,匈牙利规定,当竞争主管部门发现任何行政机关的决定可能损害市场竞争机制时,它都可以发出要求行政机关予以更正的请求。而接到该请求的行政机关必须在30日内作出答复。竞争主管部门还可以在一定期限内向法院提起诉讼,要求司法机关依据竞争法对行政机关的上述行为作出审查。[4] 爱尔兰也规定了类似的建议制度。[5]

(三)关于竞争主管部门与管制部门的关系

这方面的规定主要是对管制部门权力的限制性规定,以及要求管制部门向竞争主管部门提供其所需的信息的规定。由于管制行业大多有专门立法,因此,这类规定在行业专门立法中体现得更多。

墨西哥、西班牙、美国等国家都有类似规定。例如,西班牙电信法、能源法规定,电信、能源等行业的管制部门在制定任何管制文件之前,都必须通知竞争主管部门,并听取其意见。美国深海矿产法规定,商务部相关主管部门在发放深海矿产开采执照之前,应当听取司法部长和联邦贸易委员会的

---

〔1〕 See Italian Law No. 287 of October 10th, 1990, Section 21; and Italian Competition Act, Section 24.

〔2〕 See Section 26 of the Israeli Restrictive Trade PracticesLaw, 5748-1988.

〔3〕 See Rule 14 of the Rules of Procedure of the Knesset (the Israeli parliament).

〔4〕 See Act LVII of 1996 on the Prohibition of Unfairand Restrictive Market Practices, Section 85.

〔5〕 See Section 30 (1) of the Competition Act 2003.

意见。当主管部门的意见与司法部长或联邦贸易委员会不一致,并且主管部门不采纳后者意见时,其负责人应当向商务部长请示。[1]

(四)关于竞争主管部门与社会公众的关系

这方面的规定几乎存在于各国竞争立法当中,大多对竞争主管部门可以采取哪些形式对社会公众进行竞争知识的宣传作出指引性规定,也有的国家对鼓励竞争文化的形成作出倡导性规定。也正是由于这类规定与竞争主管部门的具体职能紧密联系,因此,也有些国家选择在竞争主管部门的组织法当中规定。例如,芬兰规定,竞争主管部门应当在欧盟以及世界范围内开展竞争文化交流,适时发布相关研究文件,等等。[2] 拉脱维亚规定,竞争主管部门应当定期向社会公众发布研究报告。[3] 这方面的例子还有很多,不一而足。

第二节 竞争推进在立法层面的意义

立法的过程会受到各种社会因素的影响,也包括利益集团通过各种方式对立法机关进行的说服工作。在立法活动中,竞争法律的效力也可能受到来自其他同位阶法律的冲撞,有时出于特别的政策考虑,竞争法律的效力还不得不避让其他法律。这是立法在保护竞争机制方面的局限性所在。

一、立法过程会受到利益集团的影响

福利经济学对反垄断立法与社会福利的关系问题,尤其是如何看待各种利益群体影响立法的行为的成本和收益有较为成熟的研究。研究的思路开端于 A. 哈伯格(A. Harberger)20 世纪 50 年代所发表的两篇关于垄断的福利损失的论文,他的论证可用图 4 来简要说明。图 4 中,AB 是市场需求曲线,在完全竞争的市场中,MC 代表企业的边际成本和长期平均成本(两者在完全竞争状态下是相等的),同时也是行业的供给曲线。此时的市场均衡产量为 Q_0,均衡价格为 P_0,三角形 AP_0C 的面积是完全竞争市场带来的消费者剩余。当市场转入垄断之后,垄断价格被抬升到 P_T,产量缩减至 Q_T,消费者剩余变为三角形 AP_TE,四边形 P_TP_0DE 的面积表示从垄断企业从消费者

[1] See Deep Seabed Hard Minerals Act (30 U. S. C. § § 1401-1473, asamended) Under Section 103(d) of this Act(30 U. S. C. § 1413(d)).

[2] See The Decree on the Finnish Competition Authority. Aritcle 1.

[3] See The Competition Law of Latvia, Article 7.

剩余中攫取的生产者剩余。在这个转移的过程中,三角形 EDC 的面积所代表的社会福利没有向任何一方转移,而是被浪费掉了。这个用来表示垄断的社会福利成本的三角形就是著名的“哈伯格三角形”。

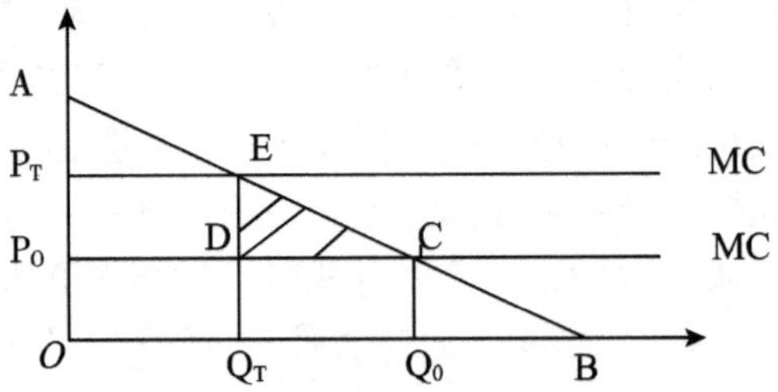

图 4　寻租对社会福利的损耗

竞争立法对市场秩序和企业行为有很大的影响,并间接影响到企业和消费者的福利,其核心目标是市场机制所带来的效率和利润。然而,与竞争法处于平行地位的还有很多法律或政策,提出了许多不同于此的保护目标,例如充分就业、产业结构平衡、国际收支平衡,等等。这些法律同样影响着企业和消费者的福利。因此,在福利经济学家看来,立法者创制竞争法具体规则的过程,就是在对社会福利的分配作出规划,而具有相同或类似利害关系的人为了获得更有利于自身的分配方案,就会积极地参与或影响上述规则的制定。在这个过程中,又产生了新的社会福利的损耗。哈维·莱本斯坦(Harvey Leibenstein)和戈登·塔洛克(Gordon Tullock)等人的研究就旨在解释上述损耗。在哈伯格三角形的基础上,塔洛克认为,垄断的福利损失不止哈伯格三角形所显现的部分,由于垄断利润的刺激,企业具有很大的积极性去游说立法机关或者政府设立一种垄断特权,已获得垄断的企业则必须不断地投入资源去维护这一特权,而消费者则必须投入资源进行相反的行动,这个过程中被消耗的资源都是垄断所导致的社会福利损失。塔洛克认为四边形 P_TP_0DE 的面积并没有转移到生产者,而是在前述过程中被浪费掉了。[1]

1974 年,安妮·克鲁格在《美国经济评论》上发表的《寻租社会的政治经济学》一文提出了“寻租”(rent-seeking)的概念,指代的正是塔洛克的论文中所一再强调的垄断的福利损失。[2] 至此,经济学家们越来越重视对利

〔1〕 关于本段的详细论证,参见[美]戈登·塔洛克:《寻租:对寻租活动的经济学分析》,李政军译,西南财经大学出版社 2000 年版。下引称“塔洛克书”。

〔2〕 参见塔洛克书,“译者序,第 11~13 页”。

益集团为获得有利于垄断的立法而作出的游说行为的关注和研究。

游说成功的典型是,利益集团获得国家对特定产业的管制,而这种限制“会束缚竞争法的适用范围,或者即使不限制竞争法的适用范围,也会使竞争法的实施变得困难异常”。[1] 一些学者在对经济转型国家的案例研究中就发现,“寻租”行为极大地牵扯了这些国家经济改革的节奏,“在一些国家中,利益集团与国家达成协议,减少业内参与者数量,固定投资规模、产量和产品质量”,“国家和企业的合作使得该产业维持一种中等水平的效率产出,以保证成员的长期利益”,“合作也使得某些行业的投资特别舒适,国家和企业双方都感到便利”。[2]

二、竞争法与同位阶法律存在价值差异

经济法是“国家为了克服市场失灵而制定的调整需要由国家干预的,具有全局性和社会公共性的经济关系的法律规范”。[3] 竞争法是经济法律的一部分,与其他经济法律并行作用于市场经济的运行过程之中。由于其他经济法律所蕴含的经济干预意图不同,在针对具体的市场经营行为时,竞争法与其他经济法律所预设的干预目标必然存在差异,甚至是冲突。在成文法国家,法律冲突的解决与法律位阶理论相联系,位阶高的法律所追逐的目标可以优先于位阶低的法律而实现。位阶相同的法律之间产生冲突时,与调整对象关系最为密切的法律所追求的政策目标将可以优先实现。据此,竞争法在调整特定行业内的市场经营行为时,一旦有专门的行业性立法设立了有悖于自由竞争的价值目标,竞争法作为一般法,在与同位阶的行业性立法的冲突中很难获得优先适用的效力,这也造成了很多行业对竞争法产生了合法的“免疫力”。

德国经济法理论提出经济宪法的概念,试图调解竞争立法过程中,其立法目标受到同位阶法律冲撞的问题。经济宪法是指“国家为了确定经济自由的范围,施行监督或经济统制,所为依据的基本法律原则与宪法规范”。一般认为,经济宪法体现市场经济的原理和规律,是调整个人与国家、国家机关与国家机关在经济活动中的关系的基本原则和根本法规范,体现为一

〔1〕 See ICN, *Enforcement Experience in Regulated Sectors*, pp. 20 – 22, at http://www.internationalcompetitionnetwork.org/uploads/library/doc379.pdf, Sep. 11, 2008.

〔2〕 See Rodriguez& Coate's paper.

〔3〕 李昌麒主编:《经济法学》,法律出版社 2007 年版,第 57 页。

种宪治经济秩序。[1] 由于市场经济体制已经成为当前世界各国所普遍认同的基本经济体制，因此经济宪法所确立的宪治经济秩序就是市场经济体制。而竞争法（反垄断法）立法的根本宗旨是保护市场经济的基本秩序，因而也被学界称为一个国家的经济宪法，尤其当这种理念在一国宪法性文件当中拥有直接依据时，将更具有超越一般法律的效力。

上述理论已经得到了部分国家和地区的实践。例如，在欧洲一体化进程当中，各国基于共同的价值观对市场经济都给予了高度的重视，并且欧洲一体化后于各国竞争法而产生，因此竞争法的基本理念被很好地融入了欧洲一体化基本法当中。作为欧洲共同市场设立的第一部经济宪法，《罗马条约》为欧洲共同体确立了基本的竞争规则，规定要建立一个“确保共同市场上的竞争不被扭曲的体系”。最新的欧共体条约当中还规定：“凡可能影响各成员国间的贸易并以阻止、限制或违反共同市场内的竞争准则为目的或产生此项结果的企业之间的协议、企业协会的决定、协调惯例以及行为都是同共同市场相抵触的和必须予以禁止的。”[2]无独有偶，1993 年俄罗斯通过新宪法确立了市场经济体制的基础性地位。1993 年《宪法》第 8 条规定：“在俄罗斯联邦范围内，经济领域单位，产品、服务和金融资产的自由流通，对竞争的支持以及经济活动的自由，受到宪法保护”；第 34 条规定：“任何公民都有权以法律不限制的方式，为企业或其他经济组织而自由支配其智慧和财产”；“为了垄断或者不正当竞争而实施的行为应当予以禁止”。

然而，不是所有国家都可以借类似欧洲一体化、俄罗斯经济体制转轨这样特殊的政治机遇来实现竞争法向宪法性文件的转换。即使是在已经实现了这一转换的国家和地区，宪法法规则的执行力也各有不同。俄罗斯和欧盟中的东欧、南欧各国，执行宪法中的竞争性条款的情况就不容乐观。因此，竞争法作为超越一般法律的“经济宪法”还只是停留在竞争法学者们的理想图景当中。大多数国家都存在竞争法与其他经济法律的效力冲突问题。

三、竞争推进对竞争立法过程的修补

竞争立法过程的局限主要体现为利益集团对立法过程的影响，以及法律位阶对竞争法效力的影响，竞争推进恰好能在这两方面对竞争立法的局

---

[1] 赵世义：《经济宪法学基本问题》，载《法学研究》2001 年第 4 期。

[2] 参见李靖堃：《欧洲经济宪法的发展及其对共同市场的规制——以自由竞争与自由流动为例》，载《欧洲研究》2007 年第 6 期。

限给予弥补。

（一）衡平利益集团对立法的过度影响

在有效对抗利益集团方面，塔洛克根据他的观察提出了直观的建议，"通过让立法者更清晰地理解立法案对社会的真实效果"，可以有效地抵御"寻租法案"的通过。[1] 因此，对抗利益集团的关键问题是，谁能够承担起让立法者全面了解"寻租法案"的真实效果的责任。美国经济学家曼瑟尔·奥尔森专门研究利益集团成员行为背后的逻辑，尤其是以"经济人"为基本假设的行为逻辑。他在《集体行动的逻辑》一书中指出，经济人的自利本性会使集团成员对参与集体行动的成本收益作出权衡，倾向于只享受收益，而不愿付出成本。因而，除非一个集团中人数很少，或者除非存在强制或其他某些特殊手段以使个人按照他们的共同利益行事，否则有理性的、寻求自我利益的个人不会采取行动以实现他们共同的或集团的利益。[2] 不少学者将奥尔森的这一理论运用到对消费者和利益集团的行为研究当中，得出的结论令人悲观。利益集团是一个相对人数更少，纪律性更强的组织。消费者群体则缺少协同一致的能力，因为单个普通的消费者关心群体利益所花费的成本远远超过群体利益因遭受侵害而分摊到自己个人头上的损失，或者维护群体利益所分摊给自己的那点收益。

竞争主管部门是代表消费者群体对抗利益集团对市场竞争机制的不当干预的最合适选择，近半个世纪以来，随着人们对竞争法、竞争政策理解的深入，学者们提出，竞争法在保护公平竞争的市场机制、实现资源有效配置的同时，保护和提高消费者福利也是其重要的价值目标。[3] 作为竞争法和竞争政策的主要实践者，各国的竞争主管部门也越来越多地承担起了消费者权益代言人的角色。在竞争法实施经验比较丰富的国家，竞争法执法机构和消费者保护法执法机构之间的紧密合作被认为是非常重要和必要的，

---

〔1〕 参见塔洛克书，第104页。

〔2〕 参见蒋文能：《搭便车、集体行动与国家兴衰——奥尔森集体行动理论述评》，载《学术论坛》2009年第11期。

〔3〕 如王晓晔研究员指出："消费者利益与市场竞争有着极为密切的关系，竞争法的一个重要方面就是保护消费者权益"（参见王晓晔：《竞争法学》，社会科学文献出版社2007年版，第9页）；徐士英教授指出："随着消费者运动的兴起，各国的竞争立法中，开始强调保护消费者"，"竞争法在对消费者等一系列市场主体的保护中体现了其价值"。（参见徐士英等：《竞争法新论》，北京大学出版社2006年版，第16页；徐士英主编：《新编竞争法教程》，北京大学出版社2009年版，第18页。）

他们甚至倾向于建立联合执法机构或者统一的执法机构。[1] 意大利反托拉斯局研究和社会关系部主任阿尔伯托·海姆勒(Alberto Heimler)则提出,为什么竞争案件如此难以裁判,原因就在于消费者的地位非常分散,而与他们对抗的是财力雄厚的特殊利益集团。要化解这一难题,竞争推进是个关键。竞争主管当局应当通过竞争推进争取他们的潜在支持者:消费者、学者、新闻媒体,等等。[2] 正因为竞争秩序制度的有效实施与消费者和消费者组织之间如此紧密的联系,保护消费者利益的法律与竞争法律显现出融为一体的趋势,[3]"竞争主管部门完全可以成为改革者和利益集团之间的裁判员","去评估每一项可能的国家行为(立法)的相关影响",[4]由竞争主管部门承担起代表消费者群体的责任,还能够有效地弥补消费者在专业知识和影响能力方面的不足。

(二)推动竞争法在同位阶法律中的优先适用

要确保市场竞争机制在任何情况下都不受到歪曲,必须使竞争法在事关经济运行的各个领域内始终得到优先适用。最根本的方法是通过宪政制度来协调配合市场经济的发展,即通过不断推动竞争法基本理念的"宪法化",来构建和维护没有障碍的市场,保障经济活动自由。然而,竞争法基本理念的"宪法化"需要一个发展的过程,因为社会公众对这些理念的普遍接受是缓慢的。一个例子是,欧洲一体化进程当中通过具有"欧洲宪法"性质的罗马条约,对竞争法的基本理念进行了确立,但欧洲之所以能够初步实现这种宪法化的目标,是因为罗马条约本质上属于国际法的性质,各国在适用罗马条约中关于公平竞争的条款时,还可以通过国内立法进行一定的规避。可见,欧洲一体化进程中虽然在竞争法基本理念的宪法化问题上有了一个较大的进步,但同样进行了很大的折中。

在这种背景下,既然"一揽子"解决推动竞争法在同位阶法律中优先适用的目标难以一步到位,那么是否可以考虑,先从那些与竞争法存在冲突的同位阶法律本身去寻找突破口。例如,当行业立法开始主动接纳竞争法的基本理念时,它与竞争法具体制度的冲突程度必然会大大减少。

---

[1] 参见陈达:《关键在于保护市场竞争环境——APEC部分成员反垄断的一些做法及启示》,载《中国经济导报》(网络版),http://www.ceh.com.cn/ceh/llpd/2010/2/4/59385.shtml,访问日期:2009年9月3日。

[2] See Muris's paper.

[3] 参见徐士英、沈路:《竞争法与消费者保护》,载中国行政司法监督网:http://www.zgxzsfjdw.com/t_newsshow.asp?NewsID=8992,访问日期:2011年4月8日。

[4] See Rodriguez& Coate's paper.

实践证明,一套成熟的竞争推进制度能使竞争政策的价值融入全部任何经济政策当中。欧盟委员会竞争委员马里奥·蒙蒂(Mario Monti)指出,在欧盟委员会,竞争与所有的政策相伴,竞争政策是电信、能源和国家援助等各种政策的组成部分。美国联邦贸易委员会主席蒂蒙西·缪里斯主张,竞争执法不是实现竞争政策的唯一工具,尤其是当政府是竞争政策改革的主要推动者时。竞争推进可以有利于创造和保持自由市场,在竞争推进的过程中,竞争主管当局有权利去让那些从前并不听从其意见的其他政府部门,去认真对待和思考自己提出的政策建议。[1] 他在会议上特别提供了一组数据说明竞争推进给消费者带来的好处,联邦贸易委员会推动下的美国运输业放松管制政策带来的消费者收益将在500亿美元左右,类似益处在医疗保健行业改革和殡葬服务业改革方面也逐步被意识到。

第三节 竞争推进在竞争执法层面的意义

竞争法律制度形成以来,经典的竞争执法径路是:由竞争主管部门发现违反竞争法的行为,并对违法者给予处罚,或者提起诉讼追究法律责任。在司法最终裁决的现代法治框架内,即使是由竞争主管部门以行政处罚方式直接处理的案件,最终也可以因为相对人不服处罚提起诉讼而进入司法程序。因此,在竞争法学理论中,“竞争执法”的概念与“竞争司法”通用。竞争执法的局限性主要体现在以下五个方面:

一、竞争执法对效率的发现能力有限

司法在本质上是一个逻辑推理的过程。法律是立法者为社会关系设定的大前提,司法过程首要的目的是将复杂的社会关系简化为可以进行逻辑推理的小前提,进而就能够得出符合法律规定的结论,即司法的结果。作为逻辑推理过程的司法就蕴含着很多不确定性。例如,遵循推理的逻辑规则所解决的只是结论命题的有效与否的问题,但对于结论的真假与否,逻辑则力有未逮。[2] 这是司法过程的局限性。

随着经济学理论对效率的理解不断推陈出新,具体案件的审判过程中对效率的发现工具也不断改变,尤其是当动态博弈理论产生并进入反托拉斯分析领域之后,对企业行为是否有利于市场效率的分析变得极度复杂,这

[1] See Muris's paper.

[2] 封毓昌:《辩证逻辑——认识史的总结》,中国社会科学出版社1990年版,第114页。

也使竞争法司法过程对事实上的效率更加难以把握。以美国反托拉斯法的判例为例,在谢尔曼法颁布初期,理论界对这部法律的认识就存在很多不同的见解,有的学者就认为,这部法律就是为了"应对那些小企业主群体以及农民们的特殊要求而制定的"。[1] 20世纪初美国联邦最高法院在标准石油公司诉美国案(Standard Oil Company of New Jersey v. United States)[2]中,怀特法官运用了一系列的逻辑推理来证明标准石油公司的托拉斯行为是违法的,他的审判确立了一个反托拉斯案件的先例,即只有不合理的限制贸易行为才是谢尔曼法所禁止的。[3] 在合理原则的基础上,为了简化对案件的具体判断标准,法院进一步总结出了"本身违法原则"(per se illegal)。然而这些先例依然不够清晰和确定,究竟哪些行为应该被认为是合理的,伴随经济学关于效率的理解的变化,实务界对这一问题的答案也在发生变化,甚至于前后两种具体政策主张之间存在针锋相对的冲突,相应的竞争司法过程也不断地调整变化。20世纪中期哈佛学派盛行的时期,在SCP范式的指导下,法院对垄断的态度严厉,诸如庞大的市场结构、固定价格协议等都会被视为本身违法的行为,在审理水平合并案件时,除了因破产而引起的合并情况外均采用了接近本身违法的标准。在这种思想理论氛围下,美国铝业被法院下令分拆,1968年的司法部企业合并指南也采取了CR4的严格结构标准。然而到了20世纪七八十年代,随着芝加哥学派在反托拉斯理论讨论中逐渐争得上风,反托拉斯审判的标准也开始悄然转变。法院在本身违法原则的适用上开始倾向于谨慎。

在这个学术理论更迭的过程中,许多曾经被认为违法的情形甚至先例都被推翻。例如,20世纪70年代,最高法院在Sylvania案[4]中推翻了此前由Schwinn案[5]确立的,对"除限制价格之外的垂直限制竞争行为"适用本身违法原则的先例,其重要原因就是参与审理此案的刘易斯·鲍威尔(Lewis Powell)大法官深受芝加哥学派理论的影响,并积极说服了他的同

---

〔1〕 对立法意图局限的理解也影响了司法实践。"1890~1897年间,法院适用谢尔曼法作出的13个案件中,有12个是认定工会组织(labor union)为垄断组织的判例",这显然与谢尔曼法所包含的意图相去甚远。See Hovenkamp's Book, pp. 49, 56.

〔2〕 221 U. S. I(1911).

〔3〕 参见李钟斌:《反垄断法的合理原则研究》,厦门大学出版社2005年版,第11~40页。

〔4〕 Continental T. V., Inc. v. GTE Sylvania Inc., 433 U. S. 36 (1977).

〔5〕 United States v. Arnold, Schwinn & Co., 388 U. S. 365 (1967).

事。〔1〕到1981年,司法部企业合并指南采用赫芬达尔-赫希曼指数(HHI)标准,客观体现合并前后所在市场集中度的变化。〔2〕基于对效率的理解和重视,法院还开始承认即便横向竞争者之间固定价格的行为有时也有利于竞争。〔3〕

也几乎是与此同时,学者们开始撰文讨论,在经济学理论对反托拉斯案件审判产生深刻影响现象的背后,其实说明了反托拉斯制度的巨大缺陷。〔4〕反托拉斯制度是人们主动认识市场规律的结果,一旦经济学理论有所偏颇,人们对市场行为的错误矫正就会被强大的司法体系放大,最明显的例子是,由于哈佛学派对理想的原子式的市场结构的追求,很长时间里,美国反托拉斯制度被企业利用作为打击竞争对手的重要手段,很多著名的反托拉斯案件都是由与被告具有竞争关系的企业的游说而引发的。〔5〕尤其是随着各级法院对本身违法原则的弃用,在对一些事实问题的分析和认定上,法院必须引入专家证人来帮助法官进行推理和判断。在这种情形下,经济学理论的模棱两可的特点就更容易被利用。即使某些专家证人是合格的,法官也可以援引"不相关"(irrelevant)、"没有帮助"(unhelpful)和"不可靠"(unreliable)等理由,将理论观点与法庭相左的专家排除在外。〔6〕

美国联邦法院法官波斯纳也曾提出过颇具代表性的观点。在他看来,联邦法院在构成反托拉斯执法的几大主要类型案件的判决思路和结果上,〔7〕都或多或少地存在一些需要反思之处。以法院对共谋行为的审理思路为例,谢尔曼法产生之前,共谋(卡特尔)行为是美国各行业的普遍现象,随着谢尔曼法将这种行为确定为非法,企业共谋行为开始以一种更为隐蔽的方式出现,一些互相竞争的销售者不需要进行任何公开的或者可以察觉的意思联络,即能够在定价方面达成合作,这就是当代世界各国反托拉斯执

〔1〕 See John E. Lopatka and William H. Page, "Economic Authority and the Limits of Expertise in Antitrust Cases", http://papers. ssrn. com/sol3/papers. cfm? abstract_id = 507542, Mar. 11, 2010. [hereinafter John E. Lopatka and William H. Page's paper]

〔2〕 参见辜海笑:《美国反托拉斯理论与政策》,中国经济出版社2005年版,第11~22页。

〔3〕 [美]J. E. 克伍卡、L. J. 怀特编著:《反托拉斯革命(第四版)——经济学、竞争与政策》,林平、臧旭恒等译,经济科学出版社2007年版,"导言",第3页。

〔4〕 See Frank H. Easterbrook, "The Limits of Antitrust", 63 *TEX. L. REV.* 1 (1984). [hereinafter Eastrbrool's paper]

〔5〕 See Eastrbrool's paper.

〔6〕 See John E. Lopatka and William H. Page's paper.

〔7〕 主要类型案件指的是:共谋(卡特尔)、分拆大企业、横向兼并等。参见[美]理查德·A. 波斯纳:《反托拉斯法》,孙秋宁译,中国政法大学出版社2003年版。(下引称"波斯纳书")

法中需要应对的最为复杂的一种限制竞争行为——默示共谋。波斯纳认为,美国联邦法院审理默示共谋案件时,发展出了一套利用经济环境证据来间接证明共谋行为存在的审理思路。审判经验和一些经济学研究都指出,一些特定的市场结构因素容易诱发默示共谋行为,如"市场上卖方集中、没有外围小企业存在、在竞争价格上需求缺乏弹性、进入市场需要很长时间,等等",这些因素可以帮助执法部门判断哪些行业容易存在默示共谋行为,从而降低搜寻违法行为的时间成本。其次,一些经济证据相互作用下,可以证明几个互相竞争的企业之间存在模式共谋行为的可能性非常高。如"固定的相关市场份额、整个市场范围内的价格歧视、交换价格信息机制的存在、区域性价格差异、某个特定时段上(通常是卡特尔形成的时间)价格、产出或生产能力变化,等等"。[1] 可见,为了应对执法对象的复杂性,联邦法院在针对默示共谋案件的审判中,也逐渐改变了传统的证明方式,不再以实物证据、直接证据为主,而是将经济证据、间接证据作为认定默示共谋存在的核心证据。这里所谓的经济证据,就是经济学家根据某些经济理论对特定市场中的若干指标、数据进行收集和分析之后得出的经济学认识结论。这样一来,经济证据具有复杂性、技术性、通常的不确定性甚或是模棱两可的特性,就给反托拉斯案件的审理带来了不确定性。

波斯纳本人并不回避经济证据的不确定性这一问题,他甚至承认,"一个企业可能因为经济证据指示了共谋的存在而受到惩罚,然而它实际上没有进行共谋行为",但他进一步认为,"法律的失误不只在运用经济证据审理案件时才会出现",并且"经济证据的不确定性和主观性被夸大了",当"几种不同的经济证据指向同样的方向时","每一种证据各自的证明力就都得到了加强",尽管当它们单独作为证据时会受到这样那样的批评。[2] 换句话说,尽管波斯纳意识到经济证据的不确定性,但他认为弥补这种不确定性的方法不是放弃使用经济证据,而是找到更多的经济证据来相互印证。事实证明,波斯纳的这一方法论在此后的美国反托拉斯案件审理中得到延续,随着经济学研究的深入,经济证据的有效性也在不断地遭遇新理论的挑战,或者说是根据新理论而改进,尤其是在信息技术不断提升的知识经济时代,这种现象更加明显。因此,波斯纳所说的"找到足够多的经济证据"这一思路似乎是永远正确但却永远没有最终答案的命题,美国反托拉斯法执法实践中,也似乎不断有案例在印证着这一现象。

---

〔1〕 参见波斯纳书,第 80~108 页。

〔2〕 参见波斯纳书,第 115~116 页。

案例：

美国航空客运行业反托拉斯案

1978年美国航空业开始放松管制，经过十多年的竞争和整合，至20世纪90年代初期，美国航空市场基本形成了以八大航空公司为主的市场结构，并且各大航空公司依托自己拥有的枢纽机场，进行着相对集中的经营。为了方便航空公司销售和消费者订票，一家名叫ATPCO的信息服务应运而生，它本质上是一个大型的数据处理器，航空公司把各种机票信息发送给它，经它负责分类后再把这些信息提供给机票销售终端。[1] 由于这个系统的存在，航空公司在类似航线上给出的价格是趋同的。

从市场结构和其他一些市场因素看，20世纪90年代初的航空客运市场几乎符合前述波斯纳总结出的所有易于滋生默示共谋的条件。美国联邦司法部也是这样认为的，因此他们启动了对八家航空公司串谋定价的反托拉斯调查。司法部很快得到了一些他们认为的重要证据，即各航空公司在向ATPCO报送机票价格信息时往往会附注一些特定的脚注符号，通过这种脚注符号，其他航空公司可以很方便地搜索到希望比对的价格信息，从而对自己的价格进行及时的调整。例如，一家航空公司希望提高某条航线的价格时，往往会提前一段时间宣布涨价消息，即向ATPCO发送一个附带生效日期的价格信息。当生效日期即将到来前，如果它发现其他航空公司在相同或类似航线上并未发送相同和相近的涨价信息，或者涨价幅度远远小于自己，那么它就会重新考虑涨价问题，最终的结果可能是取消原涨价信息，或者重新发送一条与其他航空公司价格接近的涨价信息。另一个典型的例子是，航空公司甲经营一条AB两市之间的直飞航班，CD两市之间的转机航班，航空公司乙则正好相反，经营CD两市之间的直飞航班和AB两市之间的转机航班。如果甲公司发现乙公司大幅降低了AB间转机航班的价格，它就会向APTCO发送大幅降低CD间转机航班价格的信息，并在脚注中使用带有乙公司简称的代码，确保乙公司能够迅速发现这条信息。随之而来的结果是，乙公司发现CD间直飞航班可能受到甲公司间接航班降价的巨大影响，为此，取消了AB间转机航班的大幅降价，并将这条消息以相同的脚注方式发送给APTCO。经过一轮的信息交换，甲乙公司最终又回到了价格平衡。

---

[1] [美]塞弗林·博伦斯坦(Severin Borenstein)：《快速价格信息交流与协调：航空公司定价信息公布案例(1994)》，[美]载J. E. 克伍卡、L. J. 怀特编著：《反托拉斯革命》(第4版)，林平、臧旭桓等译，经济科学出版社2007年版，“案例九”，第234~252页。(下引称“塞弗林·博伦斯坦文”)

在司法部看来,这一价格信息交换系统以及特定脚注代码的存在,大大方便了航空公司之间的价格串谋,1992 年,司法部起诉了八大航空公司,并提出了和解方案:首先,各航空公司不得再向 APTCO 发送带有确定生效日期的涨价信息,涨价信息一旦发送就必须立即生效;其次,各航空公司必须使用统一的脚注符号来传递最基本的信息。[1] 两项措施的指向非常明确,那就是最大限度地提高各航空公司通过 APTCO 交换价格信息的成本,降低交换价格信息的效率。和解协议最终通过了法院的评估,效力从 1994 年到 2004 年为期整整十年。

有学者对和解方案生效后的十年内,美国航空客运市场上相关的 387 条航线的价格做了调查。结果显示,十年间这些航线与国内相同距离航线相比价格不降反升,对于全国平均价格而言也同样如此。更具体的数据是,这些航空公司的直飞航线普遍高出全国平均水平 20%,转机航线则高出 10%。[2] 比较的结果说明和解方案没有促进竞争,反而是使航空公司的定价更趋向于缺乏竞争的状态。经济证据在这个案件中,似乎没有对法院和司法部在认定默示共谋问题上给出有效的引导。

二、竞争执法具有滞后性

竞争执法所依赖的规则是既定的,执法的结果又反过来影响经济进程。而人们对经济现实的认识带有滞后性,这就给竞争执法的结果带来了先天局限。以信息技术的发展为例,这种新技术的产生悄然改变了市场经济的运行规则,在这一点上,人们至今还处在逐渐认识的过程当中,竞争执法在涉及信息技术为代表的新经济行业时,结果是否必然优于市场自发的秩序调整,依然有待时间的检验。21 世纪初,美国最高法院对微软案件的审理,集中引发了竞争法学者对新经济领域竞争执法效果的疑问。

一些学者就认为,最高法院在微软案件的判决中对知识经济的特性没有足够充分的考虑。仅因为当时的浏览器市场只有 IE 和 Netscape 两种,且

---

〔1〕 在各大航空公司的争辩下,有两种情形被明确豁免。一是航空公司通过 APTCO 发现其他公司价格变动后,可以立即更改自己先前发送给 APTCO 的价格信息,并最终形成价格上的趋同。原因是,这种行为是正常的市场价格形成机制。二是 A 航空公司发现 B 航空公司在对自己非常重要的一条航线上实施大幅降价后,也把自己的价格降到相同水平,并在一条对 B 航空公司非常重要的航线上实施相同幅度的降价,迫使 B 航空公司将之间针对自己的降价方案取消,最终两家航空公司回到价格平衡。原因是,这种在对手最致命的地方展开竞争的方式是市场竞争中最常见的方法。(参见塞弗林·博伦斯坦文)

〔2〕 参见塞弗林·博伦斯坦文。

微软占有操作系统市场的绝大部分份额,法院就推断微软会借助操作系统市场的份额优势排除 Netscape 的使用,并在此之后对 IE 收取垄断高价。为此,最终的和解协议禁止微软实施针对非 IE 浏览器产品的一系列限制行为。[1] 但结合近年来的观察发现,浏览器市场的竞争前景并没有法院和司法部所推断的那么糟糕,随着 Firefox、Opera 等浏览器的开发和流行,后 Netscape 时代的 IE 也并没有一统天下,微软也没有对 IE 实施高昂的价格。与最高法院的推测相去更远的是,苹果公司也在近年推出了两款浏览器——Omni Web 和 Safari,它们仅能在苹果电脑上使用。也就是说,在不到 10%的市场占有率的苹果操作系统的支持下,依然可以有两项浏览器新技术的开发。看来,浏览器市场的竞争程度不会因为市场份额集中到某一个操作系统提供商而遭到很大的减损。[2] 而近年来,我国国内浏览器市场不断涌现出的新产品似乎也再次印证了这一结论。

三、竞争执法不针对公共机构

世界各国的反垄断法适用的对象都是在市场中从事经营行为的主体,以企业为主要对象。因此,政府或者公共组织依法管理社会经济事务的行为是不受竞争法约束的。广义上看,这些行为包括了国家的立法行为、政府发布命令和经济政策的行为以及获得法律授权的其他公共组织管理特定领域事务的行为。由于这些组织具有管理社会公共事务的特性,超脱于具体的经营行为之外,因而他们的管理行为并不会对企业竞争造成直接的限制。然而,这并不意味着市场竞争秩序不会受到这些组织行为的影响。因此,竞争执法的另一个明显局限就是,竞争执法并不覆盖全部对竞争秩序产生消极影响的行为人,重大的空白地带存在于前述政府和公共组织。竞争执法对象的局限问题的根源在于竞争法律制度的设计,解决问题的方法必须跳出竞争执法范围,回到竞争法的立法过程,即政府和有权管理社会事务的组织,以最有利于市场机制的方式来行使权力。

---

〔1〕［美］丹尼尔·L. 鲁宾费尔德(Daniel L. Rubinfeld):《垄断地位的维持:美国政府对微软(2001)》,载［美］J. E. 克伍卡、L. J. 怀特编著:《反托拉斯革命》(第 4 版),林平、臧旭桓等译,经济科学出版社 2007 年版,“案例十九”,第 479~503 页。

〔2〕See William H. Page,“Microsoft and the Limits of Antitrust”,Research Roundtable on the Limits of Antitrust Revisited,www. law. northwestern. edu/. . . /Page_Microsoft_and_Limits_Antitrust. pdf,Mar. 11,2010.

四、竞争执法不以培育市场竞争者为目的

竞争执法对社会关系的调整带有事后性,一般是客观事实发生之后,介入其中的一方主体认为自身权益未受到合理的保护,才会启动执法或司法程序来进行纠错。这也使竞争执法(司法)在规制经济活动时,呈现出消极干预的特点。竞争执法(司法)活动所针对的对象,总是某个特定的违反竞争法的行为,如不合法的企业合并计划、滥用市场支配地位的行为等。这类执法的结果固然可以起到消除限制竞争行为的效果,但最终只是让市场结构回到执法前的原初状态。然而,如果执法前这个原初状态下的市场结构本身就是不利于自由竞争的,那么,要单纯依靠竞争执法(司法)来催生新的竞争元素,就会面临很大的困难。

在奉行结构主义理念时期,美国的反托拉斯执法曾倾向于将一家独大的垄断企业强制拆分成几个规模相对较小的企业,意图实现人造的竞争性结构,美国司法部对电信行业垄断结构的改革是一个经典案例。美国电报电话公司(AT&T)是电话专利持有人——贝尔公司演变而来,19 世纪时,AT&T 独家垄断了美国国内的电信行业。1984 年,美国司法部对这家垄断企业启动反托拉斯调查,此后 AT&T 与司法部达成和解,该公司因此被"一分为八",由一家专营长途电信服务的新 AT&T 公司,与七家根据地域划分成立的"小贝尔"公司构成。[1] 美国司法部原本认为,经过这次拆分后国内电信市场会出现激烈的竞争局面。然而事与愿违,由于七家小贝尔公司各自拥有本地电话网络,使原本由 AT&T 一家垄断的美国电信市场,演变成了按区域垄断的七个相互隔绝的市场,而经营长途电信服务的新 AT&T 公司,由于受到区域贝尔公司在网络设备使用上的抵制,经营情况每况愈下。

这种背景下,美国司法部和联邦通信委员会对"分拆式"的单一执法模式进行反思,认为这种方式对市场结构的再造是消极的,不能从根本上起到推动市场结构向有利于自由竞争的转变。此后,美国电信行业的竞争化改革开始调整方向,相关部门开始鼓励新的竞争者进入电信行业,而所依赖的主要措施,就是推动基础设施的互联互通。1996 年,美国国会通过修订《电信法》,"在政策上努力促进地区电信市场引入竞争机制","在电信和广播电视网的相互接入、长途电话市场准入方面都作了解禁式的修正"。[2] 与此

---

[1] See "The History of AT&T", http://www.corp.att.com/history/, Mar. 2, 2012.

[2] 参见池建新、朱庆华:《美国与日本电信产业政策变化的比较分——由管制产业向自由竞争产业的转变》,载《情报杂志》2006 年第 2 期。

同时,美国最高法院也开始对反托拉斯判例进行必要的修正,在 MCI 诉 AT&T 公司案的判决中,最高法院再次强调了必须设备(essencial facility)对于竞争的必要性,要求必须设备的所有人不得出于排除合理竞争的目的,拒绝其竞争者使用该设备。[1]

可见,在引入新的竞争者以彻底扭转市场结构方面,竞争执法需要更多的措施与之配合,才能够起到根本效果。

五、竞争推进与竞争执法的互补

竞争执法的局限性给竞争政策带来的间接影响在于,经过学者们的研究和新闻媒体的渲染,决策层和社会公众会对单纯依靠竞争执法来实现竞争政策的路径逐渐产生不信赖感,如果毫无改变,那么竞争主管部门当局将积累较大的社会压力。因此,从推进竞争政策目标实现的路径来看,传统单纯依靠竞争执法来确保竞争政策目标的路径必须得到扩充。在这种背景下,竞争推进的补充作用就显得尤为重要。如果通过说服和教育能够使企业自觉地对行为进行调整,在不进入司法程序的前提下达到竞争主管部门的调整目的,那么从实现竞争政策目标的角度看,这就已经完成了对竞争执法路径的超越。实践中并不缺乏成功的探索,日本公平交易委员会(JFTC)委员柴田爱子(Aiko Shibata)就曾指出,通过 JFTC 不断努力减少电力产业垄断政策,三年里日本的电费降低了 10%。[2] 而这期间,JFTC 所做的努力全部在竞争推进层面,没有采取针对日本电力的司法调查或起诉手段。可见,竞争推进对执法的弥补主要在于针对一些综合影响极大的对象,不轻易以竞争执法措施这种刚性手段给予调整,这样一来,竞争执法部门就不必在某些可能存在限制竞争效果的结构或者行为产生之初,就必须对其损害后果给出确定判断,而是可以先通过间接影响、约谈、培育竞争者等迂回策略来减缓竞争执法的对抗性。很多时候,通过企业自身的修正,新进入者的竞争冲击,甚至是一段时期自然的市场运行,限制竞争的情形就可以得到有效缓解,完全不必由执法部门用十分刚性的措施进行干预。换句话说,竞争推进其实从源头上对竞争执法可能带来的副作用给予了有效的缓冲空间。相反,竞争执法对于竞争推进也具有积极意义,当缺乏刚性的竞争执法作为后盾时,竞争推进的柔性措施就会因为缺乏强制力而难以得到企业的执行。

---

〔1〕 参见徐士英:《“必须设备原理”在反垄断法中应用之评析》,载《安徽大学法律评论》2008 年第 1 辑。

〔2〕 See Muris's paper.

可见,在以企业为对象的竞争政策实施机制中,竞争推进和竞争执法具有很强的互补性。

此外,竞争推进还具有一项竞争执法无法替代的重要功能,竞争执法遗漏了一些对竞争机制产生消极影响的重要对象——政府以及社会公共组织。竞争推进对竞争执法缺陷起到的作用,就是通过一些专门的制度,将这些对象的行为也纳入竞争政策体系,以是否有助于竞争政策目标的实现为标准,对其行为施加影响,有的甚至是给予直接的约束,保证公共权力的谨慎行使,不对竞争秩序产生消极的影响。

第四节 竞争推进在竞争文化层面的意义

一、法律制度移植过程中文化因素的影响

在文明的演进过程中,一个民族或国家的法律制度可能因为某些因素而迁移到另一个民族或国家。欧陆法学界传统上用“继受”来指称这种现象,英美学界则习惯于用“移植”来描述。[1]

法律制度从一个国家向另一个国家移植的过程,是继受国家的法律群体和社会公众对先进法律规则,及其所体现的先进文化价值的主动接纳,也是对本国法律及其文化价值的改造。法律移植的原因有很多,经济全球化与资本在全球范围的流动是一个重要因素,因为资本的活动要求一个不受约束的统一大市场,这就需要更加趋于一致的法律规则。然而,法律移植的过程并不是一定成功的,学者们对法律是否能够移植都还存在争议。例如,对法律移植持反对意见的学者就认为,“法律是文化中不可分割的组成部分,文化构成法律规则的语境,规则一旦脱离语境就失去了其生命赖以存在的环境”;“不同文化对于同样的规则会赋予不同的含义,在规则的适用中也会作出不同的解释,因此规则一旦移植到异质文化中,含义就会发生变化,而这就使得该规则成为一个不同的规则”。[2] 学者们之所以认为法律移植难度颇大以至于根本没有成功的可能,是因为一个国家所具有的“特定社会

---

〔1〕 参见高鸿钧:《法律移植:隐喻、范式与全球化时代的新趋向》,载《中国社会科学》2007年第4期。

〔2〕 See P. Legrand, "What 'Legal Transplants'?" In, D. Nelken & J. Feest (eds.), *Adapting to Legal Cultures*, pp. 55-68. 转引自高鸿钧:《法律移植:隐喻、范式与全球化时代的新趋向》,载《中国社会科学》2007年第4期。

的自然、地理、经济、文化等环境因素都会对法律移植产生阻力”,[1]其中很重要的阻碍因素就是一国特有的文化禀赋。

《辞海》对文化一词的解释分广义和狭义两个层面。从广义来说,“文化指人类社会历史实践过程中所创造的物质财富和精神财富的总和”。从狭义来说,“文化指社会的意识形态以及与之相适应的制度和组织机构”。“随着民族的产生和发展,文化具有民族性。通过民族形式的发展,形成民族的传统。文化的发展具有历史的连续性,社会物质生产发展的历史连续性是文化发展历史连续性的基础”。[2] 余秋雨认为,“文化就是一种养成了习惯的精神价值和生活方式,它的最后成果是集体人格”。[3] 可见,文化是一个系统性的概念,具有民族性、地域性、多样性、相对性和延续性等特点。文化对社会制度和经济活动的广泛而深远的影响,很早就受到了西方正统经济学的关注。诺斯提出,“一种社会制度的研究总是受既存的文化、传统、信仰体系等因素的制约”,文化对社会制度演进的作用可能是积极的,也可能是消极的,并且“文化和传统一旦成型,会导致特定的制度变迁路径,受其影响的国家和社会很难挣脱”。“随着经济全球化的发展,文化更是成为了构成国家综合实力的重要因素”。[4] 亚当·斯密也指出,在一个道德、文化发展程度高的国度,法律也容易达到精密准确的程度。[5] 在现代市场经济体制形成之后,有学者把关于市场竞争的一系列思想观念、商业规则和法律制度总称为“竞争文化”。用竞争文化的视域来重新看待市场经济的发展史,可以得出“市场经济走向成熟和竞争法制不断完善的过程,就是竞争文化形成的过程”的结论。[6]

一般看来,关于文化的讨论是一个宏大的命题,尤其难以和法律制度研究找到具体的契合点。然而,民主政治制度使现代社会的治理结构越来越趋向于理性,国家在跨文化比较和文化选择方面的主动性日趋增强,这体现为从文化自觉到制度自觉的过程。因此,法学家在讨论到竞争法如何在一个国家更有效地实施这一具体微观的问题时,其研究思路往往要上溯到这

---

〔1〕 沈宗灵主编:《法理学》,北京大学出版社 2000 年版,第 152 页。

〔2〕 参见《辞海》(1979 年版缩印本),上海辞书出版社 1985 年第 6 次印刷,第 1533 页。

〔3〕 余秋雨:《世界视野中的中华文化》,载《上海人大月刊》2012 年第 3 期。

〔4〕 参见周子学:《经济制度与国家竞争力——鉴于中国经济制度变迁视角》,上海三联书店 2008 年版,第 329~331 页。(下引称《经济制度与国家竞争力》)

〔5〕 参见[英]亚当·斯密:《道德情操论》,谢宗林译,中央编译出版社 2008 年版,第 435 页。

〔6〕 参见徐士英:《竞争文化与和谐社会——论中国反垄断立法的社会基础》,载《江西财经大学学报(中国法学会经济法学研究会 2005 年年会专辑)》。

个国家的文化,尤其是竞争文化的特质这一宏观问题上,[1]也就是要考虑到一国文化对竞争政策的接纳问题。结论也很明确,那就是要找到一些有利于竞争文化的制度依托,通过一些具体的制度建设,切实地推动竞争文化在一个国家的形成和成熟。考虑到文化演变的长期性,在很多情况下,竞争主管部门必须主动承担起这一角色。

二、竞争法律制度的建立和实施与国民文化心理紧密相关

在讨论竞争文化对于竞争政策的价值时,一个普遍认可的结论是:竞争文化的形成和成熟程度对其所属的文化区域内竞争政策目标的实现程度有积极的作用。然而,由于文化现象的抽象性,前述结论与其说是一个理论命题,不如说是理论研究者的一种信念。信念虽然被普遍接受,但因为缺乏实证基础,使得竞争法学界,尤其是国内的竞争法研究,重视竞争法律制度研究而轻视竞争文化研究。这又直接导致了竞争文化的推进工作难以进入我国竞争政策的核心领域。国际竞争法理论研究中,尤其是在竞争推进问题的研究中,始终把竞争文化的倡导问题作为一个重要的分支,不少学者为证明竞争文化与竞争政策之间的联系而不断探索,为我们提供了宝贵的思路和成果。

荷兰跨文化心理学家吉尔特·霍夫斯泰德(Geert. Hofstede)为了比较国别文化特征和国民价值观差异,建立了一套统计测度方法,基于统计数据分析得出的指数被其称为文化价值维度(Cultural Value Dimension,CVD)。这套统计测度方法由五大基础指标构成:权力距离指数(Power Distance,PDI),即在社会中最缺少公权力的成员看来,权力是否分配公平;不确定性规避指数(Uncertainty Avoidance,UAI),即社会成员感受到的来自不确定性或者未知因素的威胁程度;个体主义水平(个人主义—集体主义)(Individualism/Collectivism,IDV),其中的个人主义指数反映社会的离散程度,集体主义指数反映社会成员对集体的责任感;性别与性别角色(阳刚气质—阴柔气质)(Masculinity/Femininity,MAS),其中的阳刚气质指数反映社会坚定自信、顽强和对物质成就的执着。阴柔气质指数反映谦虚、对生活质量的追求;长期导向和短期导向(Long-term/Short-term Orientation,LTO),长期导向的社会优势在于节俭和艰苦奋斗,短期导向的社会优势在于尊重

〔1〕 参见黄勇、江山:《反垄断法实施的文化维度论纲——以竞争文化、诉讼文化与文化为中心》,载《江西社会科学》2008年第7期。

传统,人际交往中看重“面子”,有社会责任感。[1]

借助这一理论的指引,霍夫斯泰德于 1967 年至 1973 年,在 72 个国家发放了近 116000 份国民文化价值观调查问卷,从而将 53 个社会体(其中包括 50 个国家和阿拉伯、东非、西非等 3 个地区)区分成了五大文化价值维度。[2]

韩国淑明女子大学助理教授 Ki Jong Lee(音:李棋钟)借助霍夫斯泰德的理论和问卷调查数据,对竞争文化与竞争政策的影响进行了一项交叉研究。他选取了卡特尔政策这一切入点,来对比处于不同文化价值维度的国家在拟定竞争政策时有何异同。根据 2002 年 OECD 发布的关于其成员国国内反卡特尔政策的统计情况,尽管各国在禁止卡特尔这一基本价值取向上达成了一致,但反卡特尔政策的执行情况则千差万别。李棋钟选择了反卡特尔政策较为激进的美国作为参照系,他对比霍夫斯泰德的研究结论后发现,美国的 IDV 指标在 53 个社会体中居首位,MAS 指标则处于第 15 位,其余 PDI、UAI 和 LTO 等三个指标的排名则靠后,分别为 38、43 和 27。李棋钟于是得出了两点初步结论:(1)美国的文化价值维度(CVD)与其反卡特尔政策可能是有关联的;(2)就美国的个案而言,CVD 指标中排名最靠前的 IDV 指标与激进的反卡特尔政策之间,很可能具有积极的相关性,而排名靠后的其余三个指标则与这一政策选择之间有消极的相关性。[3]

李棋钟继续了他的对比研究,进而发现,在文化价值维度与美国相近的盎格鲁传统国家(加拿大、英国、爱尔兰、新西兰)中,反卡特尔政策的倾向也与美国相近。[4] 这一发现强化了李棋钟的初步对比结论,即国家文化价值维度中的某些指标,与竞争政策的选择之间有着某种相关性。

李棋钟想到了把美国文化价值维度中的两个极端指标拿出来做专项对比,即排名第一的 IDV 指标和排名最靠后的 UAI 指标,用 IDV 排名加上 UAI 的倒数排名可以得出一组新的数据,李棋钟称之为 U-I 指数。因为采用了 UAI 的倒数排名,因此,一个社会体的 U-I 指数越小,则其文化价值维度就可能与激进的反卡特尔政策越契合。在这组新的数据排列中,盎格鲁

---

〔1〕 参见霍夫斯泰德:《文化与组织:心理软件的力量》(第 2 版),李原、孙健译,中国人民大学出版社 2006 年版,“第 1 章导论:社会游戏的规则”。

〔2〕 See Geert Hofstede, Cultures' Consequences: Comparing Values, Behaviors, Institutions and Organizations Across Nations 98 (2rd ed. 2003).

〔3〕 See Ki Jong Lee, "Culture and Competition: National and Regional Levels", *Loyola Consumer Law Review*, Vol. 21:1. [hereninafter *Ki Jong Lee's paper*]

〔4〕 See Ki Jong Lee's paper.

传统国家全部处于前八位,前六位的国家中则有四个是盎格鲁传统国家。[1]

再回到OECD的统计结果,对参与卡特尔的自然人施以罚款的国家分别是澳大利亚、加拿大、爱尔兰、新西兰、美国、挪威(均为盎格鲁传统国家),以及法国、德国、希腊、日本、韩国、墨西哥、斯洛文尼亚和西班牙。其中,对自然人规定有刑事监禁处罚的国家仅有加拿大、爱尔兰、挪威、美国(均为盎格鲁传统国家),以及德国、日本、韩国、墨西哥、斯洛文尼亚等九个国家。英国(盎格鲁传统国家)最近也引入了刑事责任,包括较长期限的监禁。[2] 而在霍夫斯泰德的国家文化价值维度统计中,上述列举的德国、日本、韩国、墨西哥、斯洛文尼亚等九个非盎格鲁传统国家也呈现出与盎格鲁传统国家相类似的指标。这一结果充分印证了李棋钟的研究结果,他也大胆地得出了四点更为具体的假设:(1)具有个人主义价值观的国家在反卡特尔政策上比那些具有集体主义传统的国家更激进;(2)具有较高不确定性规避特征的国家可能选择相对宽松的反卡特尔政策;(3)与美国的文化价值维度类似的国家,反卡特尔政策往往也更激进;(4)盎格鲁传统国家倾向更激进的反卡特尔政策。[3] 由此可见,一个国家的文化特征与其国内的竞争政策选择之间并非毫无联系,相反,这种关联性可能非常密切。

三、竞争推进在促进竞争文化发展方面的独特价值

在国际竞争法学界的讨论中,有一个被普遍接受的观念与上述学者的理论相呼应,即"拥有竞争政策和竞争法是一回事,恰当地实施竞争政策和竞争法则是另一回事"。[4] 实践也证明,在一个竞争文化严重发育不良的国家,竞争法的实施会遭遇巨大的困难,这在一些发展中国家尤其突出。发展中国家普遍面临的局面是,竞争当局的政治影响力不足,强大的政治当局和不熟悉竞争政策的司法者,竞争政策常常遭到来自各方的破坏。正如赞比亚竞争委员会执行主任乔治·里皮米尔(George Lipimile)提到的,在这样

---

〔1〕 See Ki Jong Lee's paper.

〔2〕 See OECD,"Fighting Hard-Core Cartels: Harm, Effective Sanctions and Leniency Programmes at 82 (2002)", http://www.oecd.org/dataoecd/41/44/1841891.pdf, Oct. 22, 2010.

〔3〕 See Ki Jong Lee's paper.

〔4〕 See CUTS Centre for Competition, Investment & Economic Regulation, *Pulling Up Our Socks—A Study of Competition Regimes of Seven Developing Countries of Africa and Asia under the 7—Up Project*, Jaipur Printers P. Ltd., p. 35. www.cuts-international.org/pdf/CCIER-1-2003.pdf, Mar. 11, 2010. [hereinafter CUTS, *Pulling Up Our Socks*]

的情形下,“竞争被认为是摧毁当地企业的方式,主持竞争主管部门的工作令人畏缩”,“政府拥有80%的企业,不执行竞争法成了规则,并且法律依然对价格进行管控,歧视外国人”,“企业一般是不愿意遵守竞争法的,政府忽视竞争法,甚至在一些案件中不知道何为竞争法,并且大部分公众并不明白竞争法是什么”。缺少专家和专业知识让竞争主管部门和市场陷入尴尬,在某个国家,司法机关曾对竞争委员会是否有权利禁止反竞争协议提出质疑。

上述经验和教训促使竞争法学对竞争文化的态度经历了一些转变。最初,竞争法学者重视文化对法律制度的影响,但缺乏对文化现象进行把握和量化分析的工具,因而停留在抽象的强调层面。在竞争推进理论和实践产生之后,各国开始重视对竞争文化培育的具体措施进行归纳,研究的视角因而变得更实际。竞争文化不仅仅是抽象的社会共识,在竞争文化的主体方面,它应当落实到具体的企业、社会组织、个人,甚至包括竞争主管部门以外的每一个具体的政府部门;在竞争文化的体现方面,它应当具体表现为前述每一类主体都自觉遵守竞争法的行为。而要达到这一目标,需要竞争主管部门针对每一类主体都施以影响。因此,在竞争推进语境中,竞争文化培育是一种实实在在的工作机制,由非常具体的项目构成。而通过一定时期的积累,竞争文化培育能够转变前述每一类主体的行为方式,使之与市场竞争机制更加契合。达到这种情形之后,竞争法学者最初所关注的抽象意义上的竞争文化也就获得了可量化的改观。

第三章　竞争推进的制度（一）：公平竞争审查

早期各国在如何有效实施竞争推进的问题上缺乏既有路径可循，对竞争推进的认识也多停留在宣传普及竞争和市场经济的知识层面，认为竞争推进只是一种文化传播方法，它以竞争法律制度的存在为前提和基础，并不触及竞争法律制度以及其他法律制度是否合理的讨论。随着认识的深入，一些国家开始率先意识到，法律和规范性文件是影响竞争秩序的重要制度因素，法律和规范性文件的合理性是需要不断讨论和检验的，一些基于对竞争的错误认识而产生的法律和规范性文件，必须及时地被废止或更新。近年来，以国际竞争网络（International Competition Net，ICN）等为代表的国际组织建议，可由一国的竞争主管部门参与该国法律、规范性文件草案的讨论，并适时地向立法机关、管制部门提出建议，避免法律和规范性文件过分干预竞争机制的现象。[1] 为此，在最近二十年里，以美国、欧盟、澳大利亚为代表的不少国家和地区，掀起了一场对国内法律和规范性文件的评估活动。法律和规范性文件评估作为一种具体的路径和方法，它的出现和成熟丰富了竞争推进的内涵，同时也标志着竞争推进理论和国家的政治决策之间产生了制度对接，而不再只是游离于决策层之外的学术概念。因此也可以说，法律和规范性文件评估是最为关键和重要的竞争推进路径和方法。美国是较早开始组织反托拉斯法律制度评估的国家，其有一个基本的观念，认为“反托拉斯法律制度应当随着人们经济学知识的增长和经济现实的发展而得到不断的优化”。[2] 为此，在过去的70年间，美国共组织了7次对反托拉斯法律制度的重新评估。具有代表性的还有澳大利亚联邦政府推行的

---

〔1〕 See *ICN doc*358.

〔2〕 See Timothy J. Muris (FTC Chairman), “Improving the Economic Foundations of Competition Policy”, Remarks at George Mason University Law Review's Winter Antitrust Symposium, http://www.ftc.gov/speeches/muris/improveconfoundatio.shtm, Feb. 4, 2008.

法律审查项目,[1]等等。也因为这类评估的目的是清除对竞争机制造成不恰当干预的公共制度,确保形成竞争机制不受歪曲的法治环境,所以国际竞争法学界将各国的类似实践统称为"法律和规范性文件的公平竞争审查"。(为表述的方便,文中部分内容也将其简称为"公平竞争审查")

第一节　公平竞争审查制度概述

一、公平竞争审查的概念

经济法关于政府和市场关系的理论认为,政府调节市场的行为应当以尊重市场规律为前提,对市场缺陷进行弥补,并时刻警惕政府失灵的风险。现代竞争法理论主张保护市场机制的独立性,审慎地看待政府的信息采集能力和干预市场的水平,并应当从法律层面对政府干预市场的行为进行约束和规范。"虽然市场失灵产生了政府干预的需求,但是从各国的实践经验来看,盲目且不受法律制约的政府干预只会让市场失灵雪上加霜。"[2]因而只有当限制市场机制的规范给社会福利带来的价值,大于其造成的社会福利损失时,此类立法才能获得合法性。行政法理论在当代的发展同样受到市场经济在全球范围发展的影响,由国家力量管理资源分配的范式向市场机制主导资源分配的范式过渡,行政法理论相应地提出以"非强制性的公共行政"代替"强制性的国家行政"的改革思想,强调"效率与公平并重""权力与责任并重"。[3] 公平竞争审查制度的实质是一国政府有意识地对公权力干预市场的能力采取的内部控制机制,体现了决策层对于市场自发形成的竞争秩序的敬畏。

---

〔1〕 1995年4月,澳大利亚联邦和各州、领地政府共同签署了《行为法协议》(Conduct Code Agreement)、《竞争原则协议》(Competition Principles Agreement)和《实现全国竞争政策和处理与竞争支付及相关改革协议》(Agreement To Implement The National Competition Policy And Related Reforms)等三项法律文件。澳大利亚法律评估项目作为其国家竞争政策的一部分,要求各州、领地政府如期成立专门的工作机构,负责在本地区实施法律评估项目。同年,澳大利亚联邦政府设立国家竞争理事会(The National Competition Council)专司国家竞争政策的实施,同时也作为联邦层级对全澳法律评估项目的指导机构。理事会与各地方评估机构的紧密协作,形成了《政府法律评估报告(按行政区域和法律类别逐一评估)》《国家竞争理事会关于法律评估项目的纲要(对全部各州、领地法律评估计划、过程和改革的摘要)》等重要文件,载 http://ncp.ncc.gov.au/pages/legislation,访问日期:2007年3月10日。

〔2〕 孙晋、钟瑛嫦:《竞争政策的理论解构及其实施机制》,载《竞争政策研究》2015年11月号。

〔3〕 参见顾爱平:《行政许可制度改革研究》,苏州大学博士学位论文,2006年。

传统的竞争法律主要规制企业的市场竞争行为,因此单纯依靠竞争执法保护市场竞争秩序会存有一个空白,即当公权力机构干预市场的措施与市场竞争机制相悖,而这种措施又非达到政策目标的最佳方案时,竞争执法并不能提供任何救济的渠道,只能被动等待该公权力机构自我觉醒。公平竞争审查制度的产生即为填补这个空白,旨在通过一定的评价标准和程序,确保市场竞争机制不受到来自政府等公共机构的不当干预,或者尽量减少这种干预对市场竞争秩序的损害程度。

首先,公平竞争审查制度是在众多公共政策目标中优先保护市场竞争。政府调控市场的目标很多,确保市场竞争机制不受干扰只是其中一个方面,不同的调控目标体现为不同的法律。"某些特别的情形下,对竞争的限制可能带来收益,但通常会加重公众的成本。"〔1〕公平竞争审查的基本理念是,市场竞争机制是保障有限资源得到优化配置的最有效方法。实现其他任何价值目标应当以保障市场竞争机制为前提,或者至少不能随意地以牺牲市场竞争机制为代价来实现其他价值目标。

其次,公平竞争审查的基本方法是政策目标之间的价值对比分析。对比分析的一般原则是,"其他经济和社会政策的制定和实施不得与竞争政策相抵触",否则就"可以借助于公平竞争审查阻却此类反竞争性质的公共政策出台"。〔2〕 如澳大利亚规定,"凡是限制竞争的法律都将被推定为非法,除非能够证明这种限制是合法的",并且"证明该法律合法的责任由主张保留该法律的机构承担"。这一规定蕴含的法理十分明确,通过将"非法推定"和"证明责任"的叠加,最大限度保护竞争机制的不可侵犯性。〔3〕 而当确有必要出台对竞争机制产生抑制的法律或公共政策时,要通过公平竞争审查制度确保其对于社会的整体收益大于其抑制竞争而产生的社会成本,并且尽量将成本的部分降到最低。上述价值比较的具体过程须建立在一套科学分析方法的基础上。

最后,公平竞争审查制度是专业评估不是法定审查。虽然建立公平竞争审查制度的目的,是对国家现行法(法律、行政法规、地方性法规)是否符

---

〔1〕 See Centre for International Economics (CIE), *Guidelines for NCP Legislation Reviews* 1999 (*prepared for NCC*), [Hereinafter *Guideline for NCP LR*] p. 3, http://www.thecie.com.au/content/publications/CIE-NCP_guidelines_report.pdf, Mar. 10, 2007.

〔2〕 徐士英:《中国竞争政策论纲》,载漆多俊主编:《经济法论丛》(2013 年下卷,总第 25 卷),法律出版社 2013 年版,第 36 页。

〔3〕 See Centre for International Economics, *Guidelines for NCP Legislation Reviews*, [hereinafter Guideline for NCP LR.], http://ncp.ncc.gov.au/docs/LEGu-001.pdf, Mar. 11, 2016, pp. 6-7.

合竞争政策进行"审查",而且审查的结果一般都会转化为法的修改或者废止,但这并不意味着公平竞争审查制度等同于宪法制度中对法的清理制度。在宪法理论中,法的清理是立法机关定期对法的内容定期进行梳理审查,并对法的效力作出修改、废止等决定的活动,目的在于确保一国法体系的适时性和一致性,属于立法机关的一项宪法职能。与之相比,公平竞争审查的本质是竞争政策的推进措施,是特定部门依据竞争政策,对现行法从专业角度给出评估建议,没有直接影响法的效力的效果。但在实施公平竞争审查制度的国家,公平竞争审查机关给出的专业评估意见对立法机关具有很大的影响力,绝大多数能够转化为对法的修改、废止决定。[1]

公平竞争审查的基本原理可以用图5来更为直观地展现:

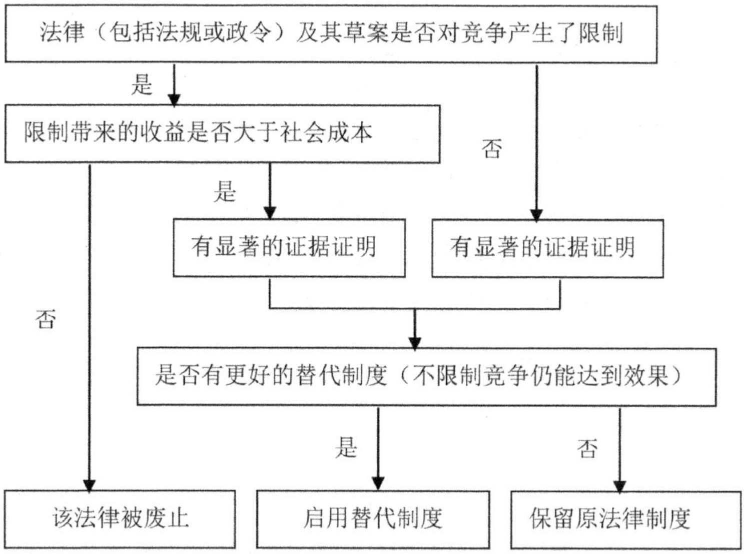

图5　公平竞争审查的基本原理[2]

二、公平竞争审查的范围

公平竞争审查的范围应当包含国内全部法律、法规和规范性文件。对

[1] 参见莫纪宏:《法律清理的合宪性审查》,载许崇德、韩大元主编:《中国宪法年刊(2009)》,法律出版社2010年版,第20~30页。

[2] See *Guideline for NCP LR*, p. 7.

于判例法国家来说,有先例效力的司法判例也会被纳入审查范围。但从实践情况看,前述范围包含的法律文件太过广泛,如果全部审查反而会造成审查无法得到有效实施。因此,各国一般将那些效力位阶较高、对市场竞争行为影响广泛的法律文件纳入评估范围,具体则要根据本国公平竞争审查的专门立法或实施文件的规定来确定。从美国、澳大利亚、俄罗斯、韩国等国家的经验看,以下法律文件一般都会被纳入公平竞争审查的范围:一是法律及其草案;二是中央政府发布的规范性文件及其草案;三是地方性法规及其草案,也有的国家将更低级别的地方性法律文件纳入公平竞争审查的范围,但大多数国家将省以下级别的地方性法律文件,包括低级别政府发布的部分行政命令的审查交由省级政权自行实施;四是部分判例,这特指判例法国家,由于判例的范围更加广泛,审查时往往选择出一些与竞争机制关系紧密的典型判例作为审查对象,而不是全面铺开。

关于公平竞争审查的范围需要特别说明的是,对前三类法律文件的评估也包括了对其草案的评估。在法律案的起草或审议阶段,竞争主管部门通过提前介入立法程序,达到阻止不利于竞争政策的法律案通过的目的。具体的操作方法与对现行法律的评估过程无异,因此,此处没有将对草案的评估作为一种特殊的推进工具来讨论,此后的探讨中,一切公平竞争审查的程序和方法其实都适用于对法律草案的评估。

三、公平竞争审查的启动

(一)立法机关设立专门委员会启动

公平竞争审查的对象主要是一国的法律和其他规范性文件,因此,立法机关当然地享有这一制度的启动权,根据立法机关机构设置的特点,许多国家都会通过专门法案建立一个特别委员会,来负责公平竞争审查的具体工作。美国是其典型代表。美国很早就组织过一些非正式意义的法律评估活动,主要针对竞争法和与竞争法相关的法律进行学术研究,提出有关优化法律规范的建议。例如,"1968 年林登·约翰逊总统为了给自己的总统连任选举提供政策储备,委托芝加哥大学法学院院长 C. 尼尔博士对反托拉斯法进行过一次系统评估,以期推动美国反托拉斯法律的改革"。遗憾的是,由于林登·约翰逊总统的选情受到越战的拖累,这份报告最终没能转变为施政方针。此外,由于尼尔研究小组在建立时存在严重的政治立场偏向,导致他们的研究虽然"意识到了反托拉斯法律改革的一些端倪,但最终并没能找到正确的方向”。[1] 其对于反托拉斯法律改革的影响力也就不那么大了。此后,美国司法部和联邦贸易委员会也组织过一些针对反托拉斯法的学术研究,但对立法机构的影响力也都很有限。

2002 年 4 月,反托拉斯现代化委员会法案(Antitrust Modernization Act)授权组建一个由 12 位委员组成的独立委员会——反托拉斯现代化委员会(Antitrust Modernization Commission,AMC)耗时 5 年,耗资 400 万美元,组织一次对美国反托拉斯法律制度的全面评估,并依法向国会和总统提交评估报告。为了保证评估的政治中立性,法案规定由总统、参议院政党领袖(多数党和少数党领袖各任命 2 名)和众议院政党领袖(多数党和少数党领袖各任命 2 名)分别任命 1/3 的委员(各 4 位)。为了给委员会在调查和了解信息方面提供方便,法案要求各有关政府机构应当如实向委员会提供其所需的信息、数据,委员会的运作、对外联络等方面都拥有和一般联邦政府机构同等的权力。[2] 在这样一部法案的保障下,此次法律评估将必然是政治独立、信息充分和研究深入的。

委员会成立后立即着手对反托拉斯法律展开研究和评估,自 2004 年 7 月 15 日召开第一次会议以来,“通过召开 18 次听证会,听取 120 位证人证词,记下总计 2500 余页的听证记录,并通过公开渠道收集到来自 126 位研究人员的 192 条评论意见。在此基础上,委员会递交的 377 页的评估报告中共提到了 80 条意见和建议,几乎涵盖了美国反托拉斯法律的各个方面”。[3] 委员会依法得出的评估结论将直接供总统和国会两院作为决策参考,胜于此前一切民间组织或个别执法机构组织的研究。作为此次评估活动的主持者,也是委员会主席迪波拉·A. 加尔萨(Deborah A. Garza)“对报告可能对政治决策起到的影响效果也表示充分的信心”。[4]

(二)行政机关设立专门部门先行启动

有的国家由中央行政机关主动推动这项制度的试行,获得一定成果后,再转由立法机关作出相关的决议。澳大利亚是这方面的典型代表。20 世纪

---

〔1〕 See Herbert J. Hovenkamp, *The Neal Report and the Crisis in Antitrust*, University of Iowa Legal Studies Research Paper, Number 09-09, http://ssrn.com/abstract=1348707, Oct. 13, 2009.

〔2〕 U. S. C. § 11054(a), § 11057.

〔3〕 See Antitrust Mordenization Commission: Report and Recommandations, http://govinfo.library.unt.edu/amc/report_recommendation/amc_final_report.pdf, sep 11th, 2009. [hereinafter AMC, *Report and Recommendations*]

〔4〕 See Deborah A. Garza, “Modernization of Antitrust Law – Private and Public Enforcement and Abuses – Europe and the U. S.” http://www.justice.gov/atr/public/speeches/235658.htm, Sep. 5, 2009.

70年代,澳大利亚经济停滞不前的现实使政府逐渐意识到,"一个竞争性的、便捷的经济体才能保证更多的增长和更少的成本,进而令资源配置更自由,促进生产力的进步,由此带来富余的投资,更加全球化的环境,增加更多的就业机会"。[1] 政府随即着手制定和推行"减少对资本市场的管制、取消进口配额管制",提高"基础设施服务的效率方面加强制度创新"的国家竞争政策(National Competition Policy)。[2] 其中一项重要措施,是以"是否构成了对竞争的限制"为标准,对澳大利亚的法律、法规、政令以及各州(领地)立法机构制定的地方法规、条例进行全面评估。凡经评估确认为限制竞争的,均由其颁布机关在规定时间内予以废止、修改。[3] 政府希望借此逐步形成一个全国统一的、适用于所有市场参与者、鼓励有效竞争的法规体系,达到"打破地方垄断和保护主义,形成合理的市场结构,提高人民生活水准,改善国家整体经济的国际竞争地位"的目的。[4] 改革政策推行一段时间之后,澳大利亚国内经济形式有了明显的好转,在切实体会到了改革的甜头之后,澳大利亚联邦政府拉开了一场在全联邦范围内,针对限制竞争的法律、政策的一整套改革措施——国家竞争政策(National Competition Policy),并希望以此推动各州、领地政府逐步开始酝酿和实施彻底的经济改革政策。在制度层面,澳大利亚国家竞争政策(NCP)主要由联邦政府与其成员(州和领地政府)共同签署的三项法律文件组成,即《行为法协议》(Conduct Code Agreement)、《竞争原则协议》(Competition Principles Agreement)和《实现全国竞争政策和处理与竞争支付及相关改革协议》(Agreement To Implement The National Competition Policy AndRelated Reforms)。[5]

---

[1] See *Commonwealth National Competition Policy Annual Report* 1997 - 1998, http://www.treasury.gov.au/documents/176/PDF/cncp.pdf, Mar. 10, 2007.

[2] See Productivity Commission, *Review of National Competition Policy Reforms*, Report No. 33: 2005, Canberra, [Hereinafter *Productivity Commission Report* 2005], p. XIII.

[3] 曹红英:《澳大利亚竞争政策改革(一)》,载《中国工商管理研究》1995年5月。

[4] See *Commonwealth National Competition Policy Annual Report* 1997 - 1998, pp. 2 - 3, http://www.treasury.gov.au/documents/176/PDF/cncp.pdf, Mar. 10, 2007.

[5] 澳大利亚联邦由六个州(State)和两个领地(Territory)组成,州各自有自己的州政府,有州长(Premier),有州总督(State Governor),但领地没有这些职位,领地自组政府的权力源于联邦的授权,领地的最高行政负责人是行政长官(Chief Administrator)。州在某些领域可以自行立法,联邦不能干预。领地也可以自行立法,但领地的立法权来源于联邦政府的授权,联邦政府如有不满就可以废止。为了协调各联邦成员之间的政策,澳大利亚有一个专门的机构——政府理事会(Council of Australian Government, COAG)——负责协调联邦政府、各州政府以及领地政府之间的政策问题。为了能达到提升生产率的目的,一个共识是,竞争性改革必须及时地在各个层级的政府体系中展开。澳大利亚国家竞争政策就是在这个政府理事会的平台上签署的三项文件构成。

澳大利亚公平竞争审查作为其国家竞争政策的一部分,其主要的法律文件依据反映在《竞争原则协议》(Competition Principles Agreement)的第五节——反竞争的法律评估制度(Legislation Review)一段当中,该协议还要求各州、领地政府如期成立专门的工作机构,负责在本地区实施公平竞争审查。1995年,澳大利亚联邦政府根据澳大利亚贸易行为法案(Trade Practices Act)设立国家竞争理事会(The National Competition Council),专司国家竞争政策的实施,同时也作为联邦层级对全澳公平竞争审查的指导机构。理事会成立后及时着手制定了用以指导各州、领地政府实施公平竞争审查的指导文件——法律评估指引(Legislation Review Guideline)。在三项基本法律文件的基础上,澳大利亚联邦竞争理事会与各地方评估机构的紧密协调,形成了《政府法律评估报告(按行政区域和法律类别逐一评估)》,《国家竞争理事会关于公平竞争审查的纲要(对全部各州、领地法律评估计划、过程和改革的摘要)》等重要文件。澳大利亚的这一探索在目前世界各国所采取的竞争推进的实质性路径与方法中,具有比较典型的代表意义,并且已初见成效,其具体措施也为国际组织和各国竞争主管部门所广泛推崇。[1]

(三)竞争主管部门依法启动

有的国家(地区)通过竞争法直接授权竞争主管部门自主启动公平竞争审查,但这种评估一般不是集中性的,而是在日常工作流程中,授权竞争主管部门可以随时对法律或草案提出意见和建议。例如,韩国和我国台湾地区的竞争法中都规定,当竞争主管部门认为一部法律或草案的规定可能对市场竞争机制造成损害时,可以向立法机关提出意见,建议对该部法律或草案进行修改,甚至废止。

不管采用上述哪种方式,一国竞争主管部门对公平竞争审查的参与都非常重要。在以美国为代表的立法机关启动模式中,联邦贸易委员会和司法部反托拉斯局始终对 AMC 的各项工作给予支持,AMC 的主席就是前 FTC 官员。而在以澳大利亚为代表的行政机关内部启动模式中,已离不开澳大利亚竞争委员会的身影。澳大利亚法律评估指引就规定,当地方政府对一部法律是否涉及限制竞争问题存在疑虑时,可以提请竞争委员会的

---

〔1〕 国际经济发展和合作组织(OECD)曾在多份研究报告中对澳大利亚的法律评估项目进行推介,尤其是在针对澳大利亚竞争法与竞争政策的年度研究文献中。See OECD, *Annual Report on Competition Policy Developments in Australia* 2005, at http://www.oecd.org/dataoecd/62/2/36498632.pdf, Mar. 10, 2008; *Competition Law and Policy in Australia* (*July* 2002 – *June* 2003), http://www.oecd.org/dataoecd/22/10/34830529.pdf, Mar. 12, 2008.

帮助。

第二节 公平竞争审查的基本方法:以澳大利亚为例

澳大利亚自 20 世纪 70 年代开始实施的国家竞争政策(National Competition Policy),在推动法律、法规、政令以及各州(领地)立法机构制定的地方法规、条例进行公平竞争审查方面的成效十分显著。截至 2005 年,澳大利亚各级政府已完成对上述所有法律文件的评估和修改,总计发现一千八百多项限制竞争的法律规则,并对其中的 85%进行了修订或废止。[1] 在这个过程中,澳大利亚联邦竞争理事会与各地方评估机构紧密协调,形成了《政府法律评估报告(按行政区域和法律类别逐一评估)》《国家竞争理事会关于公平竞争审查的纲要(对全部各州、领地法律评估计划、过程和改革的摘要)》等重要文件,尤其是澳大利亚在公平竞争的审查步骤方面基本形成了成熟体系,为国际组织和各国竞争主管部门所广泛推崇。[2] 澳大利亚的经验可以展示公平竞争审查制度的一般步骤。

一、公平竞争审查的实施步骤

(一)实施步骤概况

澳大利亚公平竞争审查的基本步骤可以概括为三大环节,每个环节又具体划分为若干具体任务,[3] 笔者拟在大概展现评估全貌的基础上,再对重点评估步骤进行介绍。

1. 评估准备环节

这个环节是公平竞争审查工作正式开展前的准备阶段,可细分为六项具体任务:一是对评估工作的整体推进难度进行预测;二是酝酿成立独立的评估委员会;三是选择合适的评估工作模式;四是起草细化的评估工作方

---

[1] See Rod Sims, Driving Prosperity Through Effective Competition, the Mexico Forum, January 8, 2013. Mexico City, p. 10, http://www. accc. gov. au/speech/driving - prosperity - through - effective - competition. 转引自张占江:《中国法律竞争评估制度的建构》,载《法学》2015 年第 4 期。

[2] 国际经济发展和合作组织(OECD)曾在多份研究报告中对澳大利亚的法律评估项目进行推介,尤其是在针对澳大利亚竞争法与竞争政策的年度研究文献中。See OECD, *Annual Report on Competition Policy Developments in Australia* 2005, http://www. oecd. org/dataoecd/62/2/36498632. pdf, Mar. 10, 2008; *Competition Law and Policy in Australia* (*July* 2002 - *June* 2003), at http://www. oecd. org/dataoecd/22/10/34830529. pdf, Mar. 12, 2008.

[3] See *Guideline for NCP LR*, pp. 13-59.

案;五是组建一个有开创力且具有独立精神的评估工作团队;六是建立公开透明的工作机制,并协调所有利益相关者纳入这项机制。

2. 评估实施环节

评估实施环节作为公平竞争审查的核心工作环节,具体任务可细化为以下五个步骤:一是评估目标清晰化,即弄清待评估法律是如何限制竞争的,立法设计这种限制机制具有什么动机,它的优势和局限分别是什么;二是限制竞争法律规定归类梳理,即根据法律限制竞争的具体规定,将其纳入不同的类别进行分析;三是法律限制竞争的影响评价,即衡量法律限制竞争的损害程度,同时也衡量这一机制存在的好处;四是成本收益比较,即在前一步的基础上就待评估法律给社会整体带来的好处和损害进行对比;五是得出评估意见,视情况提出可行的改革建议。

3. 评估运用环节

评估结果的运用环节主要包括四项具体任务:一是在公民当中普及评估结果,广泛宣传;二是向国家竞争政策委员会报送评估结果,指出已评估法律存在的主要问题,尤其是一旦未能采纳评估结果可能给全社会带来的损失;三是如果该法律未能被废止,那么尽量在法律中设置一个"日落条款",或者规定下一次评估的启动日期;四是鼓励专业人士围绕评估建议提出成本最小的可执行方案。

(二)重点步骤一:甄别法律的政策目标,分类筛选出重点审查对象

针对众多的现行法律,为了提高审查的效率和精准度,首要的步骤是了解立法背后的政策目标,再有针对性地予以审查。澳大利亚政府在实践中提炼出了一些对竞争机制的限制作用较为明显的法律类别,即公平竞争审查所需涉及的法律可能集中于这样一些类型:"促进经济运行效率目标,达到某项特定的社会福利目标(资源分配或者社会公平),达到特定的环境目标或者保护自然资源的目标,促进就业或者消费者健康和安全目标,影响特定地区的发展,吸引投资,对特定经济制度的调整"。除此之外,由于市场经济机制本身的不足,也需要法律给予特定的干预,这部分法律的目的针对性较强,如针对"自然垄断、保护知识产权、与外部性或溢出成本相关的定价问题、与公共产品或服务有关的定价问题、信息不对称引起的市场力失衡问题、从过度竞争状态中转型时的高成本问题"等。[1] 当然,上述类型的列举只是理论上的分类,法律评估的过程中还必须通过各种证据,将现实的法律

---

〔1〕 See *Guideline for NCP LR*, p. 30.

和理论类型相联系。有一些法律中可能本身就已经清晰表述了其立法目的,或者可能从它的一些对经济产生限制作用的具体制度中推测出来。但还有一些法律的立法目的就不是那么清晰化。为此,澳大利亚公平竞争审查归纳了一些甄别立法目的的方法,如“通过议会对法律案审议发言,该法律的有关下位立法,该法律授权的管制机构出具的管制计划或者工作报告,负责实施该法律的部门领导的有关发言,受到该法律影响的群体的证词”等。[1]

(三)重点步骤二:限制竞争的制度类别分析

初步筛选之后进一步要明确的是接受审查的法律对竞争机制产生影响的具体制度。澳大利亚的做法是,当一部法律存在以下情形时就会被认为对竞争产生了限制:(1)限制企业或个人对某一市场的进入或退出;(2)控制价格或者生产数量;(3)限制质量、产品标准或者产品或服务的分配;(4)限制广告和推广手段;(5)限制生产阶段的原料输入和价格;(6)可能显著增加企业成本的规定;(7)歧视性规定,赋予部分企业相对于其他企业的优势。[2]

以上前两个步骤属于定性分析,用以确定需要重点关注的法律,以及其中需要重点分析的制度。而此后就需要尽可能地收集信息,以便量化分析对竞争的限制效果。

(四)重点步骤三:限制竞争的影响力分析

影响力分析的对象包含两个内容:一是分析法律对竞争的限制程度,二是分析这种限制的收益和成本。澳大利亚的经验是,以设计一系列针对利益相关者的问答来获取基本评价指标。(见表1)当然,量化分析并精确排序是很困难的,以调查为基础的比对分析是一种比较接近于量化的方法。例如,以前述七种限制竞争情形中的第一类,即“限制企业或个人对某一市场的进入或退出”为例,澳大利亚设计了以下系列问答用以询问可能受到法律影响的利益相关者(stakeholder),肯定回答越多,限制竞争的程度就越高。

---

〔1〕 See *Guideline for NCP LR*, p. 29.

〔2〕 See *Guideline for NCP LR*, p. 34.

表 1　法律限制竞争程度评估指标[1]

限制的种类	问题
关于市场进入或退出的规定	请回答(法律规定)是/否存在以下情形?
	在相关市场设立或者保护唯一的买方或卖方?
	通过发放执照来严格限制经营者的数量?
	允许执照自由转让?
	对生产类似产品的竞争者进入相关市场进行限制?
	对拥有或者经营某些业务的资格进行限制?
	限制商品或服务进入澳大利亚其他地区?
	设置了停业这样的重大惩罚?

也有的时候,限制竞争是为了达到另外一些政策目标,这时还需要考虑该政策目标是否具有合理性,是否应当视为减轻情节在审查时也进行一定的量化。还是以前述"限制企业或个人对某一市场的进入或退出"的情形为例,如表 2 所列,对比性的问题可以设计为"限制竞争的情节"和"减轻的情节"两大类,再给每一项答案分配一定的权重,就可以分析法律对竞争的限制效果,综合评判一部法律。

表 2　限制竞争与可减轻的情节对比分析[2]

限制竞争类型及其有益情节	所导致的限制竞争情节	减轻的情节
进入或退出		
关于范围经济——自然垄断的情形	缺乏创新或降低成本的竞争压力	垄断权对竞争的限制具有一个确定的期限
	价格高企和消费低迷	
	歧视特定消费群体	
	减少产品差异性	
关于安全标准方面,如出租汽车执照	导致价格抬升	许可证可以完全的交易
	减少供应数量、降低质量标准	
	额外的执法成本	

[1] See *Guideline for NCP LR*, p. 35.(内容有节选)

[2] See *Guideline for NCP LR*, p. 38.

续表

通过强制征收费用来投资和资助那些难以用价格进行调节的产品或服务(非竞争性的和非排他性的)[1]	可能排除其他潜在竞争者	该产品或服务的供应商是以竞争性招标的方式确定的
	对其他经济体征收的税费可能会减少该领域的竞争程度	
	对该产品或服务的市场需求缺乏市场化评估	
	额外的行政管理成本	征收政策的延续经过民主投票程序决定
	可能存在交叉补贴	
	资源消耗在无法带来效益的经济领域	
提高行业管理标准,如对赌场的所有权	该措施可能被加以政治利用,以排除潜在进入者	仅作为一项短期调控措施
	额外的行政管理、投诉和执法成本	
维持本地经济效益考虑,如对某些领域设定所有权控制,或者州政府偏向本地服务供应商	可能使用有最佳解决方案的企业失去进入机会	管制带来的超额利润被课以高税收,如资源利用税
	开启了一个不好的先例	
	供应成本被提高	
减少外部性的考虑,如收音机、电视节目提供商的限制和赌场执照的限制	提高供应价格,同时抑制了消费	执照的发放是以竞争性的招标方式确定的
	更少的创新	
	额外的交易费用	
开拓出口市场上的影响力	无法保证在有效实现出口市场上的影响力,并可能导致未知损失	出口市场上的影响力已经显而易见
	吸引竞争者和替代者长期沉淀在相关市场中	
	额外的雇工成本	
	易受到政治控制的影响	
为保证战略产品供应	提高成本/价格	
	不以市场评估为基础,且降低了创新的积极性	

[1] 为了确保特定产品或者服务的普遍供应,其价格不能完全根据供应成本进行调节,只能由政府征收强制费用再对供应商进行补贴。例如,对偏远地区进行供电、供水,就可能需要对城市化地区征收附加税。

(五)重点步骤四:寻找替代方案并提出建议

在综合考虑之后,如果一部限制竞争的法律净收益是消极的,则该法律应当被废除。即使法律对于澳大利亚联邦存在整体净收益时,也要对其进一步评价,看立法的目标是否能通过更有效率的方式、有利于竞争的方式达到,如果有,则对法律进行修改,只有在没有更好的替代方法时该法律才能得以保留。提出修改方案对制度创新的要求很高。澳大利亚也列举了一些实践中可行、常见的改革方案。例如,针对自然垄断的法律有五项可行的改革措施:(1)确保没有对替代产业设置市场进入门槛;(2)确保开放了国际市场竞争;(3)在某些特别的领域,可以尝试用具有竞争性的合同制管理方式引入私人管理者,来负责经营政府拥有的资产;(4)授权第三方使用垄断设施,从而把竞争引入基础设施上、下游产业内;(5)针对自然垄断产业获得的超额利润调高税负。[1]

二、公平竞争审查实施过程中的难点及其应对

公平竞争审查实施的各个阶段会遇到很多阻力,需要采取有针对性的策略才能确保审查工作的顺利进行。

首先,在启动公平竞争审查之初,主要的障碍可能来自以下一些方面:(1)既得利益集团的反对;(2)缺乏数据用以分析;(3)缺乏独立的机构;(4)缺乏支持分析的资源和持续的经济体系;(5)难以清晰地显示出改变带来的效率与原有法律规则带来的效率之间的差异;(6)改革的动力不足。[2]因此,审查正式启动之前,必须对审查工作本身可能遇到的难度进行一个充分的审查,在此基础上选择合适的审查方法。

其次,在实施审查过程中的困难主要集中于量化分析方法的运用上,一方面,建立一个精确反映某一部法律对竞争的限制的可量化模型十分困难,另一方面,采集到全面反映该部法律对竞争的全部影响的数据十分困难。

最后,当审查结束并提出审查方案时,如何确保审查结果的实现成为了最大的困难。阻力来自四个方面:(1)法律审查涉及了敏感的政治问题;(2)法律审查报告本身质量低下,缺乏清晰的证据支持改革的必需;(3)改革措施的实现过程本身所具备的复杂性,如教育全体选民需要非常大的努力,政府预算必须承担的财政成本等;(4)被审查的法律涉及管辖权的交叉和模

---

〔1〕 See *Guideline for NCP LR*, p. 52.

〔2〕 See *Guideline for NCP LR*, p. 17.

糊不清。[1]

从澳大利亚公平竞争审查实施的过程来看,上述提到的难点中有一些的确很难克服,例如,如何保证数据采集的全面性和量化模型的科学性,但通过评估项目开始之前的周密计划,尽量降低这些困难对评估结果的不力影响还是有可能实现的。以下是澳大利亚采取的应对上述难题的技巧,虽然不足以应对全部各种问题,但提供了一种可供借鉴的路径。

(一)评估难度预测和评估模式选择

一个基本的思路是,在正式启动公平竞争审查之前,可以事先对审查的实施难度做出一个预测,然后再根据难度的不同采取一些不同的策略。借助下面的表格,澳大利亚政府将一次公平竞争审查的难易程度细分为四类,每一类程度判断都由一些具体情节作为支撑。(见表3)表3左边纵向两栏分别列出的"可能致审查难度提高的复杂"和"可能致审查难度降低的简单"两大类情形,是从法律本身的特点进行归纳的;横向两栏分别列出的"对整体经济的影响程度大"和"对整体经济的影响程度小"两栏是从国家经济整体角度进行归纳的。这两个维度结合考虑,构成了四种不同的组合:(1)当法律存在可能致审查难度提高的复杂情形,且对整体经济的影响程度大时,应当将其纳入(对公平竞争审查)潜在的误解很大并且事关重大的类型;(2)虽然当法律存在可能致审查难度提高的复杂情形,但对整体经济的影响程度不大时,就可以将其纳入(对公平竞争审查)潜在的误解很大,但风险不高的类型;(3)当法律存在可能致审查难度降低的简单情形,但对整体经济的影响程度大时,应当将其纳入虽然事关重大,但应对起来相对简单的类型;(4)当法律存在可能致审查难度降低的简单情形,且对整体经济的影响程度不大时,就可以将其纳入无关紧要而且容易处理的类型。针对上述四种类型,澳大利亚公平竞争审查项目指南中分别给出了应对策略,这可以在下表中清晰阅见,不再赘述。

审查难度预测可以得出四种难易程度的情形,这在上文已经做了列举。根据这四种不同的难易程度,澳大利亚当局认为应当选择相应的审查模式来进行应对,因此在制定公平竞争审查指引时分别给出了重点推荐。(见表4)具体分为四种基本的评估模式用以分别应对四种不同的难易程度:(1)用"全面独立的公开审查模式"来应对"法律存在可能致审查难度提高的复杂情形,且对整体经济的影响程度大"的情形;(2)用"重视审查技术的公开

[1] See *Guideline for NCP LR*, p. 54.

表 3　公平竞争审查难度判别情况〔1〕

法律对市场竞争的预期影响 可能会提高法律审查难易程度的复杂/简单情形	影响很大 整体经济受到影响 特定产业受到巨大影响 特定地区受到巨大影响 巨大的立法先例被确立	影响很小 特定产业受到轻微影响 特定利益群体受到较大影响 特定地区受到轻微影响 没有形成实质性的立法先例
提升难度的复杂情形: 限制竞争的规定复杂且限制程度高 此前这个领域没有或者几乎没有可借鉴的研究 存在强大的利益集团 涉及的地区众多 对下游市场影响很大 立法时间久远 跨州立法	(对公平竞争审查)潜在的误解很大并且事关重大 需要给予最大限度的资源支持 必须毫无妥协地确保评估机构的独立地位	(对公平竞争审查)潜在的误解很大,但风险不高 需要充分的资源支持,以防止树立起一个不好的先例 机构的独立性也很重要
降低难度的简单情形: 法律仅对竞争给予轻微的限制 此前在相关领域已有充分的研究成果 利益集团还未形成	虽然事关重大,但应对起来相对简单 需要给予较好的资源支持,确保得出正确的审查结论 保持好机构的独立性	是无关紧要而且容易处理的 仅需最低程度的资源分配;根据审查时的具体情况,尽可能满足机构设置上的独立

审查模式”来应对“法律存在可能致审查难度提高的复杂情形,但对整体经济的影响程度不大”的情形;(3)用“关注利益集团的公开审查模式”来应对“法律存在可能致审查难度降低的简单情形,但对整体经济的影响程度大”的情形;(4)用“部门化审查模式”来应对“法律存在可能致审查难度降低的简单情形,且对整体经济的影响程度不大”的情形。每一种审查模式在“审查指导委员会的独立程度”“审查过程的公开程度”“审查机构被授权的范围”“审查机构组成人员的遴选方法”等维度上,根据审查项目难度的高低都有不同的安排。难度越高,则在上述这些维度上的安排就要越重视和谨慎。

〔1〕 See *Guideline for NCP LR*, p. 19.

表4 公平竞争审查的工作策略[1]

审查的难易程度及审查模式 / 审查活动的规模	法律存在可能致审查难度提高的复杂情形，且对整体经济的影响程度大 全面独立的公开审查模式 【模式一】	法律存在可能致审查难度提高的复杂情形，但对整体经济的影响程度不大 重视评估技术的公开审查模式 【模式二】	法律存在可能致审查难度降低的简单情形，但对整体经济的影响程度大 关注利益集团的公开审查模式 【模式三】	法律存在可能致审查难度降低的简单情形，且对整体经济的影响程度不大 部门化审查模式 【模式四】
指导委员会	独立审查机构必须有明确依据	根据具体的难易程度进行调整	独立审查机构必须有明确依据	根据具体的难易程度调整
审查过程公开性	尽可能公开	尽可能公开	向特定对象公开	向特定对象公开
授权调查范围	但凡有关的背景文件都应当全面、宽泛地公开	高度聚焦于特定范围，并应当公开	有重点，但要兼顾公开透明	有重点，并且有针对地公开
审查工作团队	从政府外部遴选，适用最严格的遴选条件	从政府外部遴选，适用较为严格的遴选条件，以保证审查的可信度	从政府外部遴选，遴选条件中，独立性要求必须严格，其他条件尽量满足	从政府内部遴选，针对评估重点确定遴选标准
询问和咨询	尽可能全面	有针对性地询问利益相关团体	有针对性地询问利益相关团体	有针对性地询问需要的群体
公众宣传	广泛地公开	鼓励利益群体获知	针对明显利益相关群体发放	对确有需要的对象发放
研究资料	广泛地分发并鼓励公众索取	有针对性地发放	有针对性地发放，同时确保公众方便获取	无须对外发放
最终审查报告	对公众开放	对公众开放	对公众开放	向公众公开报告摘要

[1] See *Guideline for NCP LR*, p. 21.（内容有节选）

表4中表头横列的四种模式每一种模式下,对应于纵列的各个具体审查策略上都有不同程度的选择。在此基础上,澳大利亚当局还对每种程度的选择做了一些解释。例如,在组建"审查工作团队"这个问题上,就应当从以下一些方面来控制小组成员"遴选条件的严格程度":(1)在政治和财务方面的利益与待审查法律调整对象之间的独立性;(2)对竞争政策基本原则是否熟悉;(3)对待审查法律的背景是否熟悉和理解;(4)对于一项法律如何对竞争构成限制具有很好的理解以及经验;(5)对于审查一项限制竞争的法律给经济运行造成的损害具有丰富经验;(6)对于待审查法律所涉及的经济和社会领域具有很好的理解能力,包括法律所涉及的行业的产业结构、利益相关群体等;(7)有能力运用经济学理论工具去解决审查中的具体问题;(8)有能力及时、高效地完成审查。[1]

(二)行业管制法的审查策略

在世界各国反垄断法律实践中或多或少会存在一些适用范围上的特例,即为了在某些特定的行业内实现特定的政策目标,通过专门法律——一般体现为针对一个行业的特定法律,也称为"行业管制法"(sector-regulated legislation)——豁免特定主体、特定行为部分的或者全部的反垄断法义务。因为,立法机关有权去评判在哪些范围内保护竞争是合乎公共利益和消费者福利的。美国的反托拉斯法律体系以严厉和成熟著称,但就是在这样的法律体系中,也依然存在不少法定的豁免适用反托拉斯法的情形。2009年,美国联邦司法部反托拉斯法局对经国会立法认可的,可以受到反托拉斯法豁免的行业进行过一次梳理,具体包括了农业(农业合作社)、出口贸易(出口贸易公司)、保险行业、工会、捕鱼业、国防产业、新闻传媒业、职业体育(竞赛转播权),等等。[2] 这种豁免意味着企业在一定范围内可以不受反托拉斯法律的约束,因而行业管制法最令人诟病的问题在于,"把经济利益分配给少部分、集中化的利益集团,而同时把豁免导致的成本分摊到全社会",诸如"抬高价格、降低产出、降低质量以及减少创新"等形式的影响则全部由全体消费者承受。由于这种影响分解到每一个消费者之后的绝对效果比较轻微,因此,单个或少部分的消费者不可能对这些专门立法组织进行有效的反

---

〔1〕 See *Guideline for NCP LR*, p. 23.

〔2〕 See Capper-Volstead act, 7 U. S. C. § 291-292; Export Trading Company Act of 1982, 15 U. S. C. § 4001-4003; Webb-Pomerene Act (Export Trade Act), 15 U. S. C. § 61-66; McCarran-Ferguson Act, 15 U. S. C. § 1011-1015; Norris-LaGuardia Act of 1932, 29 U. S. C. § 101-115; Fishermen's Collective Marketing Act, 15 U. S. C. § 521-522; Defense Production Act of 1950, 50 U. S. C. app. § 2061-2171; Newspaper Preservation Act of 1970, 15 U. S. C. § 1801-1804.

对。而相比之下,“集中化的利益分配给利益集团积极寻求国会给予反托拉斯豁免提供了动力”,立法机关的决策就有可能因此产生不适当的倾斜。[1]可见,行业管制法理应是公平竞争审查的重点覆盖范围,但由于这些法律涉及重大利益分配,受到一国基础经济政策的影响,往往牵一发而动全身,因此在对行业管制法的评估过程中,在评估对象的选择以及评估策略上都需要慎重处置。

1. 审查对象的选择

行业管制法在世界各国都广泛存在,它所涉及的行业也十分广泛,主要集中在能源、基础设施等自然垄断行业,或者国内需要受到保护的新兴产业等。相比之下,受到人力、财力方面的限制,一国竞争主管部门能够关注的法律项目是有限的。因此,对这些法律进行评估时要注意选择适当的对象,否则就会陷入全面出击、分散用力,最后得不偿失的结果。因此,选择评估对象时要注意结合时下国家经济政策走向,集中选择几个行业。以美国反托拉斯法现代化委员会的评估经验为例。在美国众多的行业管制立法当中,AMC 只选择了其中的三个问题给予重点、集中关注。它们分别是:(1)给予保险行业豁免的法案——McCarran-Ferguson Act,因为当时美国国会正准备启动对这部法案的重新评估;(2)给予出口贸易豁免的法案——The Export Trading Company Act,欧盟当时已经逐步开始放弃反托拉斯法对国际贸易的豁免,而当时美国国会也陆续收到了许多关于出口贸易公司法案的批评意见;(3)给予海运业豁免的法案——The Shipping Act,因为在欧盟放弃对海运业的反托拉斯豁免之后,当时的美国成为唯一仍然对航运价格固定给予豁免的大国(地区)。[2] 从选择这三项法案进行重点讨论的理由可以看出,AMC 在选择行业管制法评估的对象时,非常重视当时的政治背景,因为只有选择那些外部环境最有利于接受法律改革的领域,才能够确保行业管制法审查结果尽可能多地被立法机关采纳。

2. 必要的妥协

管制行业立法拥有较为深厚的社会基础,甚至广泛的公众认同,短期内根本不具备破除的可能性。因此,评估中遇到短期无法克服的问题,就需要适当的妥协以化解评估的阻力。仍以前述美国反托拉斯法律评估为例,在重点关注了三个领域的反托拉斯豁免的基础上,AMC 向国会提出了一些原则性的建议,希望帮助国会在面临管制行业立法决策时,如何作出给予或是

[1] See AMC, *Report and Recommendations*, pp. 334-335.

[2] See AMC, *Report and Recommendations*, p. 335.

拒绝给予反托拉斯法豁免的决策。AMC 首先提出,利用行业立法排除反托拉斯法律的适用是“不受欢迎”的策略。它们应当尽量少地出现在管制行业立法当中。只有在“为了满足特殊的社会政策目标,而必须牺牲竞争,并且由此得到的社会整体收益要大于牺牲自由竞争带来的损害”时,国会才可以作出这一决策。其次,如何判断这种特殊的社会政策目标的必须性呢?AMC 提出了国会给予反托拉斯豁免时应当考虑的三项判断:(1)“拟给予豁免的行为是否可能触发反托拉斯法律责任”,这是讨论的前提;(2)“拟给予豁免的行为对消费者利益造成的负面影响有多大?”(3)“需要通过获得豁免来实现的社会政策目标与自由竞争带来的消费者福利目标之间,孰轻孰重?”复次,针对国会应当基于哪些因素来作出上述三项判断,AMC 进一步给出建议:(1)凡是拟给予豁免的,国会都应当组织全面听取公众意见;(2)国会还应当就这些问题向 FTC、司法部反托拉斯局提出询问,征求它们对豁免可能带来的正、负两方面影响的意见;(3)要求豁免法案的提案方向国会提交一些证据,证明法案通过后给自由竞争造成的限制所带来的消费者福利损失,要小于豁免法案所要保护社会政策目标带来的收益,并且提案方已经采取了最低限度限制竞争的制度处理。最后,如果经过上述过程之后,国会依然认为某项特定的社会政策目标的确胜于自由竞争带来的消费者福利目标,AMC 建议国会可以考虑通过以下步骤来实现反托拉斯豁免立法,从而尽量减小豁免带来的负面影响:(1)优先考虑给予有限制的豁免;(2)在拟通过的法案中设定一个“日落条款”(sunset provision),以确保未来能够及时启动对豁免法案的评估、修正;(3)同时授权 FTC 会同司法部反托拉斯局在日落条款生效后的重新评估阶段,就法案对竞争的影响向国会提出报告。[1]

(三)地方立法的审查策略

地方立法不得对国家整体市场竞争秩序造成限制,因此地方立法也是公平竞争审查的对象。不同的宪法背景下,地方立法的权限不同,针对地方立法的审查模式可以调整,但总的原则是,对地方立法的审查应当在一个中立的环境下展开,当地方层面受到局部利益的困扰难以独立完成公平竞争审查时,中央层面应当给予必要的支持。仍以澳大利亚为例,由于是联邦制国家,中央对地方的立法活动无权进行直接的干预,而又要确保公平竞争审查在全国范围内得到均衡推行。为此,澳大利亚出台了一套激励地方政府

---

〔1〕 See AMC, *Report and Recommendations*, “Recommendation and Findings No. 57-60”, pp. 334-337.

积极性的中央财政补贴机制，由联邦政府出资建立专门基金，凡按计划推进了公平竞争审查的州、领地政府就可以得到一笔可观的财政补贴。

作为澳大利亚 NCP 构成内容之一的《实现全国竞争政策和处理与竞争支付及相关改革协议》（Agreement to Implement the National Competition Policy and Related Reforms）规定，联邦政府从财政收入中拨付一笔资金，建立联邦财政援助担保金（Federal Assistance Grants，FAGs），各州、领地政府根据与联邦政府签订的协议，按计划推进竞争政策改革方案，其中就包含了公平竞争审查。“凡是严格按照时间节点完成任务的州和领地政府，就可以从联邦基金中获得财政补助，未按计划完成任务的州和领地政府的补助份额则继续保留在基金池中，等到完成任务时再行支付。”以各州完成公平竞争审查获得联邦援助为例，《实现全国竞争政策和处理与竞争支付及相关改革协议》规定：“第一笔支付将于 1997～1998 财政年度开始，凡满足以下条件的州和领地即可获得：

“（1）1995 年 4 月，在 COAG 会议上已经签署《行为法协议（Conduct Code Agreement）、《竞争原则协议》（Competition Principles Agreement），并且是全境参加（州和领地必须如法律一样遵守，州法不能对其法律管辖权作任何实质性的修改）；

“（2）1996 年 6 月前已经制定了法律审查的时间表，并且承诺在 2000 年前的适当时候，对全部现存法律可能限制竞争的地方作出改革。”〔1〕

这笔联邦基金的数额很可观，每一次分配的规模都高达数亿甚至数十亿美元，预算紧张的地方政府很难抵御这一“诱惑”。基金分配方式也设计得颇为公平。基金根据澳大利亚人口数核算到每位国民，确保各地从联邦财政获得补助的可能份额与本区域人口规模紧密相连，先领取的地方并不影响后领取地方的份额，这也使各地对于财政补助的预期不存在冲突，只需要专注于本区域内的改革计划。此外，基金还充分考虑了币值变化因素，约定根据协议签订年度的价格标准计算，联邦政府和州、领地政府之间的财政预期都是相对稳定的。这些科学的制度设计确保了联邦财政援助担保金（FAGs）对各州、领地政府按计划推动公平竞争审查等国家竞争政策改革起到了较好的促进作用。而各州和领地政府则参照联邦层面的资金分配协议与其下辖政府签订协议，使补助基金能够一直惠及到基层政府，也化解了公平竞争审查逐级深入时可能存在的障碍。

---

〔1〕 See *Agreement to Implement the NCP and Related Reforms*, http://ncp. ncc. gov. au/docs/Agreement%20to%20Implement%20the%20NCP%20and%20Related%20Reforms. pdf, May 13, 2008.

(四)司法判例的审查策略

对判例的评估需要注意对司法独立原则的遵守。以美国为例,在反托拉斯法律适用中,曾有一组司法判例确立了州政府的某些限制竞争的行为可以豁免反托拉斯法律责任。[1] 1933 年,为应对经济大萧条,美国加州颁布了"加州定额生产法案"(California Prorate Act)对厂商的生产数量进行配额管制。葡萄干生产商 Brown 认为这一法案导致其利益受损而起诉州政府。1943 年,美国联邦最高法院在 Parker v. Brown and progeny 一案的判决中认为,根据美国宪法所规定的联邦制的基本原则,州政权拥有一定程度的主权。对于州政权对所属事务和人员的管理行为,联邦政权无权在法律上予以一般性的否定。因此,最高法院通过本案的判决确立了一项重要原则——州政权所实施的经济管制行为可以豁免适用谢尔曼法。在确定哪些行为是州行使主权行为的问题上,联邦最高法院认为,并非所有的州政府机构都能够作为代表州行使主权的机构,[2]只有州立法机构制定法律或政策的行为被当然地视为州政权的行为。1980 年,最高法院在 Midcal 案[3]中明确了州行为原则的两个适用条件,只要一个行为满足以下两个条件,就可以视为州政权的行为,从而豁免适用谢尔曼法:首先,州政府有表述清晰以及表达肯定的要消除一定的竞争行为的表述;其次,对于消除竞争后的行为,州政权给予了积极的监督。之所以提出"两要件",其实是由于法院将"州行为原则"作了扩大的适用,此时联邦最高法院是有一个暗含的潜台词的,即非公共机构所实施的反竞争行为是受到州政权有强制力的命令或要求所为的,而州政权是否对该反竞争行为实施了积极的监管,则是证明有关命令、要求或政策是否有强制力的有力证据。

对州行为原则的批评意见认为,首先,这条判例存在被滥用的危险,尤其是一些低审级的法院,"把一些原本没有设想过排除反托拉斯责任的州政权行为也适用了这一判例",例如"那些州政府实施的一般性的商业行为"。其次,某一个州所实施的反竞争行为很可能使其他州的消费者为此付出代价。最后,州行为原则模糊的适用标准使州级以下的政权(市、县等级政权),有时也能够因此得到豁免。全美律师协会因此指出,州行为原则不加

---

[1] Parker v. Brown and progeny, 317 U. S. 341 (1943); Goldfarb, 421 U. S. 791 - 792; City of Lafayette, 435 U. S. 410; City of Boulder, 455 U. S. 51. 此后,最高法院又在 Southern Motor Carriers Rate Conference, Inc. v. United States 等案件中对州行为原则进行了发展。105 S. Ct. 1721(1985).

[2] City of lafayette, 435 U. S. 410.

[3] California Retail Liquor Dealers Assn. v. Midcal Aluminum, Inc. , 445 U. S. 97 (1980).

约束的滥用“相当于在国家的竞争法律体系上开了一个巨大的口子”,FTC也认为:“有必要对这一原则作出重新定义,以还原其本来的含义,保护消费者的利益。”为此,美国反托拉斯法律现代化委员会组建之初,就已经把对州行为原则的重新审查列入了工作计划。2005年9月29日,AMC邀请了四位听证陈述人对“州行为原则”问题进行听证。从听证会讨论的结论看,AMC的委员们已经意识到,如果任由各级法院不加约束地对州行为原则的适用标准随意解释,必然会影响到联邦反托拉斯法律的效力。联邦宪法确立的联邦与州的分权原则,不应当作为破坏美国市场完整性的理由。

然而,司法独立是美国宪法确立的基本原则,虽然国会如果认为司法判例违宪,可以通过专门立法来排除该先例的适用,但国会轻易不会站在司法的对立面上,而是保持着对独立司法权审慎的尊重。AMC显然注意到了国会的这一政治立场,根据听证会的讨论结果,AMC拟定了五条建议。第一,AMC明确了国会无须启动针对州行为原则适用标准的专门立法,但法院在适用这一原则时必须更加精确,尤其要关注最高法院的判例,并充分考虑适用这一原则对消费者利益造成的损失。而FTC对法院的审理思路提出的建议是可行的,即法院应当在以下两个问题上给予更多的关注:(1)涉诉的行为是否真的得到了州政府的授权;(2)涉诉的领域是否真的是州政府经过深思熟虑后明确要排除竞争的领域。第二,AMC认为,法院一般不得对非政府机构适用州行为原则,除非满足两个条件:(1)是按照州政府明确旨在排除竞争的政策所实施的行为;(2)州政府在颁布排除竞争的政策时,对遵守这一行为的企业给予了充足的监管,以确保排除竞争的行为不是出于追逐私利,而确是为了实现州政府的某些政策目标。第三,对于适用该原则的要件二——“积极监管要件”,法院有必要视案件情况的不同,采取更为灵活的判别方法。第四,当涉诉行为对竞争的损害后果并非主要发生在本州范围内时,就不能适用这一原则予以豁免。第五,当政府机构作为普通的市场主体实施商业行为时,法院在判断是否可以适用该原则给予其豁免时,不应将其等同于一般的私人企业看待。[1]

(五)审查结果实施

公平竞争审查的结果体现为一系列政策建议,只有这些建议转化为对法律的修改或者废止决定,公平竞争审查的结果才算是得到了运用。实践中,审查结果出炉后必须赢得立法机关的支持,这需要克服很多阻力。常见

〔1〕 See AMC, *Report and Recommendations*, “Recommendation and Findings No. 75-80”, pp. 344-347.

的困难可以归结为四大类,即审查建议涉及了敏感的政治问题,评估报告的说服力不足,审查建议过于复杂缺乏可操作性,以及法律涉及跨行政区难以协调。对此澳大利亚当局给出了一些解决建议,针对法律审查结果可能涉及敏感的政治问题这一障碍,审查小组可以采取耐心"教育选民"、"申请NCC帮助,增强透明化"、在法律中增加"设置短期限的日落条款",以及着手计划"另一项审查或者联合审查"等方法来有效应对。又如,针对审查提出的实施方案本身过于复杂的问题,审查小组则除了可以采用前面提到的耐心"教育选民"、"申请NCC帮助,增强透明化"等措施之外,还可以考虑"聘请专家帮助提高可操作性"来化解困难。表5对这些应对困难的策略作出了明确的列举,虽然不足以应对全部各种问题,但也的确给澳大利亚的公平竞争审查的具体推进提供了一种快速反应的路径指引。

表5　审查结果实施阶段各种困难的化解[1]

克服困难的方法和措施 / 典型的困难	方法A 公众教育	方法B 申请NCC帮助,增强透明化	方法C 设置短期限的日落条款	方法D 计划另一项评估或者联合审查	方法E 聘请专家帮助提高可操作性
1. 敏感的政治问题	√	√	√	√	
2. 评估质量偏低		√	√	√	
3. 实施方案本身复杂	√	√		√	√
4. 跨管辖权的立法		√	√		√

第三节　公平竞争审查的量化分析思路:公共利益标准

公平竞争审查的论证过程越翔实,论证方法越科学,结果才越能够被广泛接受。要审查经济政策对竞争机制的正面、负面影响,最具说服力的方法是回到经济逻辑中,利用可量化的方式来展现政策实施前后的效果对比。量化分析是公平竞争审查中难度最大,最缺乏公认有效方法的领域。针对

[1] See *Guideline for NCP LR*, p. 55.

如何实施经济政策影响力的量化分析这一难点,澳大利亚昆士兰州制定了一套公共利益标准指引(Public Benefit Test Guideline),[1]希望借助这套标准来量化权衡现行法案和备选方案在限制竞争方面的消极作用,以及因此带来的社会公共利益收益之间孰轻孰重。运用规则很简单,如果消极作用大于积极作用,那么限制竞争的法律条款就应当被废止或修改,相反,这些法律条款就有可能被保留。

根据昆士兰州的公共利益标准指引,一次完整的公共利益标准(PBT)主要包括5个步骤:(1)对当前存在的有限制竞争作用的州法案予以明确界定,包括要对法案所存在的限制竞争的情形做一个精要的描述,要判断立法和限制竞争的关联性,要查明受到该法案限制竞争的市场结构。(2)明确提出一项可选择的替代方案供比较。包括要提出备选方案在立法目的上的变化,并在既定政策目标背景下围绕备选方案对原法案的改革方式和传承方式进行讨论;查明受到备选方案的市场结构。(3)查明用备选方案替代当前方案时的主要影响效果。包括对比当前方案和备选方案,以明确那些可能受到影响的利益相关人,简明描述每一项备选方案所产生影响的类型和方向。(4)对备选方案影响的综合评估、分析。包括对当前法案和备选法案对利益相关方的影响进行货币化测定,即必须把各种影响转化为可以用货币价值体现的数值对比,才能够直观地体现这种改革的效果,从而帮助决策者判断改革的必要性。同时,还要对那些"难以用货币价值体现的影响"(non-valued impacts)进行评估。(5)影响力的综合分析和公布结果。在测定法案和备选方案的各种影响的基础上,应当对积极和消极影响之间的对比进行分析。[2]

需要注意的是,在步骤(1)和步骤(2)中,都包括了"查明受到法案/备选方案影响的市场结构"这一内容,这项工作尤为重要。类似于反垄断执法过程中执法机关明确"相关市场"范围,公平竞争审查在权衡一部法案或者其

---

〔1〕 根据澳大利亚国家竞争政策,凡是对竞争产生限制作用的法律都应当接受"法律评估",除非满足"限制竞争给全社会带来的福利大于其限制竞争的消极影响",并且"该部法律的立法目的只能通过限制竞争的方式予以实现"这两个条件时,限制竞争的法律才能够得到保留。因此,当一部法案被认为确有限制竞争的影响时,评估小组需要提出一些用以替代现有法案的备选方案。在立法机构或其他决策部门最终决定是否采纳评估建议之前,则需要对现有法案和替代方案对竞争产生的影响力做一些尽可能客观的评估,这种评估被称为"公共利益测试"(Public Benefit Test, PBT)。See Queensland Treasury, Public Benefit Test Guidelines, http://www.treasury.qld.gov.au/office/knowledge/docs/ncp/public-benefit-test-guidelines.pdf, May 11, 2008. [hereinafter *PBT Guidelines*]

〔2〕 See *PBT Guidelines*, pp. 22-23.

替代方案给市场竞争带来的影响时,也必须有一个确定的市场范围,以免公共利益标准被无尽扩大。

在完成 PBT 之后,审查机构一般应当向州立法机构和州政府出具“竞争影响报告”(Competition Impact Statement,CIS),这是建立在 PBT 结果基础上的综合报告,对法案的成本、收益进行简要的陈述,目的是帮助它们快速了解公共利益标准结果的方法。一个基本的原则是,为了实现某些社会政策目标,可以适当地对市场竞争作出一些限制,当然,前提是实现这些社会目标的收益要明显大于竞争受到的伤害。决策层则根据法律评估报告和竞争影响报告最终作出是否对法案进行改革的决定。

关于如何对当前法案和备选法案对利益相关方的影响进行货币化测定,以及如何评估“难以用货币价值体现的影响”的问题,PBT 指引也分别给出了以下建议方法:

(1)影响力的货币化测定。PBT 指引指出,当产品和服务的市场价格可获知时,由于“产品的价格可以用来衡量那些用在该产品上的全部资源的价值(通过这类资源可能被用在其他产业中的机会成本予以衡量)”,也就是说,PBT 所涉及的具体产品“在一个设定的产出水平上,生产者都会对这类资源支付一个价格,同时通过确定产品的出售价格来回报”。因此,“要衡量从管制到放开管制的改革过程对经济产生的影响,一个方便的途径就是衡量市场价格和生产数量的变化”。“如果由于放松管制带来的竞争加剧,从而使产品或服务的价格下降了(并且产出增加了),那么使用放松管制前后的产出价格进行对比就可以合理地测定出消费者从改革中获得的利益。同样地,通过对放松管制前后的原材料价格和产出价格的对比,可以合理地计算出生产者获利情况的变化。”〔1〕

(2)评估“难以用货币价值体现的影响”。PBT 指引认为,政府应当有一些希望优先实现的社会政策目标,例如,昆士兰州政府列举了一些需要优先实现的社会政策目标:〔2〕一是就业保障,州政府拟定了五年将失业率控制在5%以内的目标;二是地区发展,州政府希望通过提高州内教育水平、扩大出口和鼓励发展高附加值产业,来实现区域经济的发展;三是提高劳动者技

〔1〕 关于预测改革后的价格水平的变化问题,PBT 提醒到,由于测试过程中缺少“真实情况”下的价格数据,因此特定产业的产出价格和其他经济变量要依靠分析者的建模和概念技能。此时,可以参考的是其他州或海外未受到管制的市场中的类似产品的价格水平,或者这些市场中放松管制以后的价格变化情况。而要测定新的产出水平又带来了类似的问题。此外,在比较当前价格和未来价格时,还要考虑利率和通货膨胀因素。See *PBT Guidelines*, pp. 42-44.

〔2〕 See *PBT Guidelines*, p. 57.

能,推动本地企业创新;四是社会治安,减少贫困引发的犯罪,提升人权状况,鼓励多元化,帮助土著居民发展经济,提高生活水平;五是提升生活质量,州政府希望通过发展教育、医疗、家庭服务等行业,来提升居民的生活质量;六是环境保护,促进保护环境的可持续发展;七是加强凝聚力,提升伦理标准、优化州财政状况、提升公民意识、优化政府公共服务等。由于法案对这些社会政策目标的影响难以用货币化的形式来体现,因此需要根据这种影响的类型和趋势有关的细节,并提供一些对这些影响的大小、范围的衡量方法来实现评估的目的。例如,通过对收到法案影响的特定群体和个人的访谈,来预测法案对这些政策目标影响的大小、持续的时间、影响发生的概率等。

第四节 公平竞争审查的影响和效果

在构成竞争推进的各项制度中,公平竞争审查是唯一直接针对立法行为的措施。公平竞争审查最直接的效果是一国国内法律制度被改变,而更深层次的效果则是国内经济规则将更有利于市场竞争,这种改变无疑具有深远的影响。

一、公平竞争审查影响立法决策

(一)美国国会举行的反托拉斯现代化报告听证会(AMC Report Hearing)

2007 年 4 月,AMC 正式向国会和总统递交了《反托拉斯现代化委员会报告和评论》,300 多页的报告共提出了 80 项意见和建议。这份报告很快引起了美国国会众议院的重视。2007 年 5 月,第 110 届众议院司法委员会召开听证会,专门听取 AMC 主席和副主席就 AMC 报告中的建议部分作专门的阐述。[1] 司法委员会主席约翰·小科尼尔斯(John Conyers, Jr.)先生在阅读完 AMC 报告后承认,"在过去的几个世纪里,反托拉斯法充当了美国经济领域的'权利法案'的角色,为公平竞争提供了基本的规则",[2]而任何对

---

〔1〕 从听证会记录上看,司法委员会主席和其他组成人员在听证会上的发言中多次引用 AMC 报告中的内容,说明他们在召开听证会前已经仔细阅读了这份报告。See *Hearing before the Antitrust Task Force of the Committee on the Judiciary House of Representatives* (*Serial No.* 110 - 123), http://judiciary.house.gov/hearings/printers/110th/35243.PDF, Jun. 6, 2009.

〔2〕 See *Statement of John Conyers, Jr. Antitrust Task Force Hearing on "The Findings and Recommendations of the Antitrust Modernization Commission" May* 8, 2007, http://old.judiciary.house.gov/OversightOpeningStatement.aspx? ID=96, Jun. 6, 2009. [hereinafter *statements of Conyers*]

公平竞争的影响和限制,都必然导致消费者福利、社会经济利益受到一连串的打击。小科尼尔斯对报告中的许多建议都给予了高度评价,尤其对 AMC 提出的“国会要谨慎地对待通过立法给予某个行业或企业一般性的反托拉斯豁免的做法”表示赞同。他甚至在发言中全文引用了 AMC 报告中的建议,即“反托拉斯豁免不应当是一种常态,而只有在能够肯定为了特定的社会政策目标的实现而给予豁免的必要性,并且由此带来的收益大于牺牲自由竞争带来的损害时,才能够通过此类的立法案”。[1] 出席听证会的 AMC 主席迪波拉·加尔萨(Deborah Garza)女士事后也表示,尽管 AMC 报告中的大多数建议没有能够立即的转化为国会的立法案,但是这份报告在国会议员和工作人员中影响广泛,“尤其是对议员们理解与反托拉斯制度相关的问题,以及工作人员组织有关听证会都十分有用”。[2]

当然,国会也对一些建议给出了保留意见。例如,针对 AMC 提出的废止罗宾逊—帕特曼法案的建议,小科尼尔斯认为,这部法案在一定程度上保证了“市场内的竞争者不分大小,能够在同一水平上展开竞争”,并且能够“帮助那些‘老妈—老爸店’(mom-and-pop stores)在充斥着大型零售商的市场中赢得一席之地”。[3]

除了此次 AMC 评估之外,美国政府自 1938 年以来共组织了六次对反托拉斯法律制度的评估,每一次的评估结论也都对反托拉斯法律制度的改革起到了关键的影响:1938 年国会在罗斯福总统建议下授权临时国家经济委员会对反托拉斯法律制度进行评估,从而推动了国会对克莱顿法案的修改,对反竞争的企业合并给予了更为严格的控制;1955 年第二次对反托拉斯法进行的评估,建议减少对“本身违法”原则的适用,此后二十年间,这一观念一直影响着反托拉斯法的适用;1969 年至 1979 年,又进行了三次全面的评估,分别形成了尼尔报告(Neal Report)、斯提拉勒报告(Stigler Report)以及希尼菲尔德报告(Shenefield Report)。其中,尼尔报告建议一些情形下的企业合并应当事先向执法机构通报,这一建议被国会采纳形成了《哈特-斯科持-罗蒂诺反托拉斯改进法案》(Hart-Scott-Rodino Antitrust Improvements Act),斯提格勒报告关于大幅增加政府机构违反反托拉斯法时处罚的建议,

---

〔1〕 See *Statements of Conyers*.

〔2〕 笔者曾通过 E-mail 向迪波拉·加尔萨女士请教,AMC 报告是否引起美国国会和总统的足够重视。在回信中说道:“Members of Congress and their staff have told me that the AMC Report has been very helpful in explaining the issues and organizing Congress' own hearings”。

〔3〕 See *Statements of Conyers*.

推动国会出台了《反托拉斯实施程序与刑事处罚法案》(The Antitrust Procedures and Penalties Act of 1974),而希尼菲尔德报告则推动了政府对很多管制行业的放松管制改革。而距 AMC 评估最近的一次评估,是 1998 年由国际竞争政策咨询委员会担纲,这次评估重点提出了加强竞争政策的国际合作,成立"国际竞争网络"组织的建议,至今,这一组织已经接纳了数百个国家成员。〔1〕

(二)澳大利亚各州议会对州法案的修改和废止

在全联邦范围内,根据《竞争原则协议》的规定,澳大利亚联邦和各州政府从 1996 年 6 月开始着手推动公平竞争审查,原计划于 2000 年完成全部法律审查任务,并对经审查认为需要改革的法案完成相应的修订或废止工作。但由于评估量较大,最后的时间经过两次延长,最终,这一任务于 2005 年全部完成。根据联邦竞争政策理事会发布的法律审查纲要(第六版),近十年里,澳大利亚联邦和各州政府共对超过 1800 项各级法案进行了审查。其中,被认为与社会整体福利有密切关系,且对竞争秩序影响较深,从而被列为优先审查的法案有 800 余项,这些法案由于牵涉的利益关系较为复杂,改革的难度也相对大一些。在所有上述 1800 件法案中,经过审查,联邦和各州议会最终采纳审查的建议,对大约 85%的法案进行了修改或废止。而在与社会整体福利关系密切,且与竞争秩序影响较深的 800 余项法案中,修改或废止的比率也高达 75%。〔2〕

在地方层面,以澳大利亚昆士兰州〔3〕的公平竞争审查为例。该州公平竞争审查主要针对州法令(Act)及其实施条例(Regulation)。截至 2005 年 12 月,该州已经完成了对现行有效的 272 部法令和实施条例的审查,对其中的 115 部法令和实施条例提出了修改或废止的建议,州立法机构对其中的 111 部法令和实施条例进行了修改或废止,其余 4 部法令和实施条例则部分

---

〔1〕 See AMC, *Report and Recommendations*, pp. 3-4.

〔2〕 See National Competition Council 2010, *Legislation Review Compendium*, *Sixth edition*, *Melbourne*, pp. 1-2, http://ncp.ncc.gov.au/docs/LRC10-001.pdf, Oct. 12, 2010. [hereinafter *legislation review compendium*, 6th]

〔3〕 昆士兰州地处澳大利亚东北,1859 年从新南威尔士州独立出来。昆士兰州居民以澳大利亚土著与托雷斯海峡岛民为主,农、牧、矿业是该州的传统经济产业,因此经济发展程度不及澳大利亚其他州。最近 20 年来,昆士兰州的经济有了较快的发展。1992 年至 2002 年,该州州内生产总值年均增长率达 5%,高于同期澳大利亚全国国内生产总值年均 3%的增长率,同期该州对澳大利亚国内生产总值增长的贡献率也高达 10.4%。然而,这一大发展背后的原因主要之一是联邦政府加大了投资力度,以及矿产资源价值的增长,由于政府在经济发展中起到的强势作用,该州市场经济体制的发育和完善程度仍有很大的发展空间。

修改,评估结果的采纳率高达96.5%。[1]

二、公平竞争审查提升经济发展效率并惠及普通消费者

对20世纪90年代以来澳大利亚政府推行的一系列经济改革政策(NCP)的实效进行量化的评价是很困难的,由于经济政策的效果显现具有一定的滞后性,加之其他外在因素的影响,很难"将近期澳大利亚经济绩效的改善和某个具体的改革项目之间画上明确的等号",[2]但是改革实施20年带来的改变,以及近几年的研究报告还是表明,"微观经济改革——包括NCP政策——在促进这一时期财富增长方面发挥着最核心的作用"。[3] 而澳大利亚的公平竞争审查正是经济改革政策最重要的组成部分。笔者借助澳大利亚生产力委员会对同期经济改革政策的整体评价材料,试图大致勾勒出公平竞争审查对澳大利亚整体经济的影响趋势。澳大利亚政府于2005年公布过一些官方数据,说明公平竞争审查与国内经济效率的提升呈现较强的正相关。实施以公平竞争审查制度为重要组成部分的"国家竞争政策"(NCP)之后,澳大利亚经济经历了自20世纪90年代初以来的复兴时期。经济增长率方面,"持续13年不间断地保持每年经济增长平均水平在3.5%";人均收入方面,"90年代澳大利亚实际人均收入增长依然保持了自60年代以来的最快速度";与此同时,国内"通货膨胀率大大降低,整个90年代消费价格的增长仅2个百分点,明显低于此前20年的高增长率",这种增长在"90年代后半期里表现尤其明显";就业方面,"1993年末,澳大利亚失业人口数位于172000的高点,而到了2005年,这一数字已经跌至60000人左右,是最近14年来的最低点","而这段时间正是'一战'之后适龄就业人口的最高峰";这一时期澳大利亚的"对外出口增长率也保持在年均7%的高位运行"。[4] 生产率的增长情况可以进一步印证上一组数据的证明力,据1999年的统计,国家竞争政策实施后澳大利亚的多要素生产率(multifactor productivity,MFP)增长是此前的两倍多,是最近三十年来的最高值;上一次达到这一数值的时间可以追溯到1965年,那个年代澳大利亚拥有全球对其

〔1〕 数据为笔者根据澳大利亚联邦政府公布的有关资料归纳。See *Legislation Review Compendium*, 6th, pp. 193-260.

〔2〕 See *Productivity Commission Report* 2005, p. 126.

〔3〕 See OECD, *Economic Survey of Australia*, *Policy Brief*, *March*, at www.oecd.org/dataoecd/4/6/2497195.pdf, Jun. 9, 2009.

〔4〕 See Productivity Commission, *Review of National Competition Policy Reforms*, Report No. 33: 2005, Canberra, [Hereinafter *Productivity Commission Report* 2005] pp. 38-52.

资源高度需求的利好。(见图 6) NCP 实施之前,澳大利亚在全球的生产率排名已经从 1950 年的全球第 4 位跌至 1973 年的第 12 位,1990 年继续跌至第 16 位,直至 20 世纪 90 年代末,才回升至全球第 8 位。同时,竞争导致生活必需品的价格大幅下降,20 世纪 90 年代初至 2005 年间,澳大利亚全境电力价格平均降幅达 19%,大宗商品铁路货运价格下降明显(小麦下降 8%,散煤下降 42%),港口收费下降近 50%,电信资费平均降幅达 20%。[1]

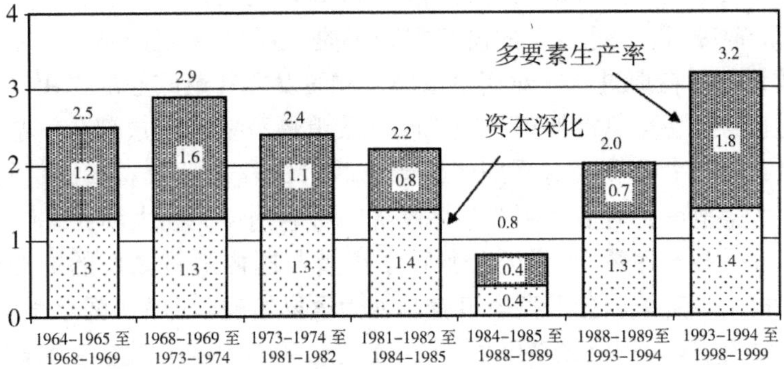

图 6　澳大利亚劳动生产率增长情况(百分比/年)[2]

可见,在公平竞争审查和其他一些经济改革政策的作用下,澳大利亚经济的整体发展态势呈现出稳步上升的趋势,并且,经济结构不断优化,普通消费者在经济增长中获得了实惠,国家未来的发展前景乐观。

---

[1] See *Productivity Commission Report* 2005, p. 41, and p. XIX.

[2] See Parham. D, "Sources of Australia's Productivity Revival", *Economic Record*, Vol. 80, No. 249, pp. 239–257.

第四章　竞争推进的制度（二）：垄断行业引入竞争

即使是在公认十分完善的市场经济环境下，一些限制竞争行为也会因为得到了法律的认可而合法，这种现象也被称为管制（regulate）。20世纪中后期以来，成熟的市场经济国家都纷纷开始对管制政策的利弊进行重新认识，放松管制、重新引入竞争成为一个普遍的趋势。凡是市场能够解决的问题，政府管制政策就不要插手，即便是市场机制难以克服的问题，也要经过充分的论证和严格的监控，才能够引入管制。从世界各主要经济体放松管制的实践来看，放松管制过后，经济发展的活力更加充沛，市场竞争更加积极，消费者获得了更多的好处，国民经济的发展潜力也得到了更为充分的调动。由此，各国竞争主管部门开始把放松管制纳入竞争推进的范畴。在管制行业竞争推进的重点是培育新的竞争者，而关键是将竞争者培育的工作机制化，尤其是发展固定成为一系列专门的制度措施，从而可以将其统称为“垄断行业引入竞争制度”。本章从国际上在垄断行业放松管制、引入竞争而促进经济发展的实证研究出发，以翔实的数据证明垄断行业引入竞争的必要性。在此基础上，对各国竞争主管部门采取的行之有效的引入竞争方法进行归纳。

第一节　垄断行业引入竞争制度概述

一、垄断行业引入竞争制度的背景

政府管制（government regulation）是经过法律授权、相对独立的政府管制者，依照一定的法规对被管制者（主要是企业）所采取的一系列行政管理与监督行为。[1] 政府管制是一种特殊公共产品，管制需求主要源于自然垄断、信息不对称和外部性等问题。管制政策有积极的一面，但同时也会带来消极影响。“20世纪70年代，主要资本主义国家在普遍陷入‘滞涨’的泥潭而不能自拔的背景下，许多经济学家开始从‘市场失灵’问题转向对‘政府失灵’问题的研究”。[2]

首先，管制要求政府在一定程度上模拟市场机制，政府管制试图对市场失灵采取针对性的调节措施，起到修补市场机制的作用，然而这需要政府能够获得充分的市场信息，但事实证明并非易事。

其次，政府管制是有成本的，还存在被“俘获”的危险。这些最终是由全体消费者来分担的。一些经验证据证明，管制总是倾向于提高产业利润，支持在成本以上定价和阻止新进入者以防止租金消散，即使在自然垄断产业，管制对超额利润的限制能力其实很有限。[3] 斯蒂格勒在其《经济管制理论》一书中指出，管制的供给是应利益集团争取收益最大化要求的，管制只是一个途径，通过它，利益集团可以让政府将财富从社会其他部分转移到该利益集团以提高其收益。[4]

最后，市场失灵不是必然导向管制政策。以自然垄断为例，经济学家一度认为，自然垄断行业不适用自由竞争的市场规律，管制政策是最适合于这类行业发展的。然而事实证明这一结论并不是绝对的。一方面自然垄断产业内不是所有的业务都具有自然垄断属性，很多业务是可以从自然垄断产业中分割出来，引入自由竞争机制的；另一方面技术进步能在很大程度上改变自然垄断的边界。[5] 此外，“随着市场容量和范围的扩大，原本平均成本最低的厂商的产量水平相对于扩大了的市场规模而言变得比较小”，[6]从而会削弱该产业的自然垄断特性。

如果把管制政策的种种弊端视为实施管制所必须付出的社会成本，那

---

[1] 参见王俊豪：《政府管制经济学导论》，商务印书馆2001年版，导言第1页。（下引称《政府管制经济学导论》）

[2] 参见王俊豪主编：《管制经济学原理》，高等教育出版社2007年版，第136页。（下引称《管制经济学原理》）

[3] See William A. Jordan, “*Producer Protection, Prior Market Structure and the Effects of Government Regulation*”, Journal of Law and Economics 15(April 1972), pp. 151-176.

[4] 参见W. 基普·维斯库斯、约翰·M. 弗农、小约瑟夫·E. 哈林顿：《反垄断与管制经济学》，陈甬军、覃福晓等译，中国人民大学出版社2010年版，第323~324页。

[5] 参见《政府管制经济学导论》，第84~86页。

[6] 参见《政府管制经济学导论》，第123页。

么实行政府管制的前提应当是,“管制引起的成本负担比不实行管制时的垄断价格下生产者剩余和资源配置效率损失之和小”。[1] 基于以上认识,“美国、英国、日本等发达国家对电信、能源、交通运输等基础设施产业的政府管制体制进行了一系列引进和强化市场机制的重大改革”,[2]在一些原先被作为自然垄断的产业中,开始不断破除合法垄断,引入自由竞争。这一观念浪潮也很快开始向世界其他国家传递。

二、垄断行业引入竞争制度的含义及其必要性

管制政策对市场机制造成的最直接伤害,就是对市场进入自由的限制,这会引起市场结构的扭曲。市场竞争的一个特点是优胜劣汰,资源向竞争获胜者集中是必然结果,而一个行业内竞争者的数量又关系到行业内的竞争活力。对于低市场壁垒的行业来说,竞争失败者退出后,新的竞争者可以自由地进入,以起到补充作用。但在那些高市场壁垒的行业,新的竞争者一般很难迅速进入,因此,竞争的结果容易形成寡头化的市场结构。当市场壁垒主要来源于管制政策等制度因素时,这种寡头化的局面将更容易形成。并且,只要维持市场壁垒的管制政策不变,在这样的产业内单纯依靠竞争执法就很难改变寡头结构,因为即使将在位寡头拆分成若干个独立的企业,由于缺乏外部竞争的压力,这些新成立的企业也非常容易达成限制竞争的默契。

垄断行业引入竞争制度是针对管制行业而产生的,它与放松管制是一体两面的政策组合。放松管制是从内部对现有管制政策的检视,而垄断行业引入竞争制度是一种由外部推动的改革措施,是通过一系列主动措施,在管制行业引入新的竞争者,破除各种限制竞争的政策和规则,以及建立管制政策的预警机制,来持续降低市场壁垒,推动管制行业内的市场结构向更有活力的方向发展。与放松管制大多由一个经济综合部门或者管制部门本身推动不同的是,垄断行业引入竞争制度多是由竞争主管部门策动的,其执行的过程中必然更多体现出竞争法和竞争政策的元素,也更容易与竞争执法机制协调配合实施。

三、垄断行业引入竞争的制度措施

管制行业受到管制政策的限制,其市场进入和退出不是基于市场竞争

---

[1] 参见《政府管制经济学导论》,第 28 页。

[2] 参见《管制经济学原理》,第 125 页。

中优胜劣汰的基本规律，而是是否符合管制政策设定的各种条件。因此，针对管制行业的垄断行业引入竞争制度的基本方向，就是突破管制政策对行业进入和退出的限制，使企业能够自主竞争。针对管制政策的常见形式，垄断行业引入竞争的具体措施主要有以下三类：一是立法推动第三方进入。很多管制政策首要采取的措施，就是禁止那些政府选定企业之外的市场主体进入管制行业。然而，自由竞争的前提是新的竞争者能够自由进入和退出，因此，垄断行业引入竞争的第一步是要确保这种进入权的合法地位，立法对进入权的保护是最有效的方式。二是规制行业协会限制竞争。在轻度管制的行业内，企业的数量不多，彼此之间容易形成紧密的关系，这种情形下，业内各企业通过制定行业规则来协调竞争行为的可能性较大。当企业联合起来通过行业自律规则来排除新的竞争者或者竞争行为时，效果往往十分明显，而管制政策对这种现象是乐见其成的。因此，必须破除这类行业自律规则。三是防止管制回潮的约束机制。前两项措施旨在打破管制政策对行业内竞争的约束，当这些措施取得初步成效后，就需要一种巩固性的措施来维护初步形成的自由竞争氛围。管制约束机制是一种政策预警机制，让竞争主管部门参与到管制政策的酝酿、起草过程中去，尽量早地避免不适当的管制政策出台。上述这些措施是对各国实践经验的总结，本章第二节到第五节将结合各国对措施的实施情况，对上述三类措施予以逐一介绍。

第二节　立法推动第三方进入：欧盟电力行业改革探微

一、第三方进入(Third Party Access，TPA)的意义

早在1987年欧共体就开始推动“统一欧洲市场计划”(The European single market programmer)，这项计划希望通过破除欧共体(包括后来的欧盟)范围内一切对自由市场形成限制的体制、法律、政策障碍，以营造一个惠及全欧的统一的产品、服务、资本和劳动力市场。[1] 这一计划意味着欧共体将有组织地对各国存在的国有垄断、政府管制等机制进行逐一剔除。藩

〔1〕 See Fabio Domanico，“Liberalisation of the European Electricity Industry：Internal Market or National Champions?” http://www.worldenergy.org/documents/p001227.pdf，Jul. 8，2008. [hereinafter *Fabio's paper*]

篱颇多的电力行业自然也是这场放松管制改革的目标之一。整个20世纪90年代,欧洲电力行业依然延续了较为浓厚的管制色彩,在大多数欧盟国家,国内电力产业都被少数国有企业按区域垄断,发电、输配电和售电等产业链条也都处于大企业的垂直垄断之下。造成这种现象的原因是多方面的,例如电力产业多被视为关系国家安全的产业,且该行业本身复杂的技术特性并不利于竞争机制的产生和成长。〔1〕 面临复杂的产业背景,欧共体以及后来的欧盟委员会采取了多方位、多层次的推进改革的措施。

在欧盟里斯本回合会议期间,放松管制政策再次被各成员国公认为有利于增进欧盟全体消费者的福利,〔2〕欧盟能源行业放松管制改革再次提上议事日程。由于能源产品的供应依赖于特定的管道、线路网络,因此,能源行业改革的标志性措施就是通过确立"第三方进入权",鼓励和保护在位垄断供应商之外的第三方企业进入市场,改善能源行业的市场结构。这里的"进入"指的就是新能源企业生产的产品进入原有的基础设施网络,进而向终端消费者供应。第三方进入权就是要确保"与在位垄断企业在经济上相互独立的新能源企业进入能源行业,利用能源传输、供应基础设施的权利受到法律的保护",〔3〕从而降低能源供应市场高度集中的市场结构,改善消费者福利。欧盟采取了行业法和竞争法相结合,双重保护"第三方进入权"的路径。

二、欧盟电力行业立法中的第三方进入权(TPA Right)

在电力行业立法方面,根据电力生产和配送的技术特点,电力市场可以被大致划分为四个相对独立的经营环节,即电力生产环节、远距离高压电力传输环节、本地区低压电力配送环节以及电力零售环节。由于电力具有同质性,不同电厂生产的电力、不同企业销售的电力没有质量上的区别,电力生产环节和电力零售环节是完全可以放开竞争的。电力要实现运距离传输和在特定区域内向终端客户配送,必须依靠输配电网络,而网络的建设和运营需要大量的前期投入和维护,具备明显的自然垄断属性,从节约社会成本的角度出发,不宜引入自由竞争。

〔1〕 See Fabio's paper.

〔2〕 See Lisbon European Council, *Presidency Conclusions*, 24 *March* 2000, Press release No. 100/1/00, 24 March 2000.

〔3〕 See Kotlowski, Alexander, "Third-Party Access Rights in the Energy Sector: A Competition Law Perspective", *Utilities Law Review*, Vol. 16, No. 3, 2007. [hereinafter *Kotlowski's paper*]

欧洲电力输配环节完全交由按区域设立的私营电力输配企业(TransmissionSystem Organization,TSO)主导,每个国家、区域都有这样的企业。例如,在欧洲中部,从区域级到国家级再到整个欧洲的输电系统都具有不同层面的 TSO。[1] 这些 TSO 所掌握的基础设施是否能对新设立电力企业开放直接关系到电力产业结构调整的成败。因此,欧盟电力行业放松管制立法的首要目标就是确保新的发电企业有权利用各级输配电网络。

(一)基础设施运营商接入第三方的法定义务

根据欧盟成立的重要依据之一的"马斯特里赫特条约"的授权,欧洲议会对欧盟范围内一些共同事务具有一定的立法权。运用立法敦促各成员国落实电力行业的放松管制改革,是欧盟采取的一项重要措施。1996 年 12 月 19 日欧洲议会通过了一项关于敦促各国放开国内电力市场管制的法令:92 号令(Directive 96/92),[2]强调能源基础设施的经营企业不得歧视新进入的能源供应企业,当基础设施经营企业也经营能源生产和供应业务时,不得对其关联企业提供优待。[3] 但为了防止电力市场开放过快使行业竞争加剧过快,92 号令仅要求 TSO 对符合条件的合格消费者(eligible consumer)所选择的电力供应合约(eligible supple contract)的履行予以配合。[4] 同时,92 号令还为欧洲电力市场改革设定了阶段性目标:1999 年,要求各成员国内电力市场的 26%必须向非本国企业放开,即年消费电量在 40 千兆瓦时以上的大额消费市场必须全面放松管制;2000 年,要求放开对年消费电量在 20 千兆瓦时以上的消费市场,这差不多占到了整个市场的 30%;2003 年,标准被进一步削减至 9 千兆瓦时。剩余部分市场的放开步骤则授权在 2006 年后由欧盟理事会决定。1999 年 2 月 19 日,来自欧盟和欧洲经济区的 13 个国家宣布将国内电力市场向国外企业开放,意味着欧洲电力产业开始正式步入放松管制通道。[5]

---

〔1〕 宋永华、孙静:《欧洲的电力市场发展及对我国的启发》,载《电力技术经济》第 20 卷第 3 期。

〔2〕 Http://eur-lex. europa. eu/LexURIAerv/LexURIAerv. do? uri = CELEX:31996L0092:EN:HTML,Jul. 11,2009.

〔3〕 *See Kotlowski's paper.*

〔4〕 See Diathesopoulos, Michael D., "Third Party Access and Refusal to Deal: How Sector Regulation and Competition Law Meet Each Other (December 29,2010)",p. 5,SSRN: http://ssrn. com/abstract=1732210,Jul. 22,2009. [hereinafter *Diathesopoulos's paper*]

〔5〕 See Mark Whitwill,"European Deregulation: One Year on",http://www. world-nuclear. org/sym/2000/whitwill. htm,Aut. 10,2008. [hereinafter *Mark's paper*]

92 号令促成了欧盟电力行业改革的开启,但也存在一些不足,其中“对各国电力管制机构具体承担的义务缺乏规定,就导致了该项法令落实的难度较大”。[1] 为此,欧盟议会开始了旨在加速电力行业改革进程的第二轮立法。2003 年 6 月,欧洲议会颁布了 54 号令(Directive 2003/54),54 号令对 92 号令进行了修订,增加了成员国行业管制机构的义务,要求其制定改革的长期规划,对系统引入第三方经营者的问题进行综合考虑。同时,成员国行业管制机构应当保证系统引入第三方经营者的规划得到实施,第三方可以在使用费用公开的基础上自由利用现有传输网络设施,能源企业能够为任何合格的消费者自由提供服务。并且,上述这些政策应当被客观无歧视地适用于各个系统使用者。[2] 同年,欧盟议会还颁布了 1228 号规章(RegulationNo. 1228/2003),强调各成员国之间应当重视基础设施网络的互联互通。[3]

2009 年,欧洲议会颁布 72 号令(Directive 2009/72)对 54 号令进行修订,再次强化了 TSO 的义务,要求各国 TSO 必须保证不同设施系统的使用人不受到任何歧视待遇,尤其是与 TSO 的关联企业相对比而言。[4] 也就是说,除了产业管制机构之外,作为 TSO 的企业也有义务保障新进入的能源企业的第三方进入权。

(二)基础设施运营商与商品(服务)生产剥离

1996 年至 2009 年,欧洲议会颁布并两次修订了关于确立和保障电力行业第三方进入权的法令和规章,改革意图的实现很大程度上必须依靠能源基础设施企业严格履行法令和规章所规定的义务,但欧盟的调查显示,当基础设施企业与能源供应企业之间存在关联关系时,上述改革意图往往很难得到执行。出于利益驱动,这些基础设施企业具有较大的歧视非关联企业的动力。[5] 不仅如此,这种关联关系的存在,还会大大刺激在位的垄断性能源供应企业进行纵向并购。

---

〔1〕 See Fabio's paper.

〔2〕 Http://eur-lex. europa. eu/LexURIAerv/LexURIAerv. do? uri = CELEX: 32003L0054: EN: HTML, Jul. 20, 2009.

〔3〕 Http://eur-lex. europa. eu/LexURIAerv/LexURIAerv. do? uri = CELEX: 32003R1228: EN: HTML, Jul. 20, 2009.

〔4〕 See Diathesopoulos's paper.

〔5〕 See EC DG, *Competition Report on Energy Sector Inquiry*, http://ec. europa. eu/competition/sectors/energy/inquiry/index. html, Jul. 20, 2009.

为此,欧盟各国能源主管部门以及竞争主管部门,对这些垂直一体化企业给能源行业带来的垄断风险也一直保持高度警惕。2004 年,英国议会下院公共财政委员会就在一份报告中提到,作为能源主管部门的燃气和电力市场办公室(Office of gas and electricity market,OFGEM)已经认识到“能源行业垂直一体化企业过多可能带来的垄断风险,这也说明英国国内能源市场结构还不够成熟。因此,一旦发现这些企业实施了任何有碍于自由竞争的行为时,它们将依竞争法采取行动”。[1]

为了这种与生俱来的制度风险,欧洲议会颁布的系列法令中也包含了要求基础设施企业剥离其关联能源供应企业的规定。根据 2009 年 72 号令,“基础设施企业对与其有关联关系的电力生产企业进行所有权剥离,从而保持基础设施企业在整个电力产业中的独立地位,才是化解利益冲突、保证电力供应安全的有效途径”。[2]

三、小结:立法对第三方进入的重要意义

欧盟以立法的形式确保新的市场竞争者能够进入发电市场,在具体策略上又采取了分步推进的措施。推动电力行业改革的最大阻力来自基础设施企业。电力基础设施具有一定的自然垄断属性,当基础设施企业同时运营发电业务时,其拥有的垄断地位可以轻易排除那些不拥有基础设施的竞争者。因此,欧盟立法的第一步是强制基础设施的拥有者将基础设施独立运营,并要求各成员国的电力管制部门确保第三方竞争者能够公平地接入电力输配网络。当第一步初见成效时,欧盟立法果断迈出了第二步,即要求基础设施企业剥离其所有的电力生产业务。当基础设施企业认识到其既得利益已经彻底失去合法性时,也就会从现实利益最大化的角度,逐步开放基础设施,对发电端的各个竞争者一体接纳。两步走的电力改革立法也因此收效明显。各国在对一些与自然垄断相关的行业进行市场化改革时,大都能够意识到自然垄断业务与市场竞争业务剥离的重要性,但能够采取坚定的立法手段确保第三方进入的例子还不多。欧盟的经验向我们证实了,立法对第三方进入权的保护,对管制行业引入竞争的意义至关重要。

---

〔1〕 See House of Commons Committee of Public Accounts, “The New Electricity Trading Arrangements in England and Wales (Second Report of Session 2003 - 04)”, http://www.publications.parliament.uk/pa/cm200304/cmselect/cmpubacc/63/63.pdf.r, Jun. 20, 2010.

〔2〕 See Diathesopoulos's paper, p. 7.

第三节　行业协会限制竞争的规制:美国不动产经纪人协会案

美国不动产经纪业是一个为不动产买卖双方提供经纪信息以撮合交易,并收取一定比例的经纪费用的行业。不动产经纪行业的进入门槛不高,理论上看应当是一个高度竞争的行业。然而,从学者对近十五年的经纪费用的跟踪统计来看,经纪费用并没有呈现出高度竞争行业中常常出现的价格逐步走低的趋势。从图7的数据中可以看出,虽然1991年至2004年,不动产经纪费率从6.2%微跌至5.1%,但考虑到同期通货膨胀和房价上涨因素之后,不动产经纪行业所收取的经纪费用实际上涨了11%。[1] 考虑到经纪行为的成本并不会随着房价的上涨而大幅上涨,那么这样一个进入门槛不高,竞争者众多的行业,为什么会存在价格逐年上涨的现象?美国联邦司法部、联邦贸易委员会以及美国反托拉斯研究会(American Antitrust Institute,AAI)等机构和一批从事竞争理论研究的学者对此问题的基本认识是,这个行业的自由竞争秩序受到了某些因素的束缚。

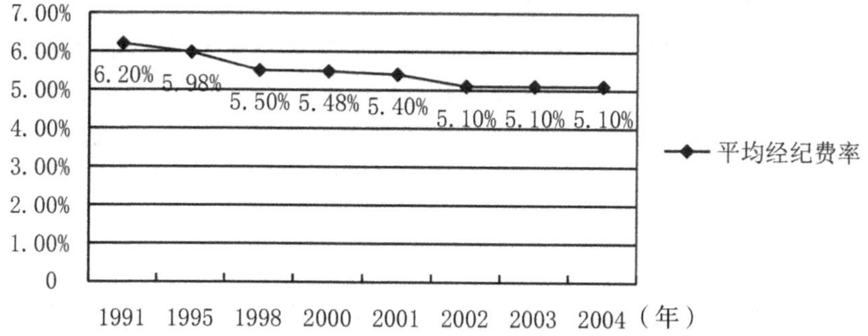

图7　经纪费率变动(1991~2004年)[2]

一、案件背景:行业协会抵制网络经纪业务

1908年12月,全美不动产经纪人自律协会(National Association of Realtor,NAR)就在芝加哥成立。和很多行业协会一样,NAR主要由美国境

[1] See Norman W. Hawker, "Competition in the Residential Real Estate Brokerage Industry: A Summary of the AAI Symposium," p. 8, http://www.antitrustinstitute.org/node/10044, Oct. 21, 2009. [hereinafter *AAI report*]

[2] See *AAI report*, p. 9.

内的不动产经纪人自愿加入构成，向会员收取一定的会费，并向会员们提供多方面的支持。其中最具吸引力的支持包括政策游说、专业数据库以及行动协调。NAR在各州都有分会，健全的组织结构和庞大的规模使其在美国不动产经纪人当中的影响力巨大，绝大多数经纪人都加入了这一组织。

NAR为其会员提供的各项服务中，最具吸引力并且对业内经营规则影响最大的就是住宅房源信息服务（Multiple-Listing Service，MLS）。20世纪20年代全美不动产经纪人协会成立之初，NAR开始牵头建立全美住宅房源信息服务系统（MLS），它为分散在各地的经纪人提供了集中和交换信息的数据平台，从而提高了整个经纪行业的效率。通过MLS数据库，本来分散在各地的不动产经纪人有了统一发布、检索和交换不动产出售和购买信息的平台，大大方便了经纪人寻找交易机会。在支付一定费用获取登录资格后，经纪人可以在数据库中发布包括交易价格和拟收取的经纪费率等的信息，这些信息具有法律效力，代表买方的经纪人可以直接通过数据库发出交易信息，完成不动产买卖行为。在区域性经纪人协会的帮助下，MLS提供的不动产信息非常全面，包括了房屋方方面面的特性，数据库还支持强大的搜索功能，确保经纪人不会错过任何信息。

正是由于MLS的上述特性，不动产经纪人十分依赖于这一数据库。受制于信息传播技术的发展，早期MLS的信息数据只能定期印刷和整本邮递，昂贵的成本使经纪人无法大量复制，只能为客户提供定点查阅。复印技术成熟之后，经纪人开始有针对性地向客户复印分发其可能感兴趣的房源信息。20世纪90年代计算机和网络技术的兴起彻底改变了传统的经纪信息传播方式，MLS数据库电子化，NAR的付费成员可以在网络上浏览房源信息。然而，这一技术变革催生了一种新的经纪业态，即开办网络虚拟办公室（Virtual Office Websites，VOW）来为客户提供不动产经纪服务。只要从NAR成员手中获得进入MLS的口令，任何一个VOW经营者就可以为用户提供方便的房源搜索服务。由于大大节省了办公场地和人员雇佣经费，VOW的经纪费率要大大低于传统经纪人。这样一来，传统经纪人的业务必然受到冲击，他们纷纷通过所在地的经纪人协会向NAR提出抱怨。几家规模较大的传统不动产经纪公司的负责人表示，“VOW的存在不可避免地拉低了经纪业的利润，即使是大规模的传统经纪公司也根本无法抵御规模相当的 VOW 的竞争压力”。[1]

2003 年,NAR 为了回应传统经纪人的要求,出台了一项旨在限制 VOW 发展的政策(VOW Policy)。根据 VOW 政策,传统经纪人在向 MLS 上传房源信息时,只要说服房主自愿签署一份拒绝将其房屋信息接入互联网的声明(opt-out),NAR 就可以拒绝向 VOW 提供这些信息。与此同时,NAR 鼓励传统经纪人开立依附于自己的网络虚拟办公室业务(Affiliate VOW Partner,AVP),AVP 在付费会员的监管下可以通过特定的口令为客户提供互联网信息服务。[2] 传统经纪人和房主之间关系密切,说服房主签署拒绝接入互联网的文件易如反掌。而由于不动产经纪信息具有很强的地域属性,不设立实体办公室的 VOW 基本无法获得关于出售房源的任何详细信息,因此,VOW 政策出台极大地遏制了独立 VOW 的发展,它们只能依附于传统经纪人,或者退出市场。

二、经济学分析:伯川德均衡与第三类型共谋

伯川德均衡是法国经济学家约瑟夫·路易斯·弗朗西斯·伯川德 Joseph Louis François Bertrand 提出的,关于双寡头生产商价格竞争的一种模型。伯川德均衡建立在以下四个条件基础上:(1)市场上存在两家以上生产销售完全同质产品的企业;(2)不同企业之间不存在协同行为(cooperation);(3)企业自主决定价格;(4)消费者能够及时、充分地了解产品信息,并完全根据产品价格的高低作出购买决策,当产品价格一样时,则随机作出购买决策。在上述这些条件满足时,市场竞争的唯一结果将是导致产品价格逐步降低,直至等于边际成本,没有一个企业可以控制市场价格获取垄断利润。[3]

然而,现实中的市场竞争很难满足伯川德均衡所设定的前提条件,因为企业对于同质化竞争的恐惧驱使它们通过一些协同行为去尽力破坏这种均衡。一种常见的行为是,同业竞争者协同限制产出、抬高价格或划分市场的行为,使价格竞争受到极大的遏制。这些行为以直接侵害消费者福利为代

---

〔1〕 See United States v. National Association of Realtors, “Complaint”, Civil Action No. 05C-5140, at http://www. justice. gov/atr/cases/f211000/211009. htm, Aut. 30, 2009. [hereinafter *US v. NAR, complain*]

〔2〕 See *US v. NAR*, *complain*.

〔3〕 See Robert H. Lande, Howard P. Marvel, “The Three Types of Collusion: Fixing Prices, Rivals, and Rules”, *Wisconsin Law Review* 941, (2005). FN. 39. [hereinafter *Robert's papar*]

价,带来企业利润的增长。还有一种常见的方法是,几个企业联合针对与其有竞争关系或者潜在竞争关系的对手企业,如掠夺性定价策略、联合抵制等,使竞争对手的成本提高或被迫降价。这种行为效果是直接作用于竞争对手的,待将它们排除出市场之后,合谋企业再通过恢复价格、划分市场等行为获取垄断利润。这两种类型的共谋行为针对的是伯川德均衡的条件(2)和(3),通过限制企业在经营决策和价格等方面的自由,来达到抑制竞争的效果。

第三种类型共谋(Type IIIcollusion)行为针对的是伯川德均衡的条件(1)和(4)。一是通过扩大自身产品与其他企业产品的差异化程度,可以提高消费者对自身产品的忠诚度,从而锁定消费群体,获取相对垄断地位,进而获得垄断利润。二是通过增加消费者获取产品信息的难度,使消费者难以将新的替代产品与原产品相比较,从而同样达到锁定消费群体、获取垄断利润的目的。这类共谋行为常见的表现形式有以下两种:

首先是共同限制直接比较型广告。一般来说,广告宣传是促成消费者区分不同企业产品的最基本方法,通过适当的广告宣传可以达到令消费者区分不同企业产品,从而锁定消费者的目的。例如对品牌推广方面的广告宣传(brand promotion)。但同时,广告宣传也有助于消费者了解各种同类产品,尤其是对其价格(price advertising)、成本、功用等信息进行比较,消费者对这些信息了解得越多,他们被某一厂商锁定的可能性就越低,厂商之间的竞争就容易走向激烈的价格战。这种广告宣传反而会走向产品差异化的反面,不利于企业削弱竞争的初衷。因此,要削弱行业内的竞争程度,厂商会非常希望限制关于价格、成本、产品功用方面的广告。

其次是提高消费者进行产品搜索和比对的成本。这种方法背后的意图与限制广告宣传的意图是一脉相承的,都是为了防止消费者方便地获取同类产品的信息,而轻易地降低对当前使用产品的忠诚度,从而确保当前产品的制造商维持垄断利润。[1]

可见,第三类型的共谋行为并不直接作用于价格或产量,而人为地“设定一些规则”[2]从而达到间接的削弱竞争的目的,也正因如此,这种共谋行

〔1〕 例如,1973 年,底特律汽车销售商协会为了抵制驾驶工会,出台了一项规则,全体销售商将在周六关闭销售网点,并且缩短营业期间汽车试驾的时间。1984 年,FTC 对这一规则提出指控,认为规则极大地限制了消费者对不同汽车进行了解和比对的机会,从而削弱了汽车销售市场的竞争;(111 F. T. C. 417 ,1989)类似的案例还有不少。See Robert's papar.

〔2〕 See Robert's papar.

为显得更加隐蔽,也更坚固,并且对竞争的伤害也更大。尤其是在厂商和消费者之间存在信息不对称的产业内,这种共谋行为更容易达到限制消费者信息获取能力的效果。

结合经济分析,我们再次回归案件背景。美国的不动产经纪人是一群帮助顾客寻找不动产交易信息,并提供相关专业知识咨询的人,由于这些服务是市场高度细分的产物,职业化程度较高,因此经纪人和顾客之间的信息不对称性十分明显。从某种意义上说,NAR 在规范和协调经纪人执业规则的同时,也助力这种信息不对称性的加剧,从而加大了消费者获取信息和进行产品比对的成本。2003 年,全美不动产经纪人协会(NAR)出台的 MLS 排除互联网接入的政策(VOW Policy)就是典型的第三类型共谋。

三、多元的规制方法:在个案基础上推动行业规则的废除

从 VOW 政策出台的背景可以看出,这项政策从一开始就带有强烈的抵制新业态的色彩。政策实施的实际效果也如预期的那样,原本大量存在的 VOW 开始向依附于传统经纪人的 AVP 转型,VOW 作为一种业态基本丧失了与传统经纪人平等竞争的机会。政策实施后的 2003~2006 年间,获得不动产执业经纪人资格的人数增长了 38.98%,而同期平均每位经纪人承接的业务量则下跌了 25.27%,这说明从量上看,不动产经纪行业内的竞争是明显增加的。然而,同期平均每次不动产交易中消费者支付的经纪费用,在扣除通货膨胀因素后,却从 10102 美元增长到了 13261 美元,增长了 32%,违背了竞争导致价格下降的基本规律。[1] 美国不动产经纪人行业已经逐步呈现出管制产业(regulated sector)的特征。[2]

也因为 NAR 巨大的影响力,以及 VOW 政策给不动产经纪人带来的可观收益,全美大约有 200 个地方不动产经纪人协会严格执行了 VOW 政策,通过修订本地 MLS 信息使用规则,禁止 VOW 使用这一数据库。[3] 有的州甚至成功游说州立法机构通过了支持 VOW 政策或者类似政策的地方法案。如果美国司法部分别针对上述这些协会提起诉讼,结果只能是徒劳无功。

---

〔1〕 See Matthew Magura, "How Rebate Bans, Discriminatory MLS Listing Policies, and Minimum Service Requirements Can Reduce Price Competition for Real Estate Brokerage Services and Why It Matters", Economic Analysis Group Discussion Paper, http://www.justice.gov/atr/public/eag/225695.htm#N3, Aut. 30, 2009, [hereinafter *Matthew's paper*]; and NAR, "Field Guide to NAR Membership Statistics (1908–Present)," http://www.realtor.org/library/library/fg003, Mar. 12, 2009.

〔2〕 See Matthew's paper.

〔3〕 See *US v. NAR*, *complain*.

为此，美国司法部和联邦贸易委员会采取了一种以竞争执法为基础的多元化的规制方法。

首先，由司法部选择一个具有代表性的州提起诉讼，以获得一个VOW政策违法的判例。2005年8月，司法部在伊利诺伊州对NAR的VOW政策提起反托拉斯诉讼。司法部的主要起诉理由是，NAR及各地的经纪人协会所掌控的住宅房源信息数据库已经构成了进入不动产经纪市场的必备前提，这种情况下NAR实施的VOW政策就阻碍了新的经营者进入不动产经纪市场。其行为对于经纪市场的伤害后果表现在：阻碍了经济业态和技术的创新、削弱了经纪人在价格和服务质量方面的竞争、限制了经纪人之间本可以提升效率的合作、抬高了市场进入壁垒。司法部认为，这种行为已经违反了《谢尔曼法》第1条的规定，向法院提出了三项主要诉请：(1)确认NAR实施的VOW政策因违法而无效；(2)NAR应当立即停止其向下属的各地方经纪人协会下达的执行VOW政策的要求；(3)NAR不得再出台任何此类限制经纪人之间竞争的政策。尽管NAR一再向法院提出抗辩，称其推出的VOW政策中的核心条款“拒绝接入(opt-out)声明”并不具有强制约束力，而是供客户自主选择的一项权利，然而，法院最终没有接纳这一抗辩理由。[1] 2008年，北伊利诺伊州法院(东区)作出终审判决，基本支持了司法部的诉请，VOW政策被宣告无效。[2]

其次，在获得胜诉后，美国司法部联合联邦贸易委员会对案例进行全面分析。2007年4月，由两部门联合起草的“不动产经纪产业的竞争状态报告”正式发布，在这部报告中，两部门正式对各地方不动产经纪人协会提出规劝和预警。报告宣称，两部门在未来将持续采取五项措施，来推动不动产经纪人协会限制竞争规则的破除。包括对不动产经纪人的执业行为进行监控，向州立法机构和各地行业监管部门提供关于本案的全面信息，并且向它们发出修改相关政策的建议，推动行业监管机构出台更有利于消费者获取

---

〔1〕 See United States v. National Association of Realtors, “Memorandum Opinion and Order Denying Defendant's Motion to Dismiss Complaint of the United States”, http://www.justice.gov/atr/cases/f219800/219889.htm, Apr. 12, 2009.

〔2〕 法院的判决主要包括四项内容，要求NAR不得直接或间接地(1)禁止VOW利用MLS向消费者提供住宅销售信息；(2)在VOW可以采取哪些形式向消费者发布住宅房源信息方面，有任何不合理的限制或歧视政策；(3)传统经纪人在于雇用VOW的客户完成交易后，拒绝与VOW分享经纪费用；(4)在MLS或类似数据库的收费问题上，对VOW进行差别对待。See United States v. National Association of Realtors, “Final Judgment”, http://www.justice.gov/atr/cases/f239600/239655.htm, Sep. 11, 2010.

不动产信息的政策措施,以及联合行业监管机构对本案进行评估,作为后者再制定类似政策时的重要经验。[1] 两部门发出的政策预警并不是说说而言,2008 年次贷危机期间,房地美公司(Land America Financial,Inc.)因背负巨额债务被另一大从事次贷业务的房利美公司(Fidelity National Financial,Inc.)收购,FTC 随即指令房利美公司必须剥离因并购而获得的一项不动产信息搜索业务,因为该项业务并入房利美之后,后者成为大底特律地区和大密歇根地区的唯一信息提供源,FTC 担心这样的结构会损害两地区消费者获取不动产租售信息渠道的多样化。2010 年,房利美遵从 FTC 的指令,向密歇根市的一家企业出售了该项业务。[2] 因为美国联邦司法部和联邦贸易委员会持续高度的关注,近年来美国不动产经纪人行业中限制竞争的倾向得以扭转。

第四节　防止管制回潮的约束机制:管制政策绩效分析

垄断行业引入竞争制度着眼于破除现存制度框架内,对竞争秩序产生不适当束缚的公共政策,因为不适当的公共政策对竞争秩序的破坏往往是全面的和彻底的,而且单个的企业很难抵御这些公共机构的干预力。然而,公共机构总是有源源不断的动力去持续地干预经济生活,这就使原本被破除的不当束缚很容易换一种形式卷土重来,在竞争推进方面比较有经验的国家大多有类似的教训。为此,很多国家都重视"防回潮机制"建设,力图在公共决策过程中形成一个预警环节,一旦发现即将出台的公共政策可能存在扭曲竞争秩序的趋势,就及时予以阻止。而防止管制回潮的有效措施,就是对任何一项拟出台的管制政策可能对经济的影响进行绩效分析,当分析结果说明政策的预期并不利于市场竞争和社会整体利益时,该项管制政策就不应当得到批准。实践证明,这种预警机制是非常有效的,尤其当"竞争主管部门越是早地参与到公共政策的制定过程,未来出台的政策对自由竞

〔1〕 See "Competition In The Real Estate Brokerage Industry: A Report by the Federal Trade Commission and U. S. Department of Justice", http://www. ftc. gov/reports/realestate/V050015. pdf, Mar. 5,2012.

〔2〕 See "FTC Approves Fidelity National Financial's Proposal to Sell Rights to Michigan Title Plant Assets to Data Trace Information Services, Inc. ", http://www. ftc. gov/opa/2010/11/fidelityagilent. shtm, Mar. 5,2012.

争机制造成的冲击就越小，而且，对逆转错误趋势所需要投入的成本也越小”。[1]

管制的绩效分析与公平竞争审查有共通性，也有很大的区别。其共通性主要体现在分析方法上的类似，都以市场竞争秩序所受到的影响为分析对象，都希望更充分地运用量化分析的方法来测定这种影响。然而，两者的区别也是明显的。公平竞争审查的对象是一国现行法律体系的构成个体——法律法规等，管制的绩效分析则以酝酿中的管制政策为对象。管制政策不一定体现为法律法规，有时是政府部门的一系列经济调控工具的组合运用。只要预期达到了对某个市场领域自由竞争的限制，就可以纳入管制绩效分析的范畴。当然，当管制政策需要长期施行时，一般都会转化为法律规定，这就在管制政策与法律之间构成了一种联系。管制政策可以视为法律的雏形，管制政策的酝酿意味着新的立法或者法律修改程序启动的可能性很大。因此，管制的绩效分析与公平竞争审查是两项可以相互衔接的制度，针对现行法律规定中限制竞争的内容，通过公平竞争审查来给予审查并推动修改、废止，而对于酝酿中的管制政策（法的雏形）则可以通过管制的绩效分析来提前给予预警。环视当前各国经验，韩国、加拿大和澳大利亚在组织管制的绩效分析方面具有比较成熟的模式可供借鉴。

一、韩国：竞争影响评估（Competition Impact Assessment）

在韩国当局看来，正是由于“竞争机制的不断强化，消费者所享受到的产品或服务的价格、多样性以及质量才得以不断提升”。有一些公共政策的出台，虽然“目的在于实现某一特定的社会政策目标”，但在市场机制对资源调配起到基础和核心作用的大背景下，“如果不对其可能对竞争机制的消极影响作出预测和平衡，那么最终这一政策很可能走向既定目标的反面”。[2]因此，竞争影响评估机制又可以简单地概括为，一套用于评估国内公共政策对市场竞争机制可能存在的消极影响，并尽可能减少或消除这种影响的机制。当政府机构或者行使管制权力的组织拟制定一项对竞争存在潜在影响的制度时，就必须引入这套机制来对其制度进行评估。这套机制的建立依然是基于对竞争机制在现实经济生活中所发挥的基础性作用的正视和重视。

---

〔1〕 See *ICN doc*358.

〔2〕 See Anti-Competitive Regulatory Team KFTC, *Competition Assessment Manual* (*October* 2010), p. 1. http://eng. ftc. go. kr/files/static/International_Relations/Seoul_Forum/CompertitionAssessmentManual_KFTC. pdf, Sep. 4, 2011. [hereinafter *KFTC Competition Assessment Manual*]

(一)竞争影响评估的基本程序

CIA 由两大基本程序构成:初步评估(preliminary assessment)和深入评估(in-depth assessment)。(见图 8)初步评估由出台管制政策的管制部门自主进行,深入评估则由韩国公平交易委员会(KFTC)主持。初步评估主要是判断即将出台的政策是否会对竞争机制产生不利的影响。根据初步评估的结果,如果管制部门认为政策可能对竞争机制产生不利影响,那么将直接启动深入评估程序,管制部门也不再参与到此后的过程当中。反之,如果管制部门认为政策不会对竞争机制产生不利影响,则将由 KFTC 决定是否还需要继续进行深入评估。如果 KFTC 的结论是不需要,那么意味着 CIA 程序终止,政策可以由管制部门发布;如果 KFTC 认为管制部门的初步判断不够客观,还需要进一步深入评估,那么 CIA 依然要进入深入评估程序,但此时的深入评估将由 KFTC 会同管制部门一同进行。

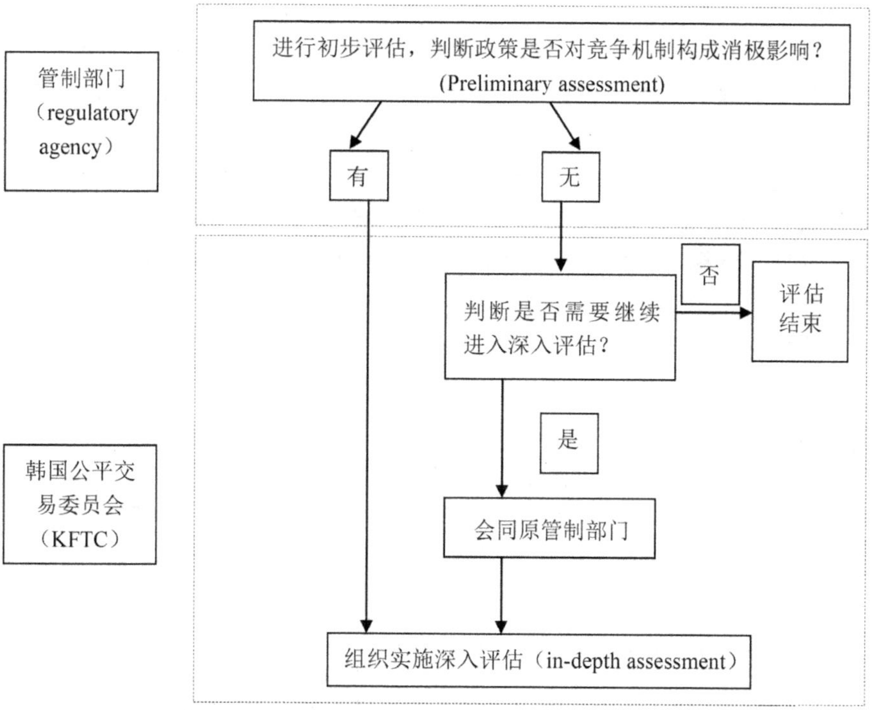

图 8　韩国公共政策竞争影响评估机制基本程序[1]

---

[1] See *KFTC Competition Assessment Manual*, p. 7.

(二)初步评估(preliminary assessment)

初步评估围绕着待评估的管制政策的四项指标展开:(1)是否限制了产品或服务供应商的数量或范围;(2)是否限制了供应商的竞争能力;(3)是否限制了供应商展开激烈竞争的动力;(4)是否对消费者选择和改变供应商产生了限制,或者限制了消费者获取产品或服务信息的能力。[1]

1. 是否限制了供应商的数量或范围[2]

市场竞争的基本理论认为,同类产品或服务的供应商数量越多,市场进入和退出越自由,相关市场的竞争会越激烈。因此,初步评估设计这项指标的目的,就是判断管制政策是否对市场进入或者退出造成了限制。公共政策对供应者数量或范围的限制有两种方式,较为容易发现的是对供应商的数量进行直接的管控,另一种方式则不这么简单,而是通过对市场的进入或退出设定额外的负担,从而使企业不能单纯基于市场绩效而作出最优决定。从这两种方式出发,CIA 将本项指标进一步细化为以下几个方面:

第一,政策是否授权某个供应商对某项产品或服务的独家经营权,或者它强化了既有的独家经营权?第二,政策是否对供应商的数量设定了数量限额?第三,政策是否设定了执照、许可或授权准入程序,或者是否加剧了这方面的要求?第四,政策是否对经营者提供商品或服务的地域进行了限制?第五,政策是否显著提高了供应商进入或退出相关市场的成本?

前四个问题在实施过程中都具有较为直观的衡量标准,相比之下,第五个问题包含了更多的主观判断。哪些条件的设定属于提高了市场进入或退出的成本呢?根据韩国当局的规定,这个判断的标准是较为宽泛的,只要对企业完全基于市场绩效情况而作出的进入或退出决策带来非市场因素的影响或者限制,这样的政策都可以认为符合了第五点的形式要求。[3]

2. 是否限制了供应商其他的竞争能力

市场竞争的基本形式是价格和质量的竞争,因此,对价格和质量的掌控能力,以及与此密切相关的成本控制问题,是决定供应商竞争能力的关键。

---

〔1〕 See *KFTC Competition Assessment Manual*, p. 9.

〔2〕 See *KFTC Competition Assessment Manual*, pp. 10-20.

〔3〕 例如,韩国消防设施生产行业一度呈现出小企业集中涌入的现象,这些企业资金量不大,达到基本的注册资本要求注册登记后,往往出现抽逃或挪用法定注册资本金的现象,从而影响了行业生产秩序。由于这个行业的稳定一定程度上关乎公共利益,韩国有关部门曾考虑出台一项政策,要求凡是拟进入该市场的企业,将法定注册资本金的30%或等值货币向行业协会指定的金融机构缴存。这项政策就被认为是提高了企业进出市场的成本。See *KFTC Competition Assessment Manual*, p. 19, "Example: Firefighting Facilities Construction".

根据这一特点,本项指标可以从以下几个方面入手来作出判断:“第一,政策是否对产品或服务的价格形成了实质性的管控?第二,政策是否限制了供应商自主销售产品或服务的自由?第三,政策是否对供应商进行广告宣传的权利构成限制?第四,政策是否对产品的质量设定了标准,从而使某些供应商的产品处于相对优势的地位,或者这种质量标准已经超出了一个正常的消费者所可能选择的水平?第五,政策是否明显地把某些供应商的成本提高到了其他供应商之上?”[1]

3. 是否限制了供应商展开激烈竞争的动力

竞争的残酷程度足以激励每一个企业积极地展开竞争,同样也足以让每一个企业尽可能地去躲避竞争,竞争与限制竞争的动力因而会在同一个企业内共存,这是“马歇尔两难”早已告诉我们的。当一个或几个垄断企业确信能够对相关市场内与竞争相关的因素构成有效控制时,它们彼此之间展开竞争的动力就会大大减弱。因此,与那些对企业定价、产量等决策进行直接干预从而降低企业的竞争能力的政策不同,限制企业的竞争动力的政策更多的是一些“引诱”企业就价格、产量达成一致的制度框架。而这项指标可以从以下方面予以说明:“第一,政策是否在行业内创设了一个自我管制或者共同管制的机制;第二,政策是否要求或者鼓励供应商之间在产量、价格或者成本等信息上给予公开或者共享;第三,政策是否将某个特定的产业或者某一群供应商排除在竞争法的适用范围之外。”[2]

4. 是否限制了消费者获取信息的能力

消费者获取产品或服务信息的能力与市场竞争之间的关系非常密切,本章前一部分关于“第三类型共谋”的论述中,就已经说明了限制消费者的知情权是如何削弱企业之间竞争强度的原理。以下两个方面有助于本项指标的判断:“第一,政策是否限制了消费者选择或者更换供应商的能力?”这一点很好判断,理性的消费者会根据产品或服务的不同,而不时地更换供应商。这种更换供应商的决策一旦受到非市场因素的限制,就可以认为该政策满足了本项指标。“第二,政策是否为消费者提供了适当和有效的信息?”[3]对广告宣传的管制是比较典型的表现。

(三)深入评估(in-depth assessment)

从程序设计的意图上看,凡是需要组织进行深入评估的公共政策,基本

[1] See *KFTC Competition Assessment Manual*, p. 20.

[2] See *KFTC Competition Assessment Manual*, p. 29.

[3] See *KFTC Competition Assessment Manual*, pp. 33-34.

上都涉嫌对市场竞争秩序产生了或多或少的消极影响。在这种情况下,深入评估的目的也很明确,那就是进行一次价值判断,看管制政策所希望达到的目标与自由的市场竞争这个目标之间孰轻孰重。如果管制政策目标的意义明显高于市场竞争的意义,那么,从整体社会福利角度出发,可以容忍对自由竞争的必要限制,这也是符合现代法治精神的。反之,则不应当轻易牺牲自由竞争。还需要注意的是,如今市场机制对社会整体福利的价值对于我们来说是几乎是先验性的,因此,对自由竞争的限制必须十分谨慎,但凡有其他伤害较小的替代方法,就不应当粗暴地干预竞争机制的自由运行。

作为价值判断过程的深入评估,很难寻找一条既定的、普遍适合于对任何公共政策进行评估的路径。这种评估更像是在前述基本理念的指导下,根据个案的特点所进行的哲学思考。有五个基本步骤可以帮助提高思考的针对性:(1)充分了解待评估政策的意图;(2)界定待评估政策发挥作用的相关市场;(3)明确该相关市场内的竞争状态;(4)对待评估政策对该相关市场可能产生的影响作全面分析;(5)寻求对竞争机制伤害最小的替代政策。[1]

五个基本步骤中,最关键的步骤是第四步——对待评估政策对该相关市场可能产生的影响作全面分析,这个步骤的分析结果将直接影响整个深入评估的结果。有一点是可以明确的,即公共政策首先影响到的一定是相关市场的游戏规则,进而才会对市场内的组织结构或者企业行为产生影响。虽然市场结构和企业行为两者谁先因为受到公共政策的影响而发生改变将因事而异,但这种改变一定会立即向暂未发生影响的对方波及,最终两者都会发生改变。因此,只要对政策实施后相关市场的结构以及企业行为的改变作出预测,进而与当前的情况进行比对,就能够清晰地勾勒政策可能对竞争产生的影响。韩国当局提出了“结构—行为”范式(structure-behavior-result)[2]的分析路径,也是希望围绕市场结构和企业行为受到公共政策影响而可能产生的改变来进行评估。

“结构—行为”范式包括:(1)找到在市场结构和企业行为的若干外在表现因素中最可能受到政策影响的那些因素;(2)通过对前述结构因素和行为因素之间的相互影响,来观察政策对市场竞争产生的影响;(3)不要忽视任何可能对政策的影响产生抵消作用的因素,以客观地评价政策对竞争机制的影响程度。[3] 还有两点需要注意,一是不要刻意地放大某些细小的影

[1] See *KFTC Competition Assessment Manual*, p. 35.

[2] See *KFTC Competition Assessment Manual*, p. 42.

[3] See *KFTC Competition Assessment Manual*, pp. 43-44.

响,二是多采取数据比对的方式。[1]

二、澳大利亚:管制影响分析(Regulatory Impact Analysis)

(一)管制影响分析制度的建立

澳大利亚于20世纪八九十年代进行的全国性法律评估旨在消除国内各层级的法律法规中存在的,对自由竞争机制不当限制的制度。这项活动的主要法律依据之一——《竞争原则协议》中,除了要求对既有法律进行评估之外,还对澳大利亚联邦和各州政府规定了一项义务,那就是"确保今后新制定的各层级法律、法规不要对竞争机制形成不必要的限制"。为此,联邦和各州政府也希望能建立一个"看门人"(gate-keeping)制度来保障协议精神的落实。[2] 在公平竞争审查进行的后期,政府开始考虑建立一套用于评估公共政策影响的分析制度,即管制影响分析制度(Regulatory Impact Analysis ,RIA)。为了防止这套机制在实施中受到来自利益相关方的影响,政府还考虑要筹建一个独立的机构,至少要承担以下职能:"(1)进一步巩固法律评估的成果,加强对各级政府的公共政策进行监控;(2)在此基础上,逐步扩大监控的范围,把所有新制定和修订的公共政策都纳入管制影响分析的对象范围"。这个机构还应当有"实权",如"有权对各级政府的公共政策予以评估分析,有权将分析的结果和相关的建议向内阁进行汇报",[3]以启动必要的应对机制。

经过一段时间的讨论之后,2006年2月,澳大利亚政府理事会(Council of Australian Government,COAG)[4]通过了一项决议,要求"联邦政府、各州政府以及各级地方政府在制定新的公共政策(包括修订既有政策)时,必须遵守管制影响分析制度,以避免对竞争机制不必要的限制,提高企业的经营

---

〔1〕 关于刻意放大细小影响的问题,韩国当局举了一个例子:某管制机构曾颁布了一套针对产后护理行业的准入规则,要求凡是拟开设产后护理机构的,其提供护理服务的场所必须设置在建筑物的两层或者以下。这一规则当然是出于产后妇女健康的考虑,但这也的确对拟进入该行业的企业设定了附加的门槛,至少他们必须投入更多的成本去寻找这样的场所,这样一来可能确有部分企业打消了进入该行业的考虑。然而,KFTC却提醒到,没有必要过度地放大这一因素对行业的影响。See *KFTC Competition Assessment Manual*, p. 44.

〔2〕 See *Productivity Commission Report* 2005, p. 225.

〔3〕 See *Productivity Commission Report* 2005, pp. 256-257.

〔4〕 关于COAG,请参见第74页注释。

成本”。[1] 联邦政府财政和放松管制部(The Department of Finance and Deregulation)下设的最佳管制办公室(Office of Best Practice Regulation ,OBPR)负责推动 RIA 的具体实施。需要注意的是,OBPR 本身并不直接组织管制影响分析,而是由各个公共机构自己根据统一制定的 RIA 指南进行分析。OBPR 的职责一方面是从程序上督促公共机构实施 RIA,另一方面则从实体上对各机构上报的 RIA 报告进行核定,提出相应的意见和建议。

(二)管制影响分析的基本流程

根据澳大利亚政府理事会的决议规定,“澳大利亚所有政府机构制定的全部各种公共政策,都应当接受管制影响分析,只要该政策可能对企业或非营利行业造成影响”。[2] 在工作流程上,管制影响分析可分为七大基本环节。澳大利亚州级公共政策的决策部门为各州的部长会议,相关职能部门有政策需求时,需要向部长会提交议案,议案获得通过后才能够作为本州政策生效。而当这些公共政策可能对企业或非营利行业造成影响时,就需要根据以下流程组织 RIA:[3]

1. 前期咨询。当公共机构在酝酿一项公共政策时,如果对政策是否可能需要进行 RIA 不能确定,那么它可以向 OBPR 提出前期咨询的书面申请。[4]

2. 初步分析。前期咨询阶段,OBPR 作出需要进行 RIA 的结论后,拟出台公共政策的机构就应当立即根据法定程序着手进行 RIA,并形成分析报告草案(draft RIA)。

3. RIA 草案公开征询意见(public consultation)。草案形成后并不直接向本州的内阁会议提交,因为很多公共政策背景复杂,OBPR 的独立分析很可能陷入某一方面的误区,公共征询意见就是为了促进 RIA 报告的客观性和完整性。公共征询意见的范围又分为两部分:一是可能受到政策影响的

---

〔1〕 See Council of Australian Governments, *Best Practice Regulation: A Guide for Ministerial Councils and National Standard Setting Bodies*, p. 1, http://www.finance.gov.au/obpr/proposal/coag-guidance.html, Jul. 7, 2009. [hereinafter *RIA Guide*]

〔2〕 但如果这种影响足够小,或者这项政策是对现有政策的修改而又不构成对该现有政策的实质性改变,则可以不必接受 RIA。See *Best Practice Regulation Handbook*, p. 8, http://www.finance.gov.au/obpr/proposal/gov-requirements.html, Jun. 6, 2009.

〔3〕 See *RIA Guide*, pp. 6-9.

〔4〕 根据 OBPR 的制式表格,提出书面申请的公共机构至少需要向 OBPR 提供以下信息:(1)该项公共政策期望解决的社会问题;(2)对该项公共政策可能对企业和非营利行业产生的影响的自我预估;(3)关于该项政策酝酿和出台的重要时间节点。See OBPR, *Preliminary Assessment Form*, http://www.finance.gov.au/obpr/proposal/ria-guidance.html, Jun. 6, 2009.

利益相关群体,二是一般社会公众。当政策的影响力可能超出本州范围,波及全国时,还需要分别征询不同州公民的意见。

4. RIA 修正。在公开征询结束后,原公共机构需要根据征询意见情况对 RIA 报告进行修正,同时,要将利益相关群体的意见反馈情况整理后列入 RIA 的附件。

5. OBPR 核定和部长会议议定。在有关公共机构向本州部长会议正式提交 RIA 报告之前,应当先将报告提交至 OBPR,OBPR 收到报告的两周内,就“RIA 报告是否遵循了法定指南的规定”,“组织程度是否与其对经济和社会的潜在的影响相对称”以及“报告的结论是否能够符合社会福利标准”等内容,[1]对 RIA 报告予以核定。OBPR 还可针对其认为不妥之处,向州部长会议提出修改该项公共政策的建议。部长会议有权决定是否采纳这些建议。

6. 答复核定意见和申诉。部长会议决定不采纳 OBPR 的建议时,应当给出回应理由。OBPR 的建议与部长会议的决定和回应理由将在联邦和州两级政府范围内公开。当 OBPR 认为部长会议的理由不成立时,还可以通过澳大利亚部长会议秘书处向联邦政府提出申诉。

(三)管制影响分析的核心步骤

1. 风险分析(risk analysis)

管制影响分析制度中的“风险”(risk)指的就是管制政策所要应对的目标,即“那些政府希望避免的事件,例如环境污染、消费者人身伤害等”。风险的种类很多,并不都是必须克服的,“有的风险还是企业所必须承受的,例如来自正当的市场竞争的风险;还有一些风险可能只是局部的或者个体性的,其应对政策也应当被控制在适当的范围内”。[2] 风险分析解决的是公共政策产生的必要性问题。

2. 成本收益分析(benefit-cost analysis)

成本收益分析是将公共政策给社会带来的收益和管制造成的成本进行对比,得出该政策最终带给社会的净收益。这一分析过程与风险分析是一脉相承的。一般来说,如果一项社会风险因为某项公共政策的实施得到化解,那么该风险原本给社会造成的损失,就相当于公共政策的收益。而此项公共政策给社会带来的限制或者牺牲就是其成本。比较常见的方式,是“预

---

[1] See *RIA Guide*, p. 8.

[2] See *RIA Guide*, pp. 18-19.

测政策对产品或服务的价格的影响力,只有这样才相对容易量化成本和收益”。[1]

3. 企业经营负担分析(business compliance analysis)

企业经营负担分析的目的是明确企业因某些公共政策所不得不增加的成本开支。常见的负担包括通报(包括事前报告和事后备案)、教育培训、许可、添置特殊设备要求等。这些指标相对容易量化。[2]

4. 竞争影响力分析(competition impact analysis)

竞争影响力分析集中关注的是政策对市场结构和企业竞争行为的影响,例如,政策是否影响到了市场内的经营者数量和经营范围、是否影响了经营者参与竞争的能力或者动力等。[3]

三、加拿大:精明管制项目(smart regulation)

(一)精明管制项目的成本收益分析

加拿大政府认为,政府为了实现某些特定的政策目标、提升国民生活的质量,需要制定一些约束公民和组织的行为自由的政策,这就是管制。政府制定管制政策的权力来自议会的授权,授权的目的是要带给加拿大国民一个健康和安全的社会。因此,管制政策的制定者——政府——向全体国民作出一项承诺,确保政府颁布的管制性公共政策在确保加拿大人的健康和安全的同时,还要最有利于营造一个“富于创新精神以及兴旺的”经济环境,使这些政策切实为“当前和未来的加拿大人民带来最大化的整体福利”,[4]这就是精明管制(smart regulation)制度的由来。1999年,加拿大政府颁布政府管制政策(Government of Canada Regulatory Policy)使精明管制制度有了初步的制度依据;2007年,“内阁关于管制精简的指令”(Cabinet Directive on Streamlining Regulation,CDSR)对原政策进行了补充和修订。CDSR将适用于加拿大全部各政府部门和公共机构拟制定的公共政策,实际上成为指导

---

〔1〕 See *RIA Guide*, p. 24.

〔2〕 See *RIA Guide*, p. 27.

〔3〕 See *RIA Guide*, p. 29.

〔4〕 See Government of Canada, *Cabinet Directive on Streamlining Regulation*, pp. 1-2, http://www.tbs-sct.gc.ca/ri-qr/directive/directive-eng.pdf, Mar. 3, 2009. [hereinafter *Cabinet Directive on Streamlining Regulation*]

政府部门制定公共政策的程序性规则。[1]

精明管制制度意味着,首先在政治影响层面,政府制定管制政策时必须严格遵从议会的授权范围和授权意图,并注意弥补行政机关缺乏代议制审议程序的缺陷。CDSR 规定,“出台管制政策公共机构必须进行合法性评估,确保拟出台的政策符合加拿大一系列宪法性文件,如宪法、权利法案”等。并且,公共政策草案必须广泛征求意见,包括主要族群、少数民族等。[2]

其次在经济方面,管制政策应当能够给全社会带来总收益大于总消耗的效果,实现社会整体福利的净收益。CDSR 要求“只有为了实现必要的社会目标,才能够颁布有管制作用的规章”,例如,为了“保护和增进全社会在健康、安全、环境质量方面的公共利益”,“促进公平和富有竞争性的市场机制”,“避免一些不可挽回的社会整体福利损失”,“建立一个容易接近、易于理解和积极回应的制度体系”,“提升管制的效率”以及“保证时效性强、政策延续性并减少政策对冲性的管制政策”。[3]

除了这些抽象的理念之外,CDSR 还包含了管制政策的“收益成本分析”(analyzing the benefits and costs of regulation),将管制政策给社会造成的预计影响与管制政策出台前的现状进行比对。为了给决策层提供判断依据,拟制定管制政策的部门需要明确一些基本的指标:(1)待颁布的政策对加拿大公民、企业和政府产生的各方面影响,如经济影响方面、环境影响方面、社会影响方面等,既要明确积极影响也要明确消极影响,同时,注意把该政策的替代方案的类似影响与前者进行比对;(2)前述这些积极的或消极的影响可能在多大范围内传播。[4]

(二)可量化参数的测定

成本收益分析最主要目的,是评估一项待实施的公共政策在总体上是否会给社会福利带来积极的影响。因此,成本收益分析的基本原理还是对待分析的公共政策的各方面影响进行对比,尤其是量化对比。而在市场经

---

〔1〕 在机构设置方面,早期是由枢密院办公室(Privy Council Office)负责就政府制定的每一项管制政策向总督提出建议。2006 年,精明管制的推动职能被移交给加拿大财政委员会秘书处下设的管制事务局(Regulatory Affairs Sector of the Treasury Board of Canada Secretariat)。该局主要承担两项具体职能:(1)支持政府继续推进“精明管制”项目以优化公共政策;(2)在加内阁会议上向总督提供有关管制政策的书面分析意见。See *About Treasury Board of Canada Secretariat*, http://www.tbs-sct.gc.ca/ri-qr/abu-ans/abu-ans-eng.asp, Mar. 4,2009.

〔2〕 See *Cabinet Directive on Streamlining Regulation*, p. 6.

〔3〕 See *Cabinet Directive on Streamlining Regulation*, p. 1.

〔4〕 See *Cabinet Directive on Streamlining Regulation*, p. 8.

济环境下,价格是进行量化对比的最佳参数。

1. 价格和消费者剩余的测定

产品和服务的价格是最方便统计的参数,因此,消费者剩余(consumer surplus)和产品价格是测定政策的社会净福利的最佳方法。如果政策管制在降低产品或服务的成本的同时,促使产品或服务的价格下降,那么价格下降的幅度就是该项政策给社会带来的收益;在此基础上,如果该项政策还进一步促进了消费者剩余的增长,那么这个增长值就是该项政策给社会福利带来的净增值。[1]

相反,对于公共政策的社会成本(对社会福利的负影响)则可以通过机会成本的方式测定。例如,一项公共政策在推动某类行为时抑制了另一类行为,那么后者可能带来的收益就是这项公共政策的社会成本。

2. 公众意愿承受价格的测定

一般来说,公共政策的出台都是为了增加特定产品和服务(公共产品或稀缺产品)的供给,或者是为了减少和避免特定的风险(环境污染、公共安全事件等)的发生。只要这些产品和服务能够被定价,那么就可以量化社会收益和成本。对于某些公共产品或服务来说,"公民会愿意以一定的价格来换取它供给的增加,这个价格被称作意愿支付价格"(willingness to pay, WTP),"公民也可能愿意接受一定的价格作为不享受前述改善(或者不得不承受特定风险)的补偿,这个价格则被称为意愿承受价格"(willingness to accept, WTA)。若仔细体会公民在给出前述两项价格时的心理差异不难发现,"WTP往往是公民对一项公共政策的积极福利的最大预期",因为他们最多只愿意为这项公共政策所带来的福利提升支付这个价格;相反,WTA则是公民对该项政策的积极福利的最小预期,因为他们至少要能够得到这个价格的补偿才愿意没有这项政策带来的福利提升。[2] 可见,借助这两个价格就可以衡量某一项公共政策给社会带来的福利的上下限。

以环境保护方面的公共政策为例,为了减少污染物排放和改善环境,政府可能采取征收环境税、限制企业的某些生产行为,或者要求污染排放企业支付给周边居民一定的补贴等政策,这些政策可能会影响市场机制通过自由竞争来调配资源的基本规律。当需要评价类似政策的成本收益状况时,

---

〔1〕 See Treasury Board of Canada Secretariat, *Canadian Cost-Benefit Analysis Guide Regulatory Proposals*, p. 14, http://www.tbs-sct.gc.ca/ri-qr/documents/gl-ld/analys/analys-eng.pdf, Jun. 8, 2009. [hereinafter *Canadian Cost-Benefit Analysis Guide*]

〔2〕 See *Canadian Cost-Benefit Analysis Guide*, pp. 11-12.

市民和企业愿意支付的环境税数额就是 WTP 的重要参数,而市民愿意接受的补偿金数额则是 WTA 的重要参数。需要注意的是,由于收入程度、受教育程度以及居住地段的不同,市民对于环境税和补偿金的预期都会有差异,因此,在计算全社会的 WTP 和 WTA 时要考虑对不同群体的加权。[1]

(三)不可量化参数的推定

现实当中有很多公共政策所要推进的公共产品或服务,难以用市场价格来衡量其 WTP 或 WTA 的值,从而难以评估其对社会福利的影响。要分析这些公共政策的成本收益情况,就需要借助一些更为复杂的分析工具来推定这种影响的大小。常见的推定方法有以下三种。

1. 揭示偏好方法(revealed preference methods)

揭示偏好方法是一种观察法,即通过观察个体在相关市场内对公共产品的选择偏好,来推测特定公共政策带给社会的影响的方法。它的原理是,一些公共政策的实施会带来环境的改善,这种改善本身虽然难以用市场价格来测定,但是它可能影响人们对相关产品的选择偏好,而这些产品的价格就可以用来衡量该项公共政策对社会福利的积极效果。例如,对汽车的技术特性进行管制的政策,可能提高汽车某方面的技术特性,政策发布后,人们可能对包含改进技术的汽车显示出偏爱。这种倾向最终必然会表现在汽车的价格和购买量等数据上,而这些数据就可以帮助推定该项技术特性管制政策对社会福利的影响。类似的方法还可以运用到诸如噪声和水污染改善政策与房屋销售量和价格的关系、环境保护政策与当地旅游市场行情的关系等问题的分析当中。同样地,人们也可能对某项公共政策目标表现出反感,从而增加对相反产品的消费。例如,人们为了防止噪声污染转而增加了双层窗户的消费,为了防止职业伤害而增加了防护器材的消费,这些消费都有助于推定公共政策带来的负面影响。[2]

2. 陈述偏好方法(stated preference methods)

陈述偏好方法是一种调查法,通过直接向调查对象了解他们对公共产品的偏好,而不是推测,来得出公共政策带给社会的影响。“一份好的陈述偏好调查是评估公共政策影响的全面和有力的途径”,而调查询问技巧则是这一方法能否取得良好效果的关键。[3]

---

〔1〕 See *Canadian Cost-Benefit Analysis Guide*, p. 12.

〔2〕 See *Canadian Cost-Benefit Analysis Guide*, pp. 15-17.

〔3〕 See *Canadian Cost-Benefit Analysis Guide*, pp. 17-19.

3. 效益替代方法(benefit transfer methods)

收益替代方法是一种比较法,充分利用现有研究已得出的结论,利用一份与特定公共政策相类似的政策的成本收益分析结果,仅作一些细微的调整之后,就可以替代对该项公共政策的分析。只要两项政策的相似度较好,这种方法还是相当便捷和有效的。加拿大政府也有过此类尝试。[1]

四、管制政策绩效分析从根源上控制政府管制积极性

综合前文的考察比较可见,管制约束机制的目的是从根源上抑制政府实施管制的积极性,具体表现出以下共同点。

(一)管制政策与市场竞争机制的协调是其合法性的来源

管制约束机制的特点在于深入到管制政策的合法性层面对管制权力进行约束,并且,合法性的判定标准直接与确保市场竞争机制顺畅运行的要素相联结,使后者成为前者的必要条件。加拿大政府的阐述最能体现这一点,它们要求管制政策取得合宪地位的前提,是为加拿大人民带来整体福利的提升,而依议会的观点和宪法理论来看,这一目的只有在市场竞争机制的基础性地位得到充分尊重的条件下才能得以实现。

(二)管制约束机制是建立在量化分析基础上的价值判断

对一项管制政策的判断首先是在市场和管制两种价值手段之间的取舍,最终是对自由竞争目标和其他社会目标两种价值目标之间的取舍。价值判断的标准是社会整体福利,而客观的、可量化的分析工具使价值判断与经济生活的现实之间有了坚固的桥梁,韩、澳、加三国在这方面的经验值得重视。

(三)管制约束机制对政府最高决策机构负责

管制失败造成社会福利损失时,政府最高决策机构必须对选民承担政治责任。因而管制约束机制不能只是管制机构自身的审慎态度,而应当是政府最高决策机构管理政治风险的必备工具。

第五节 垄断行业引入竞争机制的效果

垄断行业引入竞争可以有效地改变管制行业的市场结构,根据产业组织理论,这一制度能够促进原管制行业经济绩效的提升,并同时对该国国内

---

[1] See *Canadian Cost-Benefit Analysis Guide*, pp. 19-20.

经济的整体绩效起到良好的促进作用。垄断行业引入竞争与放松管制是一体两面的制度,垄断行业引入竞争制度执行得较为积极的国家,管制政策的适用空间必然越来越小。由于市场开放的程度很难量化,但市场受到限制的情况却是可以清晰感知的。因此,在衡量垄断行业引入竞争制度对经济发展的绩效时,一个重要的参数就是管制与放松管制之后,经济活动的效率对比。对此,OECD 曾组织过一些跟踪研究,数据也印证了上述理论推断的正确性。〔1〕 本节是对这方面研究成果的一个简要梳理,试图为垄断行业引入竞争制度的绩效,提供一个实证的支撑。

一、垄断行业引入竞争制度有效提升原管制行业的经济绩效

在部分 OECD 成员国家,零售行业(Distribution)创造的 GDP 在一国 GDP 总量中的比重很高,从 8%到 18%不等,吸纳就业人口则占到了 OECD 各国就业人数的 10%到 20%。由于该行业发展与国民经济整体稳定的重要关系,各国对其无不采取慎重的态度。有的国家出于保护中小零售商的考虑,对大型零售店进行管制,典型的方法如地域管制法令,即对新设立的大型零售店的选址进行管制,以及营业时间限制。也有的国家实行自由放任的政策。OECD 对 22 个成员国的零售行业发展作了比对研究,研究的数据跨度长达半个世纪,比较完整地反映了管制政策对行业发展的影响作用。

在大型零售店发展方面,OECD 国家中,日本、法国、意大利等国家都通过颁布大型零售店管制法律的方式,对大型零售店的选址、规模进行限制,这类立法的主要目的还是保护传统的中小型零售商店的生存空间。〔2〕 因为这个原因,这些国家国内的大型零售店发展也较为缓慢。图 9 是 OECD 对一些成员国自 1960 年到 1992 年,每千人拥有大型零售店数量的发展情况作的统计,结果显示,意大利、日本、法国等存在大型零售店管制的国家,每千人拥有大型零售店的数量逐年递减。而与此同时,这些国家消费者所承受的消费品价格却逐年递增,尤其是食品价格。

---

〔1〕 See Jens Høj, Toshiyasu Kato and Dirk Pilat, "Deregulation and Privatization in the Service Sector", *OECD Economic Studies*, No. 25, 1995/11, p. 44. [hereinafter *Jens Høj paper*]

〔2〕 比较典型的如日本《大规模零售店铺立地法》规定,大型零售店占地面积超过 1000 平方米时必须向政府申报,获得批准后才能够开业。法国的《拉法兰法》《鲁瓦耶法》规定的标准是食品商店超过 300 平方米,非食品商店超过 1000 平方米都需要进行事前审批。参见刘德成(中国商务部商业改革发展司):《中法流通业比较》,载《商业时代杂志》2004 年第 29 期。

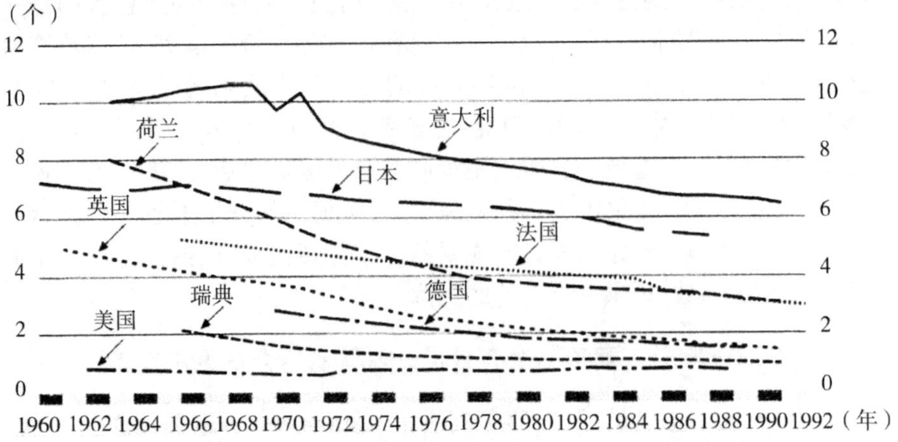

图9 部分OECD国家大型零售店发展情况(1960~1992年)[1]

此外，OECD还对零售行业的整体发展情况作了对比，根据管制政策的宽严程度，纳入OECD比对的二十二国可以分为两类：一类国家对零售店的营业限制没有限制，对选址则有轻度限制，美国、爱尔兰、新西兰、葡萄牙、西班牙和瑞典六国是其代表，笔者暂将其归类为“轻度管制国家”；另一类国家对零售店的营业时间和选址都有严格管制，德国、英国、奥地利、芬兰、丹麦、瑞士是其代表，笔者则将其归类为“管制国家”。从表6中的数据可以看出，体现行业向好发展的各项指标中，轻度管制国家都优于管制国家，其中“雇工人数的年均增长”和“店铺平均规模(雇工人数)”两项指标，表现出管制国家大于轻度管制国家。笔者认为，这正好体现了轻度管制国家零售行业经营效率较高，因而雇工人数增长率和单店雇员人数都较少，但这并不影响轻度管制国家内，零售行业作为一个整体所吸纳的就业人数要高于管制国家。除了这种平均数值上的宏观对比之外，我们还可以就经济社会发展相类似的国家进行比较。如表6中作出特殊标记的两组国家：一组是同为工业化强国的“美国(轻度管制)”和“英国(管制)”，另一组则是同属福利国家的北欧邻国“瑞典(轻度管制)”和“芬兰(管制)”，它们的各项指标均体现出与平均指标相类似的趋势。

[1] See Jens Høj paper.

表 6　OECD 十二国零售行业管制与发展情况(1979~1994 年)[1]

类别	国别	实际产出的年均增长(%)	生产效率的年均增长(%)	雇工人数的年均增长(%)	在本国 GDP 中的比重(1993 年)	行业吸引就业人数在全部就业人口中的比例(%)	每万人拥有零售店数量	店铺平均规模(雇工人数)
轻度管制国家	美国	2.3	0.8	1.5	15.7	20.5	79	96
	爱尔兰	3.9	3.7	0.2	7.9	14.3	90	42
	新西兰	2.0	1.5	0.5	16.8	12.4	95	46
	葡萄牙	2.6	1.9	0.7	14.1	13.2	192	20
	西班牙	2.3	2.6	-0.2	14.2	16.7	134	28
	瑞典	1.2	1.7	-0.4	8.3	11.9	94	39
	平均	2.38	2.03	0.38	12.83	14.81	114	45.1
管制国家	平均	1.95	1.58	0.41	11.2	13.3	82.5	50.83
	英国	1.9	1.9	0	12.8	17.1	81	65
	德国	2.7	0.8	1.8	7.8	11.3	85	44
	奥地利	2.1	1.3	0.8	12.8	14.4	69	48
	芬兰	1.9	2.6	-0.7	8.4	12.5	77	41
	丹麦	1.9	1.7	0.1	10.7	10.8	100	39
	瑞士	1.2	1.2	0.5	14.7	13.9	83	68

[1] 数据来源:Jens Høj, Toshiyasu Kato and Dirk Pilat, Deregulation and Privatization in the Service Sector, OECD Economic Studies, No. 25, 1995/11, p. 43。

目前,大多数OECD国家都对国内零售行业进行了放松管制改革,例如瑞典放开了对国内食品零售店营业时间的限制,这项政策带来了行业效率的提升、整体雇工人数增加,食品零售价格下降。日本则分别于1992年和1994年放松了对大型零售店的开业限制,OECD的监控数据也显示,改革后日本大型零售店行业的竞争得到明显增强,由此带来了价格的下降。同样的放松管制政策也在英国、法国等国推开,在有效提升生产效率、增加雇工人数和降低价格方面都起到了积极的效果。[1]

综上可见,垄断行业引入竞争制度对管制行业绩效的积极作用是明显的,这一制度无疑是重要的。然而与此同时,我们还要时刻意识到的是,业已存在的行业管制往往意味着巨大的垄断利益,任何旨在破除在位垄断的政策都将造成既得利益的损失,进而必然招致既得利益集团的强烈反对。

二、垄断行业引入竞争制度提升一国整体经济绩效

虽然一个国家的整体经济绩效受到各种因素的掣肘,很难去证明某一项制度的实施对国家整体经济绩效的确切关联性,但对比研究可以揭示一些基本的趋势。20世纪末,比利时林堡大学的凯斯·科迪迪克(Kees Koedijk)教授和荷兰伊拉斯姆斯大学的杰罗恩·克雷默(Jeroen Kremer)教授共同对欧洲各国20世纪中期以来管制政策情况与经济发展绩效之间的关系作了比较研究,他们利用OECD发布的数据进行分析,得出了一个基本结论,即对市场的管制越严格,经济发展就越缓慢。[2] 这个趋势可以从下面图10、图11、图12得到基本的展现。[3]

考虑到历史文化和法律传统的差异会给国家的经济管制政策带来较大的影响,两位教授首先把列入考察的十一个欧洲国家根据其历史文化背景的不同分为四个组别,即伊比利亚语系国家(西班牙、葡萄牙)、盎格鲁-撒克逊国家(英国、丹麦、爱尔兰)、莱茵河流域国家(法国、德国、比利时、荷兰)以及地中海沿岸国家(意大利、希腊),从而更方便比较。

---

〔1〕 See Jens Høj paper, p. 48.

〔2〕 See Kees Koedijk, Jeroen Kremers, Paul David, Lars - Hendrik Röller, "Market Opening, Regulation and Growth in Europe", *Economic Policy*, Vol. 11, No. 23 (Oct., 1996), pp. 443 - 467. [hereinafter *Kees & Jeroen paper*]

〔3〕 See Kees & Jeroen paper.

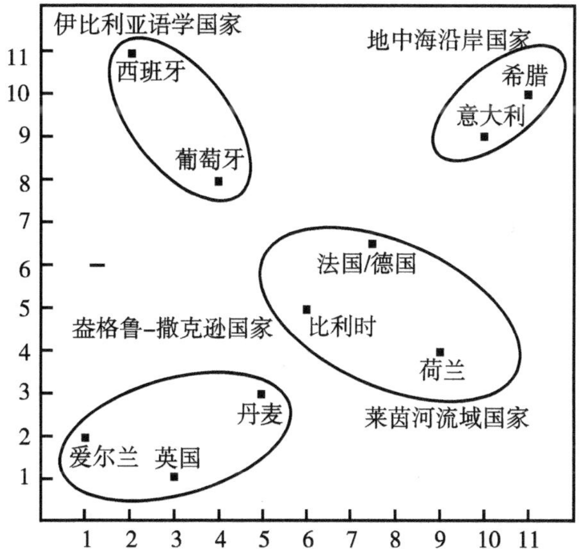

图 10　欧洲各国管制程度(20 世纪 80 年代)

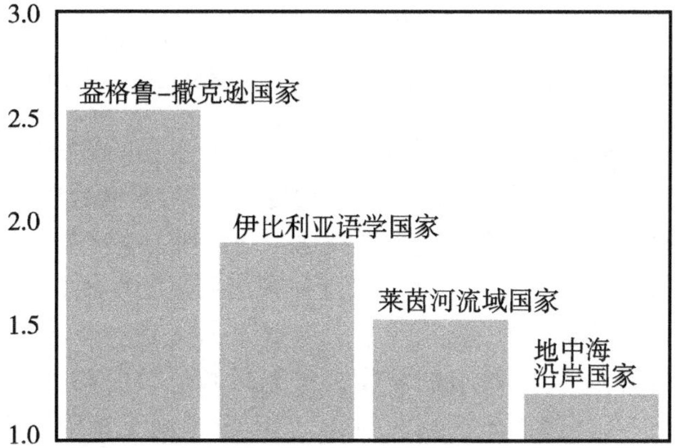

图 11　欧洲各国经济发展情况(1981~1993 年)

图 10 中,纵轴代表国家对劳动力市场的管制程度,横轴代表对产品市场的管制程度,数值 1 代表轻度管制,11 则代表管制程度高。可见,英国、丹麦、爱尔兰等盎格鲁-撒克逊国家无论是对劳动力市场的管制,还是对产品市场的管制都是最低的;伊比利亚语系国家偏重对劳动力市场的管制,对产品市场的管制则较低;莱茵河流域国家则正好相反,对产品市场的管制程度较高,对劳动力市场则相对自由;而地中海沿岸国家无论在劳动力市场方面还是产品市场方面的管制程度都是最高的。

结合图10的比较可以发现,图11中,管制程度最低的盎格鲁-撒克逊国家12年来的经济绩效处于四组国家之首,而管制程度最高的地中海地区国家则处于最后。这一结果体现了管制和经济发展绩效关系的趋势,两位教授还对单个国家的情况作了比较以印证这种趋势。(见图12)

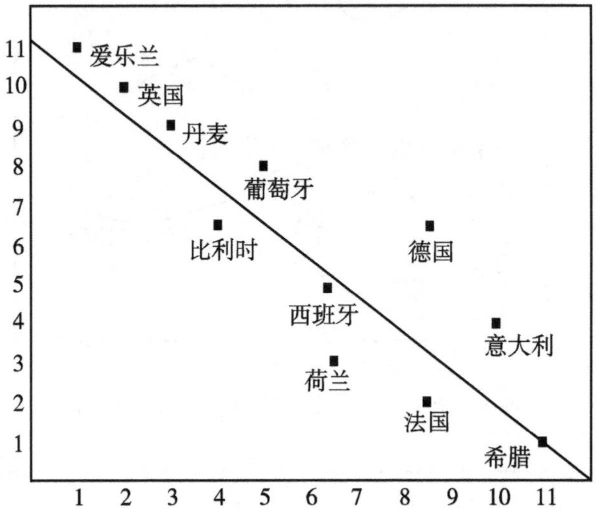

图12 欧洲十一国管制政策与经济发展情况(1981~1993年)

图12中纵轴代表生产效率,横轴代表政府对市场的管制程度,数值1代表程度较低,11代表程度较高。图中清楚地显示出,管制程度接近于1的爱尔兰生产效率接近于11,而管制程度高达11的希腊,生产效率则低至1。管制政策的严厉程度与经济发展优劣之间体现出明显的反相关趋势。

不同国家的经验表明,垄断行业引入竞争制度是竞争推进的各项组成制度中难度最大,最需要策略的制度。首先必须让政府和社会公众明了的是,垄断必然带来社会整体福利的损失,而市场机制无论对于个别行业,还是对于整个社会福利都有积极促进效果。其次就需要从不同的角度瓦解那些构成垄断的结构因素。例如,通过立法、劝解等措施,把新的市场竞争者引入垄断行业,打破现有的独占结构;又如,竞争主管部门通过诉讼,打破那些对行业内的市场竞争产生限制作用的所谓"自律规范";再如,由竞争主管部门主导建立制度,在管制政策的酝酿阶段对其进行"阻击",使旨在扩大管制政策效果的政策主张从源头上得到遏制。如上种种措施互相配合,即可在一国国内起到良好的效果。

第五章　竞争推进的制度（三）：竞争文化培育制度

前两章提到的公平竞争审查和垄断行业引入竞争，它们的一个共同点就是，目标直指作用于妨碍市场竞争机制的法律政策或制度机制，意图破旧立新。其各种措施的改革性、创新性色彩突出，可以归结为竞争推进中的“进攻性策略”。本章所涉及的机制保障和文化普及问题也属于竞争推进的路径与方法，但在发力的角度上与前述路径和方法存在差异，机制保障和文化普及针对的不是破坏市场竞争的制度因素，而是制度背后的东西。那就是竞争文化培育制度。竞争文化氛围的形成将为竞争推进提供坚实的社会基础和文化土壤，竞争主管部门独立机制则确保国家最高决策的过程中，始终有独立不受干扰的竞争政策表达。扬汤止沸不如釜底抽薪。制度层面的问题固然重要，制度背后的保障机制和文化观念更是关系到解决问题的根本办法。竞争文化对一国竞争法律制度的基础性作用，以及在整个竞争推进制度中的重要地位，笔者在第二章中已经做了阐述。这一点也已经为世界许多国家认可，并一直为它们所坚持。

第一节　竞争文化培育制度概述

一、竞争文化培育的含义

“竞争文化推动一个良性管制下的市场（a well regulated market），从而使整个经济领域里，资源分配和产品生产过程更有效率。竞争文化鼓励企业在创新、价格、产品质量等方面与对手展开竞争”，最重要的是，竞争文化能确保由此产生的效率“不会集中于某一个企业，而是带给消费者更多的选择和更大的福利,推动环境保护和可持续发展”。[1] 总的来看,竞争文化培育工作是一项长期、缓慢的过程,它要改变的往往是一个国家、一个民族的传统文化中不利于市场经济和竞争机制生存和发展的因素。移风易俗之艰难是可以想象的,但新风气一旦确立给社会带来的推动力也是难以估量的。因此,无论是已经建立了完备的市场经济体制的国家,还是正在构建公平的市场竞争机制的国家,无不把竞争文化氛围的培育作为一项重要的长期战略来筹划和部署。

关于如何进行竞争文化培育这个具体问题,基于国际经验可以总结出一些基本的行动方向。一般认为,能否将一个国家或者社会的文化氛围称为“竞争文化”,可以有以下几个供参考测度的因素:首先,看这个国家是否拥有一个对市场竞争具有积极意识的消费者群体,“他们愿意在竞争法的实施过程中发挥积极的作用”,“愿意主动地向竞争主管部门提供信息”,甚至“愿意主动参与到一些竞争诉讼当中”。更重要的是,他们善于组成紧密的消费者团体,帮助实现全体消费者利益的最大化。其次,看这个国家是否拥有一个在竞争问题上负责任的企业群,“企业要尊重并践行符合竞争政策和竞争法要求的各类标准”,除了守法,它们也许还要更积极主动一些,如“保持企业运作的透明化、在公司治理上更亲合于竞争政策价值”,等等。再次,看这个国家是否拥有一个敏感于竞争问题的媒体群,这也是竞争文化所必不可少的,“它们要懂得如何唤起大众对竞争问题的重视,积极支持竞争主管部门的工作”。[2] 最后,看这个国家是否拥有一个具备竞争法和竞争政策意识的政策制定者群体。竞争推进区别于竞争执法的一个重要特点,就在于它的主要对象之一是国家的公共机构,即政策制定者。这个群体不受竞争执法的约束,但他们的决定却足以对竞争法和竞争政策产生根本性的影响。因此,政策制定者群体如果具有良好的竞争政策意识,这个国家的公共政策就必然会与竞争政策相融;反之则容易相悖。

二、竞争文化培育的具体措施

首先,在竞争推进的语境中探讨“竞争文化培育”的含义,自然离不开上述四个方面的测度因素。竞争文化培育的目标就是通过一定的措施来推动一个国家范围内,尽快培养上述四方面的群体,从而在该国范围内形成一种有利于竞争法和竞争政策实施的文化氛围。因此,竞争文化培育的具体措

---

〔1〕 See CUTS, *Towards a Healthy Competition Culture*.

〔2〕 See CUTS, *Towards a Healthy Competition Culture*, pp. 32-33.

施大致也可分为四个方面,即分别针对社会公众、企业、媒体以及公共政策制定者的倡导。只不过,针对前三个群体的倡导措施具有很大的类同性,因为公众、企业和媒体都不是特定的个体,而是分布广泛,竞争主管部门只能通过一些宣传、教育手段来对他们起到间接影响。而公共政策制定者则相对要具体得多,竞争主管部门对他们采取的倡导措施可以很有针对性。其次,竞争文化培育有别于其他竞争推进措施的特点在于,它不带有任何的强制性。因此,各国竞争主管部门所采取的竞争文化培育措施,都体现为教育、宣传、劝说等方式,是对市场竞争机制的一些基本理念进行推广,效果是间接的。以下将具体列举一些不同国家在竞争文化培育方面采取的具体措施,前两类是针对公众、企业和媒体的措施,后两类则重点运用于公共政策制定者。

(一)宣传和公众教育制度

从竞争文化的形成轨迹来看,有些国家是内源式的,它们先有竞争文化,继而自然生成出竞争法律制度,如美国等具有市场经济传统的国家。还有些国家则是外源式的,它们先有竞争法律制度,竞争文化却还没有形成气候,国内公众对市场竞争知识的理解和接纳还有待提升,需要人为的推动。如日本、韩国等经济赶超型国家和巴西等发展中国家。[1] 对于后者,需要有一个机构来长期致力于国内竞争法和竞争政策知识的推广,这与推广任何新生事物的措施大致相同。例如,巴西在如何宣传教育公众方面有很好的经验;韩国国内大企业林立,大企业之间关系错综复杂,甚至牵动国内经济政治环境。长久以来,如何引导大企业主动遵守竞争法律——竞争合规指导,是韩国公平交易委员会重点思考的问题。于是我们看到,KFTC 建立了一套专门针对大企业的"志愿合规项目",运行的效果也不错。

(二)经济萧条时期反竞争思潮的应对制度

欧美等发达国家大多具有市场经济的传统,在竞争法和竞争政策的宣传与公众教育方面似乎无须着力过多,然而,宣传与公众教育措施对它们来说也并非毫无用处,只不过它们面对的情况可能更为隐蔽。经济史告诉我们,每当欧美经济陷入萧条时期时,国内容易滋生对市场机制不信任的情绪,如果听任这些情绪蔓延而置之不理,结果将是十分危险的,有的甚至引起政治、经济精英的响应,进而引发反市场的经济政策。于是我们看到,欧洲国家非常重视经济萧条时期对竞争文化的持续宣传,尤其是应对那些反

---

〔1〕 参见徐士英、丁茂中:《竞争文化的法律研究》,载符启林主编:《暨南大学法律评论》(第1卷),法律出版社2007年版,第55页。

竞争的社会思潮。

(三)公共决策咨询制度

美国联邦贸易委员会较早地意识到竞争文化培育的重要意义,它们在这方面的尝试也领先于世界其他国家。例如,FTC自20世纪80年代即开始针对那些对市场竞争影响较大的问题,向特定的公共部门或社会组织发放竞争推进函(advocacy files),期望借此在那些重大问题上与相关部门达成一致,共同推进市场竞争机制的完善。这一制度有赖于竞争主管部门长期的研究积累,和其本身对于其他公共机构的影响力。这对于我国未来竞争主管部门如何完善其自身职责具有启发意义。

(四)竞争主管部门与管制部门协调制度

进入20世纪后,不少发达国家逐渐开始重视对美国经验的研究。它们意识到,竞争主管部门除了组织竞争执法之外,还应当采取措施积极影响那些具有规则制定权的部门,其中又以各类管制部门最为重要。管制行业往往是一个国家最为排斥竞争政策的领域,相应地,管制部门也往往是最后接纳竞争政策的公共部门。因此,竞争主管部门对管制部门的影响,对于促进国内形成有利于竞争政策的文化氛围至关重要。因为,一旦管制部门接受了竞争政策的基本价值,那么,它们在考虑管制政策和具体的管制措施时,就很可能愿意采取对竞争政策伤害最小的方式。在不少国家实践的基础上,OECD开始对其成员国竞争主管部门积极影响管制部门的例子进行梳理研究,由此形成了竞争文化培育制度中的又一种行之有效的措施。

第二节 宣传和公众教育制度

一、竞争法律的宣传教育:巴西的经验

竞争文化的宣传和公众教育以普通消费者为目标人群,这一群体共同的特点是人数众多、分布广泛、知识程度和文化背景各异。因此,在选择具体的宣传教育方法时,不宜采取过于专业的手段,而应当采取相对通俗易懂的语言,群众喜闻乐见的形式。巴西是一个典型的发展中国家,国内群众对于市场经济、公平竞争的理解程度比不上西方发达国家,其国内竞争文化的发展很大程度上依赖于竞争主管部门的主动宣传。近年来,他们总结出的一些经验受到国际组织的推荐,对发展中国家而言具有启发意义。

(一)巴西竞争法出台的社会背景

巴西1962年就颁布了竞争法,负责实施竞争法的主管机构由几个部门

共同组成,包括财政部经济监管局(SEAE)、司法部经济法律司(SDE),以及一个在行政序列上隶属于司法部的独立机构——保护经济行政委员会(Administrative Council for Economic Defense,CADE)。

和很多发展中国家一样,由于巴西有着较强的政府干预经济传统,保护国内产业的政策以及价格管制机制等因素,这部法律在许多年里都处于沉睡状态。这种现实情况也说明,不改变国内经济政策传统,竞争法律是没有发挥作用的空间的。在这种背景下,巴西于1994年制定了一部新竞争法(Law No. 8884),它在内容上特意包含了全面的经济改革制度,例如贸易自由化、管制政策改革,以及宏观经济稳定化政策等。巴西竞争当局坚信,1994年新竞争法颁布意味着新的竞争文化的种子在巴西重新播撒,随着时间的推移,巴西终将能够从价格管制走向竞争政策。而为了整合力量,早日实现这个目标,在8884号法律颁布当年的11月,巴西几个负责执行竞争法的政府部门就决定成立一个跨部门的组织,即巴西竞争政策阵线(Sistema Brasileiro de Defesa da Concorrência,SBDC),[1]这个组织将负责协调各部门事务,进而做好竞争法律文化的传播工作,应当说这是一个专司竞争推进的机构。

新的机构成立之后,它面临的最大挑战就是要尽快在全社会传播竞争价值并抑制反竞争行为。过去的巴西,持续多年的价格管制体系导致国内社会形成了一种根深蒂固的观念,即"只有受管制的价格才是公平的,受管制的价格要比竞争环境下产生的价格要好得多","这种对竞争问题上相对缺乏意识的状态,真切地影响着其他行政部门和其他部门(立法和司法部门),以及商业社会",它们"很难转而信任自由市场——竞争——作为最佳的配置资源的方法"。不仅如此,那些"与竞争的好处、竞争法存在性以及竞争主管部门的执法的那些观念"甚至都还没能在全社会范围内得到广泛的传播。[2]

(二)巴西SBDC的媒体传播战略(communication strategy)

1999年以来,为了转变巴西社会的固有观念,巴西竞争主管部门(SEAE以及其他SBDC的成员部门等)非常重视在消费者、商人、政府部门、国会议

---

〔1〕 该机构也被称为"Brazilian Competition Policy System,BCPS",http://pt.wikipedia.org/wiki/Sistema_Brasileiro_de_Defesa_da_Concorr%C3%AAncia,Feb. 10,2010.

〔2〕 See SEAE Technical Team, "*The Importance of Communications: Enhancing Competition Advocacy in Brazil*",http://www.seae.fazenda.gov.br/central_documentos/documento_trabalho/2002-1/doctrab24.pdf,Feb. 12,2010. [hereinafter *Enhancing Competition Advocacy in Brazil*]

员以及法院等群体中强化竞争文化(competition culture)的意识,SBDC联合其成员部门,利用国内媒体展开了多项卓有成效的竞争文化传播工作。

1.设立文化传播专员策划传播活动

SEAE为此设立了文化传播专员,从利用好和媒体的关系入手。设立该专职人员之后,“SEAE自1999年起实施了通过互联网加强透明化和信息传播的政策,从此,世界各地的人们可以方便地获得巴西竞争政策中最重要的信息、SEAE和SDE发布的企业并购指引、一系列公告、文章、研究报告以及机构工作年报等文件”。SBDC还联合三个组成部门建立了例行信息公开和新闻发布会机制,去通报有关业绩以及最近相关案件的重要决定。文化传播专员则“十分关注公报的用语,以确保易懂、明了和直接,而筛选掉了那些复杂的技术论证过程”。这种做法方便了新闻工作者理解竞争政策,从而使与竞争政策有关的信息“在一般社会公众中的传播速度明显加快”。[1]

2.部门领导人直接参与媒体宣传

SBDC各部门的负责人会在巴西国内最大的报刊上撰写文章,并且经常被新闻工作者在他们的新报道中引用。例如,来自保护经济行政委员会(CADE)的两位前委员就坚持每周在重要报刊上撰写与竞争政策有关的专栏文章。

3.竞争政策知识路演(road show)和公众讨论

SBDC的媒体传播战略(communication strategy)还包括面向最基层群众的竞争政策知识宣讲,有时竞争主管部门的负责人会被邀请至电视台、电台作演讲,面向政府基层官员、企业经营者及其雇员或者最基层的巴西群众,宣讲竞争政策的基本知识,这被称为“竞争政策知识路演”。在灌输型地传播基本知识的基础上,SBDC还会借助媒体掀起一些有关竞争政策的全民讨论,无论是有专业背景的人士,还是一般民众,都可以加入到讨论中去。SBDC认为这种讨论要比被动地灌输竞争政策知识更能唤醒人们对竞争政策的关注,最近SBDC还在酝酿将起草中的竞争法律或政策交由全民讨论,并吸纳讨论的结果。

(三)经验总结:把公众作为竞争政策的最佳盟友

从整个传播工作的实施效果看,巴西国民竞争政策知识的丰富,以及竞争意识的提高对巴西竞争主管部门实施竞争政策起到了很好的支持和推动作用。SEAE认识到,国民竞争意识传播工作最大的效果就是给巴西竞争主

---

〔1〕 See *Enhancing Competition Advocacy in Brazil*.

管部门带来了一个强有力的“联盟”——巴西民众。如SBDC一直主张要建立一个全国统一的竞争主管部门,以加强竞争政策的实施效力,这一主张就得到了来自民间的广泛支持;而巴西政府曾经针对国内石油零售业存在已久的卡特尔提起控告,这一措施也被公认为是由于受到了来自民间的巨大舆论压力而为之。[1]

二、竞争合规指导:美、韩两国的经验

(一)美国医院交换护士薪金信息系列案件中的合规指导经验

20世纪90年代初,美国发生了一系列医院间共享护士薪金信息,并以此拟定本院护士薪金标准的案件。由于同业竞争者之间就经营管理或者技术开发方面的信息进行交流和讨论,经常涉及的都是各个企业在经营管理或者技术开发方面遇到的共性问题,所以在一定程度之内是有利于行业提升管理和推动技术进步的。在美国,学者把这种交流和讨论活动概括称为“基准问题项目”(Benchmarking Programs)。客观来看,适当的讨论能够起到交流经验、提高效率,促进行业整体发展的好处;[2]但也确有相当一部分的信息沟通可能会引发同业竞争者的勾结,促成卡特尔的产生。尤其是在反垄断法律制度诞生之后,同业竞争者之间的信息交流活动就可能有违反反垄断法的嫌疑。因此,当医院之间共享护士薪金信息的事件暴露后,司法部和几个联邦法院也很快予以回应。1993年和1994年,司法部分别针对康涅狄格州和犹他州的数家医院发起反托拉斯调查,案件聚焦在这些医院是否根据医疗工会的年度护士薪金信息,来固定护士薪金标准。[3] 联邦法院和司法部都发现,上述医院交换信息的目的,“极有可能造成了一种反竞争影响,为此联邦法院对这一系列案件作出了有罪判决,认为医院的行为已经违背了谢尔曼法的规定”。而这一判决也是联邦法院对此类案件的一贯态度,早在20世纪初的一些涉及同业竞争者信息交换的案件中,法院就确立了以合理原则对案件进行评估的先例。法院会综合涉案行业的性质、产业组

---

〔1〕 See *Enhancing Competition Advocacy in Brazil.*

〔2〕 例如,在电脑软件行业,一家或者几家企业会发起针对某项新技术的基准问题测试,为的是了解同业其他企业曾经使用过的不成功的开发思路,从而节省整个技术的开发周期。

〔3〕 Antitrust & Trade Reg. Rep. (BNA) (Feb. 25, 1993), pp. 196; United States v. Utah Society for Health Care Human Resources Administration, et al., 1994-2 Trade Cases (CCH) 6670, 795, 70, 844, and 70, 845 (D. Utah 1994). See Pillsbury Winthrop Shaw Pittman LLP, "*Benchmarking and the Antitrust Laws*", http://library.findlaw.com/1997/Jul/1/131309.html, Mar. 11, 2009. [hereinafter*Benchmarking and the Antitrust Laws*]

织结构、基准问题测试本身的属性、发起项目的企业的本意、项目的效果等因素，判定交换信息的行为是否违背反托拉斯法律。[1]

康涅狄格州和犹他州的数家医院利用基准问题项目，达到了固定本地区护士薪金的非竞争目的，但这并不代表基准问题项目这一方法是百分之百违背竞争法的。在很多时候，正当的基准问题项目，可以有效地起到促进竞争的作用。例如，“一些企业通过共享各自提供服务的标准，标准低的企业得知还有更高标准存在时，就会促使自己努力赶上并超过竞争对手”。[2]也正因为如此，美国的一些行业组织会专门进行“产业基准问题研究”(industry benchmarking)，以期促进本行业内生产技术的进步。可见，基准问题项目本身是一种中性的工具，关键在于如何利用它。一般说来，那些“与价格、成本、市场份额等要素信息联系越紧密的基准问题研究越容易触犯反托拉斯法律，而针对生产技术、消费者需求等内容进行的基准问题研究则正好相反”。此外，“发起基准问题项目的企业，以及参与项目和利用项目结果的企业，用何种态度来对待这些信息，也将直接关系到项目是否违反反托拉斯法”。[3] 为此，反托拉斯执法机构很有必要对企业间的这种行为给予一些引导和规范，以防止放任自流而导致的无谓违法。

美国司法部曾针对医疗保健行业关于器材采购方面的基准问题项目发布一些引导规则，例如，在以下两种情形满足时，将不会对这种行为发起调查：(1)参与联合采购的总金额不超过相关产品或服务市场内总销售额的35%；(2)参与采购的产品或服务的成本低于每一个参与者销售服务或产品年收入总和的20%。[4] 司法部和联邦贸易委员会还曾联合发布政策指南，针对医疗保健行业发起基准问题项目的类型进行指导。例如，医疗企业参与关于医疗服务价格，或者从业人员工资薪金、卫生保健人员收益等方面的基准问题项目时，满足以下情形就可以不被追究反托拉斯法律责任：(1)相关调查是由第三方管理和实施的；(2)调查所得到的信息在向参与调查者提供时，应当延迟3个月以上；(3)至少有5家以上的企业参与上报数据，并且没有一家企业的数据在统计中占据超过25%的权重，而每个参与者所获得数据必须是经过充分的整合处理过的，以保证参与者无法辨认出其他单个

---

〔1〕 See *Benchmarking and the Antitrust Laws*.

〔2〕 See Kathleen H. J. Liebfried and C. J. McNair, *Benchmarking: A tool for continuous improvement*, New York: Harper Business, 1992, p. 344.

〔3〕 See *Benchmarking and the Antitrust Laws*.

〔4〕 DOJ Business Review Letter to Patrick M. McAdam (December 2, 1985). See *Benchmarking and the Antitrust Laws*.

参与者所申报的原始数据信息。[1]

(二)韩国志愿合规项目的主要内容

2001年,韩国公平交易委员会受到美国处理医院交换护士薪金信息案件的启发,发起了一项名为"志愿合规"(Voluntary Compliance Program)的工作项目。他们认识到,对企业进行一定的引导,往往比一味强调反垄断法的高压、威慑的效果要好,而且政府的投入也可以因此节省很多。

2001年7月,在公平交易委员会的组织下,来自13个私营产业的代表组成的"公平交易志愿合规委员会"起草了一份志愿合规章程。根据这个章程,每一个参与到志愿合规项目的企业应当自觉做到以下七项工作:(1)企业遵守反托拉斯法律的承诺应当清晰地向其全体员工予以说明;(2)该企业应当任命一位高级职员来监督企业内部的合规活动;(3)一定向每一位员工发放合规守则——包括一些简单明了的行为准则,并且让员工理解其内容;(4)企业应当采取合理步骤确保让每位员工了解各种标准和程序;(5)企业内部应当建立一套监控系统,以确保在违法行为可能产生的早期就得到发现和回应;(6)企业应当适度加强对那些违反竞争法的员工的惩罚;(7)志愿合规项目实施过程的细节和进展情况应当被妥善地记录和保存。[2]

企业实施"志愿合规项目"的核心要领则在于对员工的教育和培训,因为员工是落实企业经营策略的触手,他们作出的任何不恰当行为,都可能将整个企业拖入反托拉斯违法的深渊。因此,"既然一个企业已经把遵守反托拉斯政策作为了既定战略,那么它就应当尽可能地让自己的全体员工明白这一点",[3]尤其是对于一些大型跨国集团而言,这一点尤为重要。要让每一个地区的员工都理解反托拉斯政策,就必须把反托拉斯政策简单化和清晰化,前面提到的合规守则就是为了达到这个目的。一些专家还为大型企业总结了有针对性地教育员工的方法,例如,可以把员工分为两大类,一类是不知道反托拉斯法律的员工,另一类是知道但不在意反托拉斯法的员工。

---

〔1〕 See Department of Justice and Federal Trade Commission, *Statements of Antitrust Enforcement Policy in Health Care*: *statement* 6, http://www.ftc.gov/bc/healthcare/industryguide/policy/statement6.htm, Apr. 12, 2010.

〔2〕 See Nam-kee Lee(Chairman of Korea Fair Trade Commission), "Toward an Advanced Market Economy", http://eng.ftc.go.kr/utility/quicksearch.jsp? pageId=0501, Apr. 22, 2010. [hereinafter *Nam-kee Lee Paper*]

〔3〕 See Michele Lee, "Building an Effective Antitrust Compliance Program: International and Cultural Challenges," *Antitrust Compliance Bulletin*, March 2006, http://new.abanet.organtitrustSearchable%20Antitrust%20Libraryat-compliance-march-06-article-04.pdf, May 11, 2010. [hereinafter *Michele Lee's Paper*]

针对第一类人，企业应当让他们明白，不了解反托拉斯法并不能豁免他们的反托拉斯法律责任；而对于第二类人，企业可以用严厉的反托拉斯法律责任来对他们进行教育，那些恶劣的反托拉斯行为所对应的沉重惩罚，甚至是刑事责任，可以有效地警醒原本对反托拉斯政策不够重视的员工。[1]

而作为实施该项目的回报，公平交易委员会则承诺，当企业已经充分实施了该项目，但仍然产生了违反反垄断法的行为时，公平交易委员会将减轻对其的处罚。根据项目实施的规范，凡是建立了该项目的企业，在触犯竞争法律时，能够获得20%的罚款减免；而建立了该项目且存在自觉改正违法行为情形的企业，则能够获得高达40%的罚款减免。[2] 从实践的效果看，韩国公平交易委员会借鉴发达国家在应对“基准问题项目”时的经验，在国内企业界引入的“志愿合规项目”得到了企业界的广泛认同。截至2005年，全国范围内已经有257家企业参与了这一项目，它们都建立了内部制度，建立了专门的监管团队，确保企业的各项经营措施严格遵守竞争法的规定。[3] 为了让“志愿合规项目”的实施规范更加科学，以更好地促进企业实施该项目的积极性，韩国公平交易委员会在2007年对实施规范进行了修改，对原来粗线条的罚款减免制度进行了细化：首先，对建立了项目实施记录的企业实行分级制，层级越高的企业将能够获得越多的罚款减免，减免额度则从原先固定不变的20%，变为最低层级15%到最高层级30%的区间，从而鼓励企业不但要建立项目，还要争取实施得越来越好。在此基础上，把原先自愿改正违法行为即可获得40%罚款减免的规定，更改为因为“志愿合规项目”发挥作用而对违法行为存在自愿改正的企业，可以享受另外20%的罚款减免。[4] 这就保证了企业更加重视该项目。

(三)经验总结：预防胜于惩治

从竞争主管部门的角度看，“志愿合规项目”可以节约大量的政府资源。韩国公平交易委员会竞争政策中心主任李东奎(Dong-kyu Lee)指出：“如果企业缺乏自觉遵守竞争法的意识，那么政府必须投入大量的管理资源，然而一旦志愿合规项目成功地推开，企业能够自觉地遵守竞争法律，为执行法律

---

〔1〕 See Michele Lee's Paper.

〔2〕 See Korea Fair Trade Commission, 2008 *Annual Report*, p. 24.

〔3〕 See Asian Develop Bank, *Competition Law Toolkit*, “Enforcement Mechanisms, J. Competition Law Compliance Programs”, http://www.adb.org/Documents/Others/OGC-Toolkits/Competition-Law/complaw091000.asp, Jun. 7, 2010. [hereinafter *ADB Competition Law Toolkit*]

〔4〕 See Korea Fair Trade Commission, 2008 *Annual Report*, p. 24.

而耗费的社会成本就能够达到最低限度。”[1]从企业自身经营的角度看,当前全球范围内反托拉斯立法已成为趋势,目前全世界已有近90个国家以各种形式建立了竞争法律规范,其中68个国家设有专门的竞争主管部门,部门数量达122个之多(有的国家设有多个竞争主管部),[2]而随着美国率先通过判例确认反托拉斯法律的域外效力以来,各国家和地区都倾向于对外国企业适用本国竞争法律。近年来,欧盟、韩国、日本都出现了针对外国公司的高额反托拉斯罚款。这些现象无疑使企业所面临的反托拉斯法律风险也变得越来越突出。为了尽量降低这种违法风险,企业必须建立风险的内控机制。况且,实施“志愿合规项目”可以得到韩国公平交易委员会减轻处罚的承诺,这就更加有利于企业规避违法风险。从市场的长远发展角度看,“志愿合规项目”调动了企业自觉遵守反托拉斯法的主动性,而企业的自觉行为可以有效地促进整个国家形成良好的竞争文化氛围,这也是“将企业管理水平向更高层次提升,以适应21世纪发展”的重要方法。[3]

第三节　经济萧条时期反竞争思潮的应对制度

一、经济周期对竞争文化的影响

经济运行上述期间,社会的产品总需求等于或大于总供给,社会对资源的消费能力具有持续增长的态势。这种情形下,过度竞争所造成个别企业的失败从而带来的社会资源浪费,会被社会总产出的大量增长所消化。只要前者导致的资源浪费程度在可承受范围内,那么总体上竞争就是有效率的。而一定程度的过度竞争是产生自由、公平竞争的基础,因此,经济运行上升期间,竞争政策能够得到社会整体生产效率层面的支撑。相反,当经济运行处于下行区间,甚或是产生经济危机时,社会的产品总需求小于总供给,社会消费能力趋于萎缩,生产也相应地收缩。此时,过度竞争导致的资源浪费不再能为社会总产出所抵消。从经济效率层面,激烈的竞争难以得到支撑,自由和公平竞争的政策理念就会受到抵制。在社会心理层面,经济周期也会造成类似的影响。经济上行区间,产品充足、消费旺盛,社会心理倾向于鼓励进入市场,扩大生产。经济萧条时期,消费低迷、生产停滞,社会

---

[1] See *ADB Competition Law Toolkit*.

[2] See *Nam-kee Lee Paper*.

[3] See *Nam-kee Lee Paper*.

心理则倾向于排斥进入者,协同企业行为以共同减少损失。对竞争政策而言,前一个时期显然更为有利。

可见,经济的周期化运行会给竞争政策带来周期性影响。经济运行处于平稳上升区间时,竞争政策理念更容易得到社会和决策层的认同;相反,经济运行处于下行区间,甚或是遭遇经济萧条时,自由公平竞争的理念和政策容易遭到来自各方面的抵制。

二、经济萧条时期竞争主管部门面临的主要矛盾

在经济萧条时期,竞争主管部门在坚持竞争政策主张时,会遇到一些不同于经济上升时期的困难。

首先,政府和社会公众容易误认过度竞争带来的经济失序是引发经济萧条的原因。经济萧条发生后,政府和社会公众首要思考的问题是导致经济萧条的原因。由于经济萧条的表现形式是生产过剩,人们对生产过剩的直观感受就是生产者数量太多。初步结论很容易导向一个方面,即市场准入门槛太低,导致市场竞争者的数量泛滥。对应这个结论的解决办法就是加强监管,人为抑制过多的市场参与者和他们相对过剩的生产行为。管制措施正好契合了这一思考方向。于是,经常可以看到的情形是,经济萧条时期,自由市场精神和相应的政策受到压制,管制政策则受到推崇。

其次,竞争导致的市场出清与经济复兴的表面矛盾。政府在经济萧条时期的首要任务是提振经济活力,具体措施就是要保证企业,尤其是规模以上企业的运转。然而,经济危机本身就是对过去一段时期内市场中各类经营者效率状况的集中"考核",市场机制的优胜劣汰效应会在经济萧条时期集中显现。被市场验证为低效的企业,将在经济危机爆发后退出市场,留下来的则是为市场认可,更具发展前景的优质企业。从长远看,这种优胜劣汰效应与政府提振经济的政策目标是一致的,只有淘汰了低效企业,经济才能具备持续发展的潜力。然而,它又与政府要在短期内克服经济不景气的迫切希望相矛盾,政府要尽力减少大量企业"出局"给经济带来的震荡,市场退出管制政策就应运而生。这种应对经济周期的政策一旦运用失当,反而会抑制市场机制的自我净化功能,因为把大量低效企业强行滞留在市场内,拉低了未来市场配置资源的总效率,从而将一次破坏力更大的经济危机的诱发因素潜伏下来。

三、经济萧条时期应对反竞争思潮的具体措施

如前所述,在经济萧条时期,从政府到社会公众都可能对市场竞争机制

产生误解,甚至对其采取抑制、限缩的措施,因此,竞争主管部门要承担比经济上升时期更沉重的竞争文化培育任务。

首先,要对引发经济危机的原因正本清源。误导政府和社会公众对竞争政策产生怀疑的直接因素,是它们对经济萧条原因的误认,因而,解除这种误认的最根本办法就是论证经济萧条的真正原因。在经历2008年世界金融危机以后,西方国家开始盛行对银行业采取更为严厉的管制措施的观点。对于这一观点及其政策主张,不少国家的竞争主管部门开始着手对经济危机产生的真正原因进行分析说明,以帮助政府在调整金融产业政策时,正确处理金融产业内的市场竞争秩序问题。其次,要反复宣传竞争机制与经济发展的长期关系。经历经济萧条会动摇政府和社会公众对市场竞争机制的信心,而对此唯一的办法只有反复宣竞争传机制与经济发展的关系,尤其是在长远周期中,竞争机制将不断促进经济高效发展的观念。最后也是最具实际效果的策略,就是要抵制那些意在放松竞争政策实施的政策主张。

2008年全球金融危机发生后,英国政府对于国内金融产业所采取的一系列措施很具有代表性。2009年3月,英国竞争委员会(Competition Commission)联合公平交易办公室(Office of Fair Competition)举行"经济危机时期金融行业竞争政策论坛"。其中一个重要论题就是,诱发本轮金融危机的原因是管制不足还是管制失误?牛津大学的约翰·维克斯(John Vickers)教授、竞争委员会专家克里斯托弗·斯莫尔伍德(Christopher Smallwood),以及英国国家经济研究协会(National Economic Research Associates,NERA)的马克·威廉姆斯(Mark Williams)博士一致认为:"本轮金融危机与其说是管制不足(mis-regulated)造成的,不如说是管制失当(under-regulated)更为恰当","对于亚洲、中东地区的制造业、石油产业产生的大量闲散货币集中追逐欧美资产的行为,早在数年前就已经埋下了系统风险因素,而欧美等国的金融监管机构并没有引起足够的重视,反而任由金融机构推高资产泡沫"。因此,金融危机本是金融监管机构严重失职和金融业集体的贪婪造成的,金融产业中的竞争政策对危机的发生不应当担负任何责任。相反,由于金融业长期以来养成了"享受行业发展的好处,逃避行业萧条的责任"的习惯心理,在这种背景下,如果放松行业竞争政策的执行,"允许大规模企业兼并,纵容滥用市场优势的行为",反而会助长金融行业中的不良因素。[1] 与竞争委员会的行为形成呼应的，是英国金融服务局(Financial Service Authority)在2009年3月发布了名为“特纳观察“(the turner review)的专题报告，对引发本轮金融危机的原因，以及构建未来金融产业政策的基本方向进行了论述。报告没有提出任何加强管制、限制竞争的政策主张，而是认为，一个开放、竞争的金融市场更有利于产业的健康发展。[2]

第四节 公共决策咨询制度

一、美国“竞争推进函”制度

竞争推进函(competition advocacy file)是美国联邦贸易委员会向相关部门发出的，专门用以阐述竞争政策、推动竞争政策，并且劝说对方不要对竞争机制进行不恰当干预的政府信函。

FTC发放竞争推进函的历史可以追溯到20世纪80年代。[3] 笔者可以接触到的有详细记录记载的首次竞争推进函发放于1985年，该函件是由FTC向俄克拉荷马州北区联邦法院发出的。1981年，俄州议会通过了“俄州不公平销售法案”，规定商品不能低于成本价销售。该州一些药品超市随即以遵守该法案为由达成了最低价格协议，防止药品以过低价格销售。沃尔玛在俄州的药品超市没有参与这项协议，依然以颇具竞争力的价格销售药品，对前述超市造成极大的威胁。因此，参与协议的数家超市以沃尔玛违反俄州不公平销售法案为由，向法院提起诉讼要求赔偿。本案审理过程中，FTC以“法庭之友”(Amicus Curiae)[4]的身份向俄州北区联邦法院发出竞争推进函，说明了俄州公平竞争法不能视为允许和鼓励企业达成价格固定

---

[1] See “*Report of Competition Commission Roundtable held at Victoria House, London, on* 30th. *March* 2009”, http://www.competition-commission.org.uk/our_role/speeches/pdf/seminar_300309_summary.pdf, May 6, 2010.

[2] See “*The Turner Review, a regulatory response to theglobal banking crisis*”, http://www.fsa.gov.uk/pubs/other/turner_review.pdf, Jul. 12, 2010.

[3] See Zywiciki's paper.

[4] Amicus Curiae 是一个拉丁词汇，翻译成英文为“friend of the court”，是指案件当事人以外的人向法庭阐述某些法律观点的行为，通常作这种阐述的都是某个方面的专家，并且是一种志愿行为，不能由任何一当事人申请启动，法庭自主决定是否采纳其观点。Http://en.wikipedia.org/wiki/Amicus_curiae，访问日期：2010年1月4日。

协议的依据,建议法院驳回该案。[1] 20 世纪 80 年代以后,这类函件的发送数量一直维持在每年数十份的规模上,受到美国竞争政策波动的影响,数量上也有些起伏变化。(见图 13)

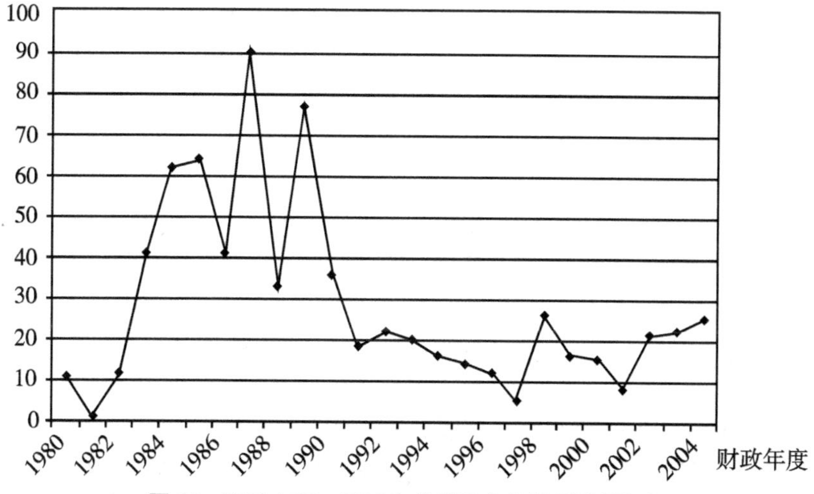

图 13　FTC 1980~2004 年发放竞争推进函数量[2]

2004 年以后的情况也基本维持了这一趋势,2005 年发放 29 份,2006 年 23 份,2007 年 22 份,2008 年 19 份,2009 年 13 份,2010 年 17 份,2011 年上半年发放 11 份。[3] 为了更清晰地了解 FTC 在选择竞争推进函发放对象问题上的倾向,以及竞争推进函所关注的事件主题,笔者统计了近五年来 FTC 发放竞争推进函的具体情况。(见表 7、表 8)

---

〔1〕 See *Brief of The Federal Trade Commission as Amicus Curiae in Support of Wal-Mart Stores, Inc.'s Motion to Dismiss*, http://www.ftc.gov/opp/advocacy/1985/P854622.PDF, Jan. 5, 2009. [hereinafter *advocacy filing* 1985]

〔2〕 See Zywiciki's paper.

〔3〕 根据 FTC 网站公布的信息统计,http://www.ftc.gov/opp/advocacy_date.shtm#2005,访问日期:2011 年 7 月 24 日。

表7 FTC选择竞争推进函发放对象情况〔1〕

对象 年度	国会	管制部门		法院	州议会	州行业协会	其他部门
		联邦	州				
2011	1	3	—	1	4	1	—
2010	—	9	—	—	1	4	3[i]
2009	—	5	—	1	4	2	1[ii]
2008	—	3	2	4	6	—	4[iii]
2007	—	2	1	7	5	1	6[iv]
总计（比例）	1（1.3%）	22（30.6%）	3（4.2%）	1（1.3%）	24（33.3%）	8（11.1%）	13（18.1%）

注：i. 包括环境部、联邦储备监察委、联邦金融机构监察理事会；

ii. 包括联邦健康和国民服务部；

iii. 包括住房和城市发展部、房地美、美联储、财政部；

iv. 包括财政部、美联储、马萨诸塞州公共卫生部、国防部、联邦电子支付局。

表8 FTC竞争推进函关注事件主题情况〔2〕

主题 年度	医疗	公用事业	石油	电信	反托拉斯法律适用	金融	其他行业	经济政策
2011	5	2	1	1	—	—	2	—
2010	2	5	—	3	—	2	2	—
2009	2	4	—	2	1	—	4	—
2008	6	5	—	—	4	—	—	4[i]
2007	1	2	2	—	7	1	1	5[ii]
总计（比例）	16（21.1%）	18（23.7%）	3（3.9%）	6（7.9%）	12（15.8%）	3（3.9%）	9（11.8%）	9（11.8%）

注：i. 包括对住房贷款和解法案草案提出意见，对美联储禁止某些按揭行为的法规

〔1〕 根据FTC公布的数据统计，http://www.ftc.gov/opp/advocacy_date.shtm，访问日期：2011年7月24日。

〔2〕 数据来源与表7同。

提出意见,对财政部烟酒税方案提出意见;

ii. 包括对财政部财政费用使用中的不公平和欺诈行为规则草案提出意见,对次贷消费者信息规则提出意见,对某州议会拟通过的诊所限制法案提出意见,对全国身份信息保密规则提出意见,对全国电子支付系统建设方案提出意见。

从上述统计看出,无论是竞争推进函的发放对象,还是所关注的主题,FTC 都是有选择的,近五年 FTC 发出推进函最多的对象依次是州议会、联邦管制部门和州行业协会,这些部门也恰好是最有可能对竞争机制产生限制和干预的部门。在所关注的主题上,FTC 也多选择那些受到严格管制、限制竞争行为高发的领域,如公用事业、医疗业。另一个值得注意的问题是,FTC 还主动针对一些重要部门的经济政策发放竞争推进函。这些特点都说明,竞争推进函针对的是特定部门行使公权力的行为,尤其在为特定行业扫除不恰当的制度阻碍以引入和培育竞争方面意义重大。

二、竞争推进函的优势与不足

分析 1985 年至今 FTC 所发出的竞争推进函可以发现,这一函件的基本结构是稳定的。首先,函件是以 FTC 职员研究报告的口吻起草的,所有观点也都以 FTC 职员个人的身份提出,但署名者不乏 FTC 的中高级别领导。笔者认为,这样处理的原因有两个:一是在美国国内,FTC 发放竞争推进函的行为没有明确的反托拉斯法直接依据,仅是作为 FTC 向其他政府部门提供信息的一种方法;二是竞争推进函对接受者来说没有法律约束力,若以 FTC 官方的口吻起草,容易给发放和接受函件的双方造成尴尬。而 FTC 的中高级别领导多为赫赫有名的业内专家,他们的署名可以有效提升推进函的影响力。

其次,函件基本由三个部分组成,一是所阐述所针对的事件与 FTC 的利益相关性(interests of the FTC),二是事件对竞争机制或者消费者权益不良影响的具体分析,三是政策建议。其中,在利益相关性部分,FTC 要不厌其烦地反复强调其依法保障市场竞争机制不受任何非法干预的职权,这也有助于化解接收方的抵触情绪,提升推进函本身的法律地位。此外,函件的论证过程大多简洁明了,很少引用复杂的逻辑推理,经济学或者数学证明的过程尤其罕见,这也是出于最大限度地提高函件接受者的理解方便程度的考虑。这一点也已被多位 FTC 高层领导肯定。

最后,从 FTC 的内部程序看,发放竞争推进函是一个既严肃又极其严格的过程。一是 FTC 每年发放的推进函总量有限,这就意味着在选题上十分严格。一般来说,最终完成对外发放推进函的项目,大多已经经历了长达一年甚至数年的研究、筹备,有时还会增加公开征集社会评论、学术研讨等多种程序,以提高推进函的质量。二是推进函从完成起草到最终发出,需要经过FTC全体委员的讨论和票决。前文提到推进函大多以职员研究报告的形式对外发放,尽管如此,在FTC内部,并不把推进函的发放视为职员的个人行为,相反,推进函是否能够发放取决于全体委员的票决结果,是一个典型的部门决策行为。而且,推进函发出后,FTC会通过其网站公布整个函件从立项研究到起草直至票决的全部信息,包括票决的结果。这些都为提升函件的影响力起到了推波助澜的作用。

还有一点值得注意的是,FTC有时会选择与另一个竞争主管部门——联邦司法部共同发放竞争推进函。回顾过去五年的记录可以发现,FTC在2007年至2011年与联邦司法部共同发放的推进函有11件,约为总发放量的1/8。笔者逐一查看了这些推进函的选题后发现,在选择与司法部共同发放的推进函中,有6件是以法庭之友的身份针对在审案件发给联邦最高法院的,还有2件类似的发给州最高法院,另外的1件发给州长、2件发给州议会。[1] 从发放对象上看,与司法部联合发放显然是为了增加对以上“强势部门”的影响力,FTC在发放推进函问题上的策略性可见一斑。

第五节 竞争主管部门与管制部门协调制度

管制部门是管制政策的具体实施者,竞争主管部门应当加强与管制部门的合作,对其施加影响,宣传竞争政策对提高管制行业整体发展效率的好处,以此获取管制部门对竞争政策的好感,从而支持在管制行业内引入竞争的各种措施。“不同国家在推进竞争机制的改革方面有着不同的路径选择,但林林总总的改革路径背后,根本目标是一致的,那就是不断扩大竞争机制在资源配置问题上发挥作用的空间”。[2] “在很多情形下,竞争机制必须借

---

〔1〕 分别是:就密歇根州不动产服务政策致密州州长,就有关核准类一般药物的市场准入立法致纽约州议会,以及就医疗改革计划项目中关于许可证发放的内容致伊利诺伊州议会。See *Commission Approves Filing of Joint FTC/DOJ Comments with Michigan Governor on Real Estate Services Provision*, http://www.ftc.gov/opa/2007/06/fyi07253.shtm, Jan. 5, 2010; *FTC/DOJ File Joint Comments with NY State Assembly Committee on the Unauthorized Practice of Law*, http://www.ftc.gov/opa/2007/04/fyi07238.shtm, Jan. 6, 2010; *Federal Trade Commission, Department of Justice Issue Joint Statement on Certificate-of-Need Laws in Illinois*, http://www.ftc.gov/opa/2008/09/illcon.shtm, Jan. 6, 2010.

〔2〕 See OECD, *Relationship between Regulators and Competition Authorities* 1998, p. 7, http://www.oecd.org/dataoecd/35/37/1920556.pdf, Feb. 16, 2008. [hereinafter *Relationship between Regulators and Competition Authorities*]

助改良后的新型管制制度来慢慢培育,而不是骤然的转型"。[1] 也可以认为,正是这种新型态的管制制度可以"减少体制转型带给生产效率的负面影响,确保消费者权益不被忽视,并且为吸引新增投资提供一定的政策担保"。[2] 这也是竞争主管部门和行业管制部门相互协调合作的基础。

一、部门定位差异是协调制度存在的原因

理论上,竞争主管部门的职权范围通常应当覆盖整个市场经济领域,它们首要的职责是保护消费者利益,防止企业合谋或兼并导致削弱竞争,或者以牺牲消费者利益的方式排除竞争者的机构。行业管制部门的职权范围则是针对一个或者少数几个行业,这些行业内政府认为仅仅靠竞争主管部门监管下的私人市场机制,公共利益难以得到充分的保护,从而决定授权某个企业或者机构来直接行使制定的技术、营销方式或者价格。当然,两个部门之间的差异并不像下个简单的定义那样简单,而是体现在诸多方面。

第一,目标定位的不同。"竞争主管部门倾向于保证经济效率和市场竞争机制功能的发挥,因为这将有利于消费者福利和国内经济整体效率的提升";"相比之下,行业管制部门所追求的政策目标则要复杂得多",[3]"如分配问题、市场机制失灵问题(除了垄断问题之外)等"。[4] 在行业管制部门所追求的众多非竞争政策目标之中,"有的是为了确保市场向可竞争性的环境转变,有的是为了确保更为重要的公共利益。例如,向社会公众提供低成本的急救服务、电力产业中的环境保护问题等"。有些时候,"行业管制部门不同的政策目标追求,可能致使其容忍或者鼓励限制竞争的市场结构,例如行业管制部门为了实现普遍供应目标,而容忍在位垄断企业实施交叉补贴行为时"。[5]

第二,实现目标的方法不同。竞争主管部门在实施竞争法律的过程中,重在维护竞争的过程,防止个别企业串谋实施限制竞争的行为。管制的目的在于,当市场机制运行出现缺陷时,或者仅凭市场机制难以产生足够满足社会需求的福利时,通过政府干预来予以弥补。因此,"行业管制部门虽然

---

〔1〕 See *Relationship between Regulators and Competition Authorities*, p. 7.

〔2〕 See Antonio de Vera, *Introduction to Economic Regulation*, p. 3, http://www.adb.org/Documents/Produced-Under-TA/34315/intro.pdf, Mar. 11, 2009. [hereinafter *Introduction to Economic Regulation*]

〔3〕 See *Relationship between Regulators and Competition Authorities*, p. 25.

〔4〕 See *Relationship between Regulators and Competition Authorities*, p. 25.

〔5〕 See *Relationship between Regulators and Competition Authorities*, pp. 24-25.

不是要主动地压制竞争，但管制政策却常常是作为市场机制的替代品出现的，例如设定价格和限定产品或服务的质量”。[1] 在时效性问题上，竞争政策的实施主要是事后干预（企业合并控制除外），而管制政策则主要是事前的和持续性的。竞争主管部门和行业管制部门在实现政策目标方法上的不同还体现在，竞争主管部门在竞争执法的过程中不光注重对限制竞争的行为的规制，而且对市场结构问题有较高的警惕性。相比之下，行业管制部门并不十分警惕市场结构给竞争机制带来的威胁，它们对行业的控制能力强，“自信能够在不通过间接调整市场驱动的前提下，直接对企业的行为施加影响，并且能够更好地实施这种干预主义路径所必需的持续性监管，并且，它们不担心由此引发的对市场行为的不必要的影响”。[2]

第三，受行业的影响程度不同。竞争主管部门和行业管制部门都必须独立于其监管对象，较少受到某一个行业的影响。行业管制部门则针对特定的行业设立，并不断强化对管制行业的渗透和了解。因此，“行业管制部门自身的观点很可能逐步与行业内企业的观点相一致起来，例如害怕业内竞争强度的提升”。因为这会导致在位垄断企业的市场支配力削弱，从而使“行业管制部门对行业的控制力下降，更难以推进诸如普遍服务、环境保护、能源安全战略等政策目标”。[3]

第四，技术性管制是行业管制部门的专长。从技术性管制的内容上看，它与竞争主管部门的专长并不契合。“尽管竞争主管部门在规制反竞争行为时要设定一些行为标准，但要妥帖地把握好技术性管制职权，竞争主管部门可能需要相当数量训练有素的工程技术人员”，[4] 以确保对特定行业的技术特性的了解。而事实上，绝大多数国家的竞争主管部门多由具有法律和经济学背景的人员组成。

二、开展部门协调的基本原则

尽管在如何才能分配好竞争主管部门和行业管制部门的职权，以不断推动竞争机制发挥作用方面，有很多不同的模式，但基于前文的比较，还是

---

〔1〕 See *Relationship between Regulators and Competition Authorities*, p. 25.

〔2〕 See Federal Energy Regulatory Commission Distinguished Speaker Series (Address by Joel I. Klein), *Making the Transition from Regulation to Competition: Thinking about Merger Policy During the Process of Electric Power Restructuring*, http://www.justice.gov/atr/public/speeches/1332.htm, Jan. 11, 2009.

〔3〕 See *Relationship between Regulators and Competition Authorities*, p. 28.

〔4〕 See *Introduction to Economic Regulation*, p. 21.

可以得出一些方向性的结论:[1]

首先,管制是过渡性的,不能解决根本问题,并且不是所有的经济转型或者市场失灵问题都需要组建一个行业管制部门去解决。即使是为了实现市场的自由化进程而进行的经济管制,也应当有一个终止期限,只要市场机制能够有效地控制资源配置时,就应当终止管制。

其次,将管制权和竞争执法权独立配置,最有利于确保两种政策分别由最合适的机构来执行,但也确实会牺牲一定的机构协同效率,以及可能引发企业受到不同指令影响的风险,这是必须尽力避免的。

再次,尽管技术性管制可能不适合由竞争主管部门来实施,但如果一项政策兼具竞争执法和管制的属性,那么在决定配置推进该项政策的权力时,要注意竞争主管部门和行业管制部门在基本功能上的不同,因为这可能对它们如何执行这一复合性政策造成较大的影响。

最后,无论是否存在行业管制部门,当涉及竞争执法方面的问题时,应当确保竞争主管部门排他性的管辖权,或者至少与行业管制部门分享一定的管辖权。

可见,竞争主管部门和行业管制部门分立以及在推进竞争问题上的权力分置是有必要的,OECD 对其成员国的考察研究也证明了这种权力分置存在多种形式。[2] 但是,机构分立、权力分置的目的不是牵制,而是更好地发挥机构的比较优势,在推进竞争问题上取得超越的效果。因此,跨部门协调机制的形成对于竞争推进而言就具有突出的重要性。不同国家在这个问题上有不同做法,笔者将通过对 OECD 部分国家的跨部门协调机制进行的类型化分析,给我国的相关制度设计提供一些借鉴。总体看来,OECD 成员国家的竞争主管部门与行业管制部门的协调机制可以分为三大类型:一是为大部分国家所采行的基本模式,即两个部门在分权基础上进行充分资源共享的模式;二是行业管制部门对管制权力进行自我克制的模式,这可以起到凸显竞争主管部门的作用;三是以竞争主管部门为绝对核心的模式,行业管制部门基本淡出市场运行。虽然后两种模式属于少数国家的探索,但也不失为有益的补充。

---

〔1〕 See *Relationship between Regulators and Competition Authorities*, pp. 33-34.

〔2〕 根据 OECD 的考察,这种分权模型无外乎以下五种:第一,行业管制机构在本行业内行使优先管辖权,包括执行竞争法律。第二,竞争主管部门兼具竞争主管部门和行业管制机构的职权。第三,不存在行业管制,所有管制性的政策目标都已经包含在了竞争法及其实施过程当中。第四,平行设立竞争主管部门和管制机构,分别行使竞争执法权和经济管制权。第五,官职机构和竞争主管部门分享竞争执法权。See *Relationship between Regulators and Competition Authorities*, pp. 91-96.

三、部门协调的核心是分权与重要资源共享

(一)部门职责分权明晰

多数OECD国家都颁布了效力涵盖各个行业的竞争法,根据竞争法的规定,竞争主管部门对竞争违法行为享有管辖权。在一些需要对市场竞争机制进行适度限制的行业,则由行业专门立法授权管制部门对业内的企业进行必要的监管。这种权力配置模式是最常见、最基本的。在芬兰,竞争局(Finnish Competition Authority,FCA)根据"限制竞争应对法案"享有对限制竞争案件的普遍管辖权,也包括电信行业内的一切限制竞争案件。而根据电信市场法案,运输部(Ministry of Transport)则负责行业监管和产业促进职能。此外,电信管理中心则负责受理依电信市场法和运输部令提出的各类投诉。为了防止企业陷入管辖权的困惑,运输部或电信管理中心在处理具体案件时,都会清楚地说明哪些属于行业管理权限,哪些属于竞争主管部门的权限。[1]

(二)重要资源共享

首先,行业管制部门与竞争主管部门之间建立了案件移送机制。根据电信市场法案的规定,运输部或电信管理中心所处理的业内有关事务可能涉及违反限制竞争应对法案时,它们就可以将这部分问题移送竞争局处理。[2]

其次,行业管制部门与竞争主管部门之间建立了资源共享(信息资源、人力资源)机制。2006年1月,FCA与芬兰能源市场局(The Energy Market Authority,EMA)签署了正式的合作备忘录。"在必要时可由两个机构组织联合市场调查,并且互相为对方职员提供专业知识培训",在案件处理过程中"共享案件调查信息,组织共同磋商",[3]还可以相互征求对方对案件初步处理方案的意见。

类似的制度设计在意大利竞争法中也可以看到。例如,意大利保险业管制部门(ISVAP)拟作出"与限制竞争协议、滥用市场支配地位或者企业合并有关的决定之前,必须向竞争主管部门提出给予事前无约束力的意见的

[1] See *Relationship between Regulators and Competition Authorities*, p. 142.

[2] See *Relationship between Regulators and Competition Authorities*, p. 141.

[3] See *FCA and EMA Stress Importance of Cooperation in Monitoring Electricity and Natural Gas markets*, at http://www.kilpailuvirasto.fi/cgi-bin/english.cgi? luku=news-archive&sivu=news/n-2006-01-27, Feb. 21, 2008.

要求”,“如果竞争主管部门在 30 天内没有收到该要求,则竞争主管部门可自行启动出具意见的法定程序”。[1] 意大利电信管制部门在“决定与限制竞争协议、滥用市场支配地位或者企业合并有关的决定时”,也负有相同的法定义务。[2] “另一方面,当电信管制部门在处理涉及确定某个企业具有相当的市场支配地位、确定电信网络互联互通以及网络使用条件的具体问题时,竞争主管部门也有出具事前非正式意见的义务”。[3]

四、部门协调的具体经验

(一)管制部门自我约束

前文中曾经提到过一个关于竞争和管制的初步结论:“管制是过渡性的,不能解决根本问题,并且不是所有的经济转型或者市场失灵问题都需要组建一个行业管制部门去解决。即使是为了实现市场的自由化进程而进行的经济管制,也应当有一个终止期限,只要市场机制能够有效地控制资源配置时,就应当终止管制。”加拿大在其电信法当中即设计了一项用于克制和终止管制的管制宽容制度。

据加拿大电信法的规定,当其行业管制部门——加拿大广播电视和电信委员会(Canadian Radio-television and Telecommunications Commission, CRTC)认为,电信服务市场的现状或者未来的发展将和电信促进政策的目标基本一致时,就可以不再积极行使管制权力,而把“干预”的空间让位给市场机制。一旦“有事实表明,对加拿大民众提供某一项或者几项电信服务所处的市场已经或者必将进入充分竞争的状态,以至于用户的利益可以得到充分的保护,那么委员会(CRTC)即可决定,在其认为合适的范围内,无条件或附条件地对部分或全部企业,暂停适用法案规定的有关义务”。[4] 这些义务大多是直接针对企业经营行为的管制。[5] 相反,“当委员会认为依法所实施的管制宽容政策不适当地伤害到该服务所处的市场的竞争机制,也

---

[1] See Italian Competition Act(Law No. 287/90), section 20, paragraph 4.

[2] See Italian Communication Act (Law No. 249/97), section 1, paragraph 6, letter *c*), point 11.

[3] See Italian Presidential Decree no. 318/97, respectively section 1, letter *am*); section 4, paragraph 9; section 4, paragraph 17; section 9, paragraph 2.

[4] See Canadian Telecommunications Act, section 34(2).

[5] 这些被豁免适用的依电信法规定的企业经营义务包括:第 24 条对服务条件的限制,第 25 条要求进行费率申报认证的规定,第 27 条规定的公正和合理费用标准的义务,第 29 条关于互联互通合作协议的申报认证规定,以及第 31 条关于责任限制的规定。See Canadian Telecommunications Act, section 34(1).

可以立即停止这种管制宽容政策”,[1]从而就为市场机制失灵时政府进行必要的干预留下了空间。

加拿大电信法设置“管制宽容”制度,使管制部门“在特定的情形下,能够主动克制或者放弃部门管制职权”,为“减少或者尽可能地削弱政府对特定行业产生的不利影响”提供了可能性,而这样的制度“最终也是契合于行业立法关于促进行业持续健康发展的初衷的”。[2]

电信法的规定并没有停留在纸面上。1992 年,CRTC 发布了一项命令,要求国内两大电信巨头——Unitel Communications Inc. 和 B. C. Rail elecommunications/Lightel consortium,将其掌控的电信网络设施向所有电信运营商开放。这项命令对加拿大电信服务行业的范围、价格和多样性产生了深远的影响,使电信服务市场,尤其是长途电话业务领域的竞争状况大幅度提升。在这种背景下,加拿大竞争局向 CRTC 正式提出了在长途电话业务领域实施“管制宽容”的要求,竞争局表示,“长途电话市场已经充分竞争,可以实施范围宽广的管制容忍。除了要确保电信交换机市场的自由进入之外,应当对长途电话市场全面放开管制”。[3] CRTC 采纳了竞争局的意见,于 1996 年作出决定,宣布除了仅保留“通话费最高额限制”(ceiling on basic toll rates)这一管制措施外,主动放弃了其他管制措施的实施。

(二)竞争主管部门“管束”管制部门

这种模式下,竞争主管部门的权力已经扩大到了行业管制事项,有的国家甚至不再设立专门的行业管制部门,而是以竞争主管部门代行其职。这样做的好处是,行业管制将以是否符合竞争政策作为价值导向。荷兰是这一模式的先行者,其率先建立了“无专门行业管制规则”(no sector specific rules)。

1996 年底,荷兰政府开始对原本处于行业管制下的国有垄断行业进行改革,一年后,荷兰竞争法颁布实施。在改革之初,政府高层就已经明确树立了一个观念,即“只有祛除一切对市场竞争机制产生限制作用的制度,才能够确保生产效率的最大化。政府对市场的干预必须是以确保竞争机制的无障碍运转为前提,而绝不是要在某个方面成为市场力量的替代者出现”。“竞争政策是永恒的,即使需要管制制度,那也不过是暂时性的对竞争机制

[1] See Canadian Telecommunications Act, section 34(3).

[2] See *Relationship between Regulators and Competition Authorities*, pp. 116-117.

[3] See *Relationship between Regulators and Competition Authorities*, pp. 117-118.

的修补”。[1] 因此,荷兰在处理竞争主管部门与行业管制部门的协调关系问题上,建立了以竞争主管部门——荷兰竞争局(Netherlands Competition Authority,NMa[2])为绝对核心的规则,“当不需要引入行业管制机制时,就绝不多此一举”,[3]目的就在于要去除一切可能干预市场竞争机制发挥作用的制度障碍。荷兰的制度设计使在绝大多数情况下,竞争主管部门能够对管制部门给予足够限制,这种限制的强度之大已经实际上使竞争主管部门对管制部门形成了制度上的“管束”,竞争政策优先于管制政策得以实现。也可以说,竞争主管部门为核心的模式的本质特征是,以竞争主管部门作为公共决策的核心部门,尤其当决策涉及竞争与管制的抉择时,竞争主管部门能够发挥对管制部门的管束作用,以防止竞争政策被不必要的牺牲。其特点表现在以下方面。

1. 管制部门的三种存在方式

在荷兰,设立行业管制部门之前必须先对拟管制的行业进行评估。“当行业的运行状态呈现出竞争刚刚起步,业内企业数量不多,市场进入并不那么自由等情形时,行业管制才被认为是有必要建立的”,并且行业管制必须聚焦于“推动市场进入自由和价格符合成本水平”等狭窄的领域,以促进整个行业向开放竞争转型。即使是获准设立的行业管制部门,其在地位上也以依附于NMa为普遍,以独立设立为例外。荷兰行业管制部门有三种存在方式:

“第一,NMa自身即兼顾行业管制部门角色,即如果没有什么特别需要,NMa就兼顾其行业管制的职责,这种方式在荷兰较为普遍,无须多言。

“第二,在NMa中设立专门的下设机构作为行业管制部门,在职权、人员配备上都有一定的独立性,因而具有更为丰富的行业专门知识,也有更多的精力去从事推动行业改革转型的工作。

“第三,独立于NMa设立的行业管制部门,仅当竞争机制难以有效解决行业发展问题时,才需要建立这种专门管制制度。”[4]

值得注意的是,“而在这个转型的过程中,行业管制部门的职权范围必须被严格限定”,“但凡可能与竞争法产生冲突或重叠的区域都必须尽力予以缩减”。并且,“管制制度相对于竞争法而言是暂时性的和补充性的,应当

---

〔1〕 See *Relationship between Regulators and Competition Authorities*, p. 188.

〔2〕 荷语缩写。

〔3〕 See *Relationship between Regulators and Competition Authorities*, p. 189.

〔4〕 See *Relationship between Regulators and Competition Authorities*, pp. 195-196.

定期组织评估”,[1]一旦设立专门的行业管制部门的条件不再具备,前述第二种和第三种方式就必须向第一种方式回归。

2. 限制管制部门的重大决策权

当管制部门采取上述第二种和第三种方式设立时,行业管制部门相对于 NMa 而言具有不同程度的独立性,因此,为了维护 NMa 的核心地位,荷兰规定了两项确保 NMa 指导限制行业管制部门的制度:“一是协调合作制度(co-ordination),即行业管制部门作出的任何决定必须事先征求 NMa 的意见;二是批准制度(approval),即行业管制部门作出的任何决定必须获得 NMa 的批准。”[2]

3. 取消管制部门的法规制定权

与大多数国家不同的是,“荷兰的行业管制部门无权制定管制法规,不能对企业的行为进行一般性的限制,而只负责执行立法机关(政府或国会)制定的行业立法,为了执行法律的目的,可以在行业立法的框架内出台一些政策性规范”。[3] 这就极大地限制了行业管制部门对企业的影响力,进而使市场竞争机制受到不当干预的概率降到最低。

第六节 竞争文化培育是一项长期任务

竞争文化培育作用于包括其他政府部门在内的一切社会公众,在市场机制已经得到普遍认可的国家,竞争倡导的作用在于不断强化和巩固这一认识,在市场机制还不那么被社会公众接受的国家,竞争文化培育则有助于转变这种认识。竞争文化培育的方式有很多,可以是通过各种宣传、教育的方式对社会大众普及与市场竞争机制有关的知识,可以直接针对某个政府部门的某项具体事件发放专门的劝导函件,可以是竞争主管部门与管制部门的协调机制,还可以是在经济萧条时期,及时扭转社会公众对市场机制可能产生的误读。总的来看,竞争文化培育的措施不带有任何强制性,效果也不是立即体现,但却需要竞争主管部门投入大量的精力。这种对比使很多国家的竞争主管部门对其的关注程度有限,尤其在初步引入竞争法律制度

[1] See *Relationship between Regulators and Competition Authorities*, p. 195.

[2] 许可制度并不意味着行业管制机构需要事无巨细地向竞争主管部门申报许可,通常的做法是,管制部门事先与竞争主管部门就实施管制的若干原则达成一份协议,然后管制部门根据协议的规定行使具体职权,竞争主管部门给予一定的监督。See *Relationship between Regulators and Competition Authorities*, pp. 196–197.

[3] See *Relationship between Regulators and Competition Authorities*, p. 193.

的国家,对竞争文化培育的重视和投入都不足。不及时扭转这种趋势,则很可能引发竞争文化氛围不足——竞争文化培育投入不足——竞争文化氛围不足的恶性循环。

第六章　竞争推进的发展模式比较

竞争推进对于建立一个更具活力的市场经济环境具有积极作用。中国当前面临如何进一步推进和深化市场经济体制改革的任务,将竞争推进制度引入我国是有必要的,但需要寻找到合适的制度移植方法。一项成功的制度移植,需要以洞悉制度发展的背景为基础。尽管竞争推进在域外的发展过程中,形成了高度趋同的三大核心制度,但是需要进一步探讨的问题是,这些国家在开展竞争推进的过程中,是否具有发展模式上的细微差别?尤其是那些与各自国情的差异紧密联系的差别。如果上述问题的回答是肯定的,那么,在不同的发展模式下,一个国家在运用竞争推进的三大制度时是否也存在个性化的选择?进而,我国当前的情形与哪种发展模式更为接近?这些问题都是在探讨竞争推进的中国化之前,所必须回答的。本章就是要在已经实施竞争推进的国家中,重点选取几个具有典型代表意义的国家或地区作类型化分析,并在此基础上对照分析我国的情况,以期解答上面的问题。

第一节　竞争推进的三种发展模式

笔者经过梳理对比发现,不同国家实施竞争推进的方式是存在差异的。回溯竞争推进产生的原因,是理论界对竞争执法机制局限性的反思,因此,联系竞争推进与竞争执法的相互关系来看世界主要实施竞争推进的国家,它们引入和发展竞争推进的模式可以划分为三种类型。

一、以成熟执法经验为基础的竞争推进

这种类型主要集中体现于市场经济发展成熟的国家,它们经历了第一次工业革命,较早地进入了工业化大生产。国内市场经济的法律环境和各项制度体制健全,也率先建立起了竞争法律体系,积累了丰富的竞争执法经

验。其国内竞争主管部门意识到传统竞争执法路径在实现竞争政策目标方面的种种局限,主动将工作资源逐步转移到竞争推进中去。

美国是这一类型的典型代表国家。竞争推进的理念最早诞生于美国,这与美国历史上对市场经济的推崇及其国内的竞争文化分不开。最初,竞争推进的提出是基于对竞争执法机制的反思,进而发展出来用于弥补竞争执法的种种不足的补充制度。当然,不少在竞争法律制度的发展轨迹上与美国具有类似经历的发达国家,也都或多或少地采取了与竞争推进极为相似的措施,只是它们没有将这些措施归集起来提出"竞争推进"的概念。因此,在选择发达国家样本时,美国的经验是不能忽视的。

二、与竞争执法同步发展的竞争推进

这种类型主要集中体现于经济赶超型国家,它们大多也具备市场经济的制度基础,但在经济上落后于发达国家。出于经济赶超的目的,政府对资源调配采取了更多主动的措施,希望加速资源调配效率,尽快实现产业提升。这些国家的经济腾飞都离不开政府的强力推动,但也都或多或少地牺牲了市场经济自身的活力。政府对经济的深入参与是"双刃剑",给这些国家竞争法律制度的发展造成了较大的局限,政府运用竞争法律来维护市场秩序的经验相对薄弱,竞争执法的动力也不强,有的国家甚至长期缺乏竞争执法经验。在它们之中,不少国家是在赶超型经济政策显现出缺乏活力的弊端后,才开始意识到政府调控始终无法替代市场经济,进而产生了对竞争法和竞争政策的内在需求。在这些国家,竞争推进的发展可以说几乎同步或者略微领先于竞争执法,它们实施竞争推进的主要目的在于为竞争执法创造良好的体制环境,因此竞争推进在这些国家的发展轨迹十分具有代表性。

日本、韩国是这一类型的典型代表国家。"从 19 世纪末到"二战"结束前,日本是帝国主义列强俱乐部中的唯一非西方成员",日本自明治维新起就开始了经济赶超的道路,尤其在经历了"二战"期间的摧毁性打击之后,日本经济的迅速恢复创造了赶超型国家发展的模式。20 世纪 60 年代起,亚洲"四小龙"(韩国、中国台湾、中国香港和新加坡)又差不多复制了日本发展的模式。[1]

---

〔1〕 参见夏光:《东亚现代性与西方现代性:从文化的角度看》,生活·读书·新知三联书店 2005 年版,第 1~2 页。

三、作为竞争执法的先导的竞争推进

这种类型主要集中体现于经济转型国家。20 世纪 80 年代末,苏联、东欧计划经济实践的失败使一大批计划经济传统的国家开始向市场经济体制转型。这些国家自“二战”后建立起计划经济体制的传统,国内的法律和经济文化不认同市场主体的独立地位,不承认市场机制对资源调配的效率。然而,在体制转轨的背景下,这些国家在很短时间内引入了市场经济法律制度,但与之相配合的市场竞争文化却很难迅速确立。此时,竞争推进承担的任务更为艰巨。一是在体制转轨的早期,竞争推进要破除原有体制对竞争的阻碍,并完成对竞争观念的普及;二是在体制转轨基本完成后,竞争推进还要积极推动竞争法律制度的建立,并为维持竞争法律制度的良好运行扫清制度障碍,以及提供文化层面的支持。

俄罗斯是研究经济转型国家竞争推进模式的最佳样本。世纪之交苏联高度集中计划体制的崩溃,直接导致了世界范围内大部分计划经济体制国家集体转向。苏联解体后,承继其大部分国土和主要经济传统的俄罗斯同样着面临如何解决经济发展活力的问题。后来的事实表明,俄罗斯选择了主动引入和建立市场经济体制的道路,相关改革措施延续至今。

四、模式比较的重点

在上述三种不同发展模式的基础上,本章关于竞争推进发展模式的比较试图进一步围绕以下两个方面展开:

第一,关于竞争推进与竞争执法的关系。竞争推进与竞争执法是实现竞争政策目标的两大手段,竞争推进发展模式上的区别,是否会影响到一国竞争主管部门的核心功能定位?如果竞争主管部门可以根据本国实际,选择实现竞争政策目标的重心——是以竞争推进为主,还是以竞争执法为主,那么,作为人为引入竞争推进制度的国家,我国首要的任务应当是正确地定位自我发展的模式,然后,再根据该种发展模式的特点,有针对性地在竞争推进与竞争执法之间寻找平衡。

第二,关于竞争推进内部各项制度的关系。竞争推进内部由三大核心制度构成,竞争推进发展模式上的区别,是否会影响一国竞争主管部门在这三大制度的选择上有所侧重?如果竞争主管部门可以根据本国实际,有重点地采取某一项或几项具体的推进制度,那么,作为人为引入竞争推进制度的国家,我国就应当发挥后发优势,根据别国经验来有选择性地采取相应的推进制度。

第二节　竞争推进三种发展模式梳理

一、以成熟执法经验为基础的竞争推进：美国样本

（一）竞争推进产生于对竞争政策的全国性讨论

美国经济在20世纪70年代陷入了严重的“滞胀”，不少观察者认为，过度的政府管制应当对经济滞胀负部分责任。1974年10月7日，时任联邦贸易委员会主席刘易斯·英格曼（Lewis Engman）发表演讲，将国家的某些经济问题归咎于不合理的竞争政策，尤其是问题重重的运输管制政策。英格曼讨论了民航局如何通过限制新航运公司进入市场及控制航线分布，提高机票价格。他还指出，州际商务委员会合法化了卡车运输公司的固定价格行为。英格曼的结论是，有效竞争政策的缺失导致了较高的运输成本，从而损害了美国整体经济。[1] 由于英格曼公开发表了关于拓宽反托拉斯政策适用领域，以反托拉斯政策作为管制政策的替代政策的演讲，竞争政策的重要性开始为更多的学者重视，并引发了连续的讨论。此后，FTC也开始主动以扩大竞争政策的适用为目的而采取一些劝说和影响其他政府机关的措施。因此，英格曼的这次演讲被很多学者认为是确立美国当代竞争推进地位的标志。[2] 由于此时的学者和联邦贸易委员会官员们强调的是竞争主管部门对其他政府部门的影响作用，可以视为FTC对其他政府部门行为的“干预”，因此竞争推进也常常被称为“干预项目”（intervention program）。

刘易斯·英格曼卸任后，迈克尔·佩克舒克（Michael Pertschuk）主席开始将FTC在竞争推进上的投入进一步扩大，FTC在1977~1980年，以国际贸易、医疗、运输以及农业等领域为重点，向联邦多个部门发出政策评论意见，劝说有关部门放松对各自管制领域的竞争限制，以及在实施各种联邦法令时考虑到对竞争秩序的保护。在迈克尔·佩克舒克主席卸任前，其领导下的竞争局组织撰写了对前一阶段竞争推进的总结报告，指出：“在传统观念中，竞争局把实施反托拉斯法的重点放在私人限制竞争行为上，并通过调查和裁决私人案件来处理这类限制。然而渐渐地，我们开始意识到来自政府

---

〔1〕参见商务部条法司：《于广洲副部长会见美国联邦贸易委员会主席梅杰罗斯》，载商务部网：http://tfs.mofcom.gov.cn/aarticle/dzgg/f/200605/20060502126220.html，访问日期：2009年2月15日。

〔2〕See Zywiciki's paper；Celnicker's paper.

管制政策对竞争的限制也是相当严重的。管制可以去全面地替代竞争性的市场力量,或者管制可能被认为可以修复市场失灵。在很多存在管制的情况下,竞争受到了严重的影响,经济效率也受到严重限制。虽然有些时候管制政策可能被证实是有效的,但站在竞争政策的立场上,此时的管制必须是在竞争政策所允许的范围内不得不实施的,而且必须保证管制对竞争性的市场力量的伤害是最小的。而如果想要把前述这些观点'兜售'给那些执行管制的机构,那么 FTC 竞争局的竞争推进措施就是唯一可行的选择","竞争推进项目在促进联邦贸易委员会的竞争目标方面发挥了重要的作用"。[1]

(二)竞争推进机构的建立与适用范围的扩展

1981~1985 年出任 FTC 主席的詹姆斯·米勒(James Miller)对迈克尔·佩克舒克主席在竞争推进方面的观点和实践给予了肯定和继承,他一如既往地强调竞争推进对于实现竞争政策目的的重要性,在他的任期内主要对竞争推进作出了两项重要改革。

首先,在其之前,FTC 负责竞争推进事务的内设机构一直是竞争局,有时消费者保护局和经济局也会在有关放松管制的基础理论问题上给予帮助,但并没有一个固定的跨部门工作机制。米勒在对前一阶段竞争推进的效果进行回顾和评估之后意识到,竞争推进报告要起到真正影响其他政府管制机构的目的,就必须在理论上和实践上具备充足的说服力,而这需要 FTC 各内设机构之间的合作。为此,米勒在任期间,尝试将竞争推进项目集中到消费者保护局管理,并且要求竞争局、经济局和消费者保护局共同对 FTC 拟发出的每一份政策评论意见作出评估和修改,并且还首次尝试由 FTC 委员对这些评论意见进行讨论通过。

其次,在 1983 年以前,FTC 的竞争推进措施主要都是针对联邦政府层面的。这主要有两个方面的理由:一是根据联邦贸易委员会法案的授权,FTC 主要承担为联邦政府(立法、执法和司法机构)搜集和提供有关信息的职能,这种立法历史导致了 FTC 长期以来将竞争推进活动的范围局限在联邦政府层面。二是 FTC 认为针对仅在某一个州和地方范围内的限制竞争行为实施竞争推进,产生的收益和投入的成本相比悬殊太大。然而,随着形势的改变,这两个理由也逐渐难以为继,例如,随着 FTC 成功的竞争推进,联邦立法机构逐渐取消了一些联邦层面的管制,而利益集团开始转向各州立法机构,很多本已取消的管制又纷纷以各州立法的形式继续存在。也正是由于这类

---

[1] Memorandum form Alfred f. Dougherty, Jr., Director of the Bureau of Competition , to the Commission 1(June 30,1980), see Celnicker's paper, FN. 28.

管制政策在各州具有一定的相同性，因此，FTC 对某一类管制政策的竞争推进的投入，可以反复使用到各个不同的州，从而大大节约了成本。基于这样的考虑，米勒任内推动将 FTC 的竞争推进的适用范围从此前主要针对联邦政府层面，扩展到了州和地方政府层面。1985 年到 1987 年，FTC 总共发出了 111 份政策评论意见，其中 32%发往联邦政府层面，63%发往州政府层面，5%发往地方政府层面，[1]这阶段书面意见的发送数量剧增也正是因为基于同一个选题，FTC 可能向不同的地方政府发送类似的书面意见。

（三）竞争推进的组织结构的进一步优化

1986 年，FTC 成立了由竞争局、消费者保护局和经济局的长官组成的"推进评估委员会"（Advocacy Evaluation Committee，AEC），并要求 FTC 职员发现有可能对竞争产生限制的情形时，向该委员会发出一份简短的备忘录，旨在对 FTC 的竞争推进工作进行统一管理。1988 年，FTC 成立"消费者和竞争推进办公室"（Office of Consumer and Competition，OCC）负责对竞争推进项目进行管理，办公室的负责人同时也是推进评估委员会的主席。AEC 和 OCC 的建立使 FTC 内部在对竞争推进措施的管理上有了明确的分工：各部门职员负责广泛收集其他政府机构存在的可能对竞争机制产生伤害的行为，并就此向 AEC 报告。AEC 每周开会一次，从职员们提交的众多竞争推进选题中确定需要给予关注的事项。事项确定后，由具体负责的工作人员开始起草 FTC 政策评论意见，然后由 AEC 将意见草案递交有关局的长官征求意见后，送交联邦贸易委员会委员进行讨论和票决，得到委员们多数票赞成的草案才能成为正式的政策评论意见发往有关政府机构。

（四）竞争推进的调整与发展

竞争推进自 20 世纪 70 年代在美国被正式确立以来，一直受到竞争主管部门的重视，从前文的回顾可以看出，近 20 年的发展历程中，FTC 逐步确立了一套行之有效的制度框架来支撑竞争推进的发展。但进入 20 世纪 90 年代以后，FTC 的两任主席都选择让竞争推进项目进入一个相对收缩的阶段。珍妮特·斯泰格（Janet Steiger）主席任期内（1989～1995 年），为了缓和过去频繁的竞争推进措施导致的 FTC 与各州政府机构之间的紧张关系，竞争推进项目被有意弱化。这期间，很多竞争推进的选题被确定后，都在最后的意见起草阶段被阻止，对相关研究的资助也都受到了缩减。罗伯特·皮托夫斯基（Robert Pitofsky）主席任内（1995～2001 年），在竞争推进项目上更加强

[1] See Celnicker's paper, pp. 387-388.

调FTC与联邦其他机构之间的合作，从而稀释FTC主导下的竞争推进对竞争政策的过度关注，使这一阶段的竞争推进项目包含了更多的政策折中。此外，这一阶段的竞争推进项目的选题也限缩在较小的范围内，如电力生产和配送产业的结构重组、药品生产管制等，但由于研究力量的不足，这个阶段的竞争推进项目基本无力对前述行业内存在的限制竞争的格局造成影响。

进入21世纪之后，竞争推进项目重新受到FTC的重视，在蒂蒙西·缪里斯（Timothy Muris）主席任内（2001～2004年），有关竞争推进的研究项目开始恢复，竞争推进的选题也从过去仅局限于电力产业扩大到更多的领域，原先针对地方政府的竞争推进措施也逐步恢复。仅2002年一年，FTC就发出了各类针对不同层级的政府机构的评论意见21件，这个数字也充分说明了竞争推进项目正在向着好的方向发展。[1]

除了上述选题范围和评论意见数量上的恢复之外，21世纪的竞争推进项目更加强调国际间的合作，2009年，新任FTC主席乔恩·莱博维茨（Jon Leibowitz）在就职后不久进行的关于美国未来反托拉斯政策发展方向的演讲中，尤其强调了国际合作的重要性。[2] 事实证明，通过分享各国在竞争推进上的经验，能达到更好地促进国内竞争推进项目发展的目的。

二、与竞争执法同步发展的竞争推进：日、韩样本

（一）竞争法施行早期的“沉寂期”现象

日本禁止垄断法颁布后不久，受到东西冷战以及朝鲜战争爆发等因素的影响，为保证日本经济发展的稳定，盟军司令部不得不对原本严厉的反垄断政策作出松动。1949年的禁止垄断法修订中，原本对控股公司的限制以及对管理人员兼任方面的限制都有所放松，使企业之间的合并变得容易了许多。在这样的背景下，原本反对禁止垄断法的政策主张也开始回潮。例如，这一时期颁布的物资供需调整临时法以及对对外贸易的统制政策，都严重影响了日本国内市场的竞争秩序与活力。“由于战时经济封锁造成国内生产、生活水平低下”，禁止垄断法在“政府的政策干预、介入进一步系列化

[1] See Zywicki's paper.

[2] See Remarks of Chairman Jon Leibowitz 36th Annual Conference on International Antitrust Law & Policy Fordham Competition Law Institute at Fordham Law School September 24, 2009, http://www.ftc.gov/speeches/leibowitz/090924fordhamspeech.pdf, Sep. 22, 2010.

与自由竞争、排除垄断两大潮流的并存、对立、抗争"[1]中始终处于下风。1953年，日本再次修订禁止垄断法，设立了对在销售价格卡特尔、合理化卡特尔以及不景气卡特尔的例外制度，大肆放松对卡特尔的限制，以至于日本国内许多反垄断研究学者都认为，这一次禁止垄断法的修订是"导致反垄断政策衰退的主要原因"。[2]

日本禁止垄断法的放松使政府经济主管部门得以放手干预企业的生产经营，通产省大量利用"行政指导"的方式对特定产业内的企业的产量、价格以及设备投资水平等因素进行调整，调整的过程中，指导者和被指导者之间还可以通过不断协商来确定调整的合适范围。以钢铁行业为例，通产省主导下的"钢铁工业的公开销售制"要求"各厂家以通产省指示的生产指标为基准，每月向通产省报告各类产品预定的销售量"，"各厂家要以各自提交通产省的自我制约价格为销售价格"，并且"厂家在交易完了后，要将不同产品及不同批发商的成交数量详细上报通产省，然后将数据回送发表，销售剩余部分也要向通产省详细报告"，对于剩余的产品，"由有负担能力的批发商买下，并以此作为下个月减少生产的指标"。[3] 在国内经济重建对钢铁需求加大，以及美国钢铁工业罢工运动的背景下，通产省主导下的企业间生产、销售的卡特尔显现出了一定的效果，从而加剧了日本产业界和政界对于进一步放松禁止垄断法的政策主张。1957年，日本政府内阁会议设立禁止垄断法审议会，对反垄断提出了修订报告。该报告指出，"将自由竞争秩序视为公共利益的考虑未免狭隘"，"应该从国民经济整体利益的高度上来加以考虑"，因而应当进一步放松对卡特尔的限制，放松对企业合并的限制等。[4] 提出这种政策主张的人，实际上是被卡特尔所导致的短期经济增长所迷惑，期望以国民经济的短期快速发展来代替市场机制逐步健全之后对经济产生的巨大影响力。虽然这一修订议案由于受到国内其他政治事件的干扰而未获审议，但这也足以说明日本禁止垄断法在颁布之后的很长一段时间里，面对政府经济主管部门主导下的反竞争浪潮，是处于节节败退和沉寂的状态。

韩国反垄断法律制度在建立之初也经历了较长一段时间的冷冻期。

---

〔1〕《产业政策与各国经济》，第100页。

〔2〕《日本的产业组织》，第384页。

〔3〕[日]小宫隆太郎、奥野正宽、铃村兴太郎编：《日本的产业政策》，黄晓勇等译，国际文化公司出版社1988年版(下引称《日本的产业政策》)，第472~473页。

〔4〕《日本的产业政策》，第385页。

1980年禁止垄断法颁布之后,1981年建立的韩国公平交易委员会并不是一个独立的竞争主管部门,而是隶属于韩国经济企划院,委员会只有工作人员75人。至1990年,KFTC主席才被授予独立的决定权和处理权,不再受到经济企划院决定的影响,委员会工作人员也增加到221人。这个由弱渐强的过程持续了十年之久,直至1994年第四次修订公平交易法时,KFTC被作为一个独立的中央政府部门,直接归政府总理领导,工作人员则扩充到343人。1996年,KFTC主席由副部长级提升为正部长级,并被赋予参加内阁会议的权力,使KFTC得以参与国家重大政策的决策过程。〔1〕

(二)竞争法适用范围的扩大与竞争法律知识的普及

日本禁止垄断法诞生之后的相当长一段时期无法占据经济政策的主导地位,其本国的学者也承认,"日本的反垄断法虽然已经走过了50多年的历程,但是真正得到运用还是在1990年以后"。〔2〕但不能因此而忽视公正交易委员会在推动禁止垄断法的修订和本土化这一问题上所作出的持续努力。

如前文所述,日本禁止垄断法于1947年颁布之后,经过1949年、1953年两次修订,增加了大量的适用除外制度,使行业合法地逃离了禁止垄断法的"监管"。从各类除外适用禁止垄断法的卡特尔的数量中足以窥见这种"逃离"的剧烈程度:1965年适用除外的卡特尔数量就高达1097件,使原本为建立自由竞争环境的反垄断法沦为产业政策的附庸。〔3〕而实际在20世纪六七十年代以来,公正交易委员会就开始积极筹备和组织关于修订禁止垄断法的学术研究,"1974年,公正交易委员会通过发表修改草案的提纲使修改禁止垄断法的问题具体化",随后公正交易委员会向国会正式递交了修正案,1977年禁止垄断法修订案的通过也是"首次对该法进行强化性的修改",〔4〕修正案大规模缩减禁止垄断法适用除外,强化限制竞争行为的法律责任,这些内容都得益于公正交易委员会长期研究的积累和适时的推动。在推动禁止垄断法强化的同时,公正交易委员会还积极联络产业界反对政府过度干预市场的力量,在国会审议一些对市场秩序造成重大损害的法案时予以阻击。1958年的禁止垄断法修订法案建议、1958年的进出口贸易法

〔1〕 王磊:《韩国竞争法律制度简评》,载《中国工商行政管理》2001年第1期。

〔2〕 [日]栗田诚:《日本的规制改革与反垄断法·竞争政策》,张军建译,载《河南省政法干部管理学院学报》2007年第2期。

〔3〕 徐士英:《日本反垄断法的理论与实践研究》,中南大学博士学位论文,2006年。

〔4〕 《日本禁止垄断法概论》,第15页。

提案、1963年的促进特殊产业临时措施法提案等都因遭到严厉的批评而没能在国会上通过,"特振法"经过连续三届国会的讨论无果而最终成为废案,这些都是公正交易委员会在这方面取得的重要胜利。

为了尽快让社会公众接受和理解这部禁止垄断法,日本公正交易委员会付出了长期而卓有成效的努力。首先,对禁止垄断法中涉及的一些"舶来"概念进行解释和宣传。日本建立现代法治秩序主要借鉴的是以德国为代表的大陆法系传统,而战后盟军司令部强制引入的禁止垄断法却继受了相当多的普通法色彩,例如"竞争""对竞争的实质性限制"等概念都没有精准的法律定义,很难为社会公众理解和接受。为此,"日本公正交易委员会与东京高等法院、最高法院一同通过判例的方式对这些概念予以解释",大批的日本学者也加入对这些概念的讨论和宣传当中。这些努力都使禁止垄断法的一些基本理念能够逐步为日本产业界以及广大公众所接受。其次,公正交易委员会还结合日本的文化传统不断创设和改进具体实施制度,例如,"事先协商与事后谈判、政府和企业的协商谈判、非正式处理和半正式处理措施、灵活的适用除外规定"等措施,都有效地减弱了禁止垄断法实施中遇到的阻力。[1]

(三)竞争法实施环境的持续优化

进入20世纪80年代之后,韩国政府在对待国内经济问题上的态度有了比较明显的转变,这一点从《公平交易法》的出台和不断强化的过程中可见一斑,但建国以来政府主导经济发展的旧模式并不是一朝一夕就能够肃清的。为此,公平交易委员会自成立以来就坚定不移地利用各类资源和方式进行竞争推进,在上至最高决策层,下至一般社会公众的广大范围内,不断强化市场经济的理念和秩序。这些措施主要包括:在有关政府部门出台可能限制竞争的政策之前,积极沟通,争取将这些政策消弭于无形;主动与经济管制部门展开合作,推动垄断行业的竞争化改革;以丰富多彩的方式在社会公众中宣传竞争的理念。

1. 利用公共决策咨询机制预防限制竞争的公共政策出台

韩国《公平交易法》第63条规定,任何有关政府部门意图颁布或者修订法令或法规,发布行政命令或者采取其他措施,只要包含了反竞争的因素,该部门的首长就应当事先向KFTC提出协商的要求。这一制度在1980年《公平交易法》颁布时就已经存在,KFTC一直将其视为一项至关重要的法定

[1] 徐士英:《日本反垄断法的理论与实践研究》,中南大学博士学位论文,2006年。

权力,并为此成立了专门的部门——竞争和放松管制局。[1] 通过依法出具事前协商的意见和建议,KFTC 可以有效地阻止有关政府部门出台不利于竞争秩序的公共政策。在进入 20 世纪 90 年代之后,经过多年的探索,KFTC 在运用这一制度上的经验也越来越丰富。而从制度实施的实际效果看,其发出的意见建议对其他政府部门的影响力也越来越大。从 1991 年到 2003 年,有关政府部门依法向 KFTC 主动提出事前协商申请共计 4395 件,在 KFTC 发出回应的 850 件中,得到其他政府部门采纳或者部分采纳的共计 633 件,占全部回应数的 74%。[2] 进一步比对最近 4 年 KFTC 事先协商制度的运转情况就可以发现,KFTC 发出回应的采纳率要高于 12 年来的平均水平,呈现出良好的发展态势。(具体数据见表 9)

表 9 事前协商制度情况(1999~2002 年)[3]

单位:件

年份	提出事先协商申请	KFTC 发出回应	KFTC 回应数占总申请数的比例	事先协商制度的效果	
				采纳	不采纳
2002	381	36	9.4%	29(80.0%)	7(20.0%)
2001	432	53	12.3%	47(88.7%)	6(11.3%)
2000	481	60	12.5%	51(85.0%)	9(15.0%)
1999	561	72	12.0%	64(88.0%)	8(12.0%)
合计	1855	221	11.91%	188(85.1%)	30(14.9%)

在以上数据背后并不乏精彩的个案,例如,韩国信息和通信部在起草软

---

〔1〕 该局是 KFTC 下设专司竞争推进的机构,事先协商制度的日常工作由该局负责。竞争和放松管制局设局长 1 名、副局长 1 名,职员 7 名。See Won Joon KIM (Director, Enterprise Group Division, KFTC), "Competition Advocacy Role of the Korea Fair Trade Commission", http://www.jftc.go.jp/eacpf/05/APECTrainingProgram2002/Korea.pdf, Apr. 24, 2008. [hereinafter Competition Advocacy Role of the KFTC]

〔2〕 See Hak-kuk Joh (Vice-chairman, KFTC), "Korea's Experience in Competition Advocacy and Ways to Improve the Effectiveness of the Advocacy", http://www.internationalcompetitionnetwork.org/uploads/library/doc534.pdf, Jun. 15, 2009. [hereinafter Korea's experience]

〔3〕 See OECD, Competition Law and policy in Korea, See KFTC, "Annual Report 2002", http://www.ftc.go.kr/solution/skin/doc.html? fn = 6ce4b4d81c30ece121917eb74f63dc11d25f0130453548b5a7fafd941580b080&rs =/fileupload/date/result/BBSMSTR_000000002404/. [Hereinafter: KFTC Annual Report 2002] http://cplaw.cupl.edu.cn/upload//temp_08031110157175.pdf, Mar. 19, 2009. [hereinafter OECD Korea]

件产业促进法案的修订草案时曾预设了两项制度,即标准化软件认证系统和软件专家指定系统,前者旨在由政府主导制定关于软件行业的若干标准,后者则旨在建立获得官方认可的软件设计专业化人才队伍,目的在于授权政府直接或间接干预软件业发展中的标准问题。在与 KFTC 的事前协商过程中,KFTC 认为软件标准认证制度可能会阻止市场竞争自发形成多样化的软件行业标准,而软件专家指定系统主要的弊端在于,但凡企业参与政府招标项目时,必须要雇佣被列入官方专家名录的人员参与设计,这实际上构成了相关市场的进入壁垒。基于 KFTC 的协商意见,信息和通信部最后删去了这两项制度。又如,韩国建筑与运输部按照 KFTC 的意见,停止执行一条关于建筑产业的法令,该条法令要求建筑企业至少每两年必须有新的建设项目,否则将会被吊销许可执照。[1]

从事先协商制度的实施效果看,它基本可以杜绝韩国中央政府各部在制定政策或起草法律草案时作出伤及市场经济秩序的决策,但如何确保中央政府本级的决策也是合乎市场经济秩序的呢?1999 年《公平交易法》修订时授予了 KFTC 一项重要权力,即参与内阁会议并就有关竞争事务发表意见,这样就使中央政府本级的决策过程中,能够得到来自竞争主管部门及时有效的提醒。

2. 利用部门协调机制推动管制行业改革

为促进韩国国内既有垄断行业尽快地向开放竞争过渡,KFTC 一直努力与各行业主管部门共同建立合作机制,因为只有在工作机制上有了法定的沟通平台,才能够使自身关于行业改革的各项主张得到支持和落实。1997 年至 1998 年,在 KFTC 的直接推动下,"韩国经济管制改革委员会(Economic Regulation Reform Committee)进行了改组,KFTC 作为单位成员加入了该委员会,并出任该委员会的副主席,从而使 KFTC 真正有能力主导韩国有关管制产业的改革进程"。[2] 在 KFTC 的努力下,原本对职业介绍机构经营范围的本地化限制被取消,对旅行社行业的最低资本金要求也被废除。未来,KFTC 还计划在广播、电信、能源、金融、教育、医疗、运输等垄断化较为严重的产业进一步推进竞争化改革。[3]

3. 利用宣传和公众教育制度广泛宣传市场经济理念

广泛的宣传竞争理念可以为竞争政策的实施营造坚实的社会基础,

---

〔1〕 See KFTC Annual Report 2002.

〔2〕 See Competition Advocacy Role of the KFTC. See Competition.

〔3〕 See Competition Advocacy Role of the KFTC. See Competition.

KFTC 对宣传和教育公众方面也给予了较为充分的关注。2001 年,KFTC 在企业界发起了一场“合规项目”(Compliance Program),活动的内容主要分为七大模块,即“宣示合规(遵守竞争法律)、任命专职负责申报的人员、制定和分发申报指南、合规教育、建立监控系统、违法行为评估以及建立文件管理系统”。这一活动的主要目的是帮助企业理解《公平交易法》,并针对可能违反《公平交易法》的行为,在事前帮助企业预判其违法风险。该活动很快得到了一些大企业的响应,目前已经由一百多家企业自愿加入了这一活动,“它们认为这样做的效果要比违法行为真正发生后再采取弥补措施要好得多”。为能鼓励更多的企业加入到这一活动中来,“KFTC 还计划出台一些规定以使参与活动的企业在违反《公平交易法》时能得到处罚上的减免”。此外,KFTC 还通过“组织专家讲座、大学生模拟竞争法庭、出版公平竞争白皮书”等方式积极宣传市场经济理念。[1]

三、作为竞争执法的先导的竞争推进:俄罗斯样本

(一)俄罗斯经济体制转轨与竞争法律制度的建立

20 世纪 80 年代后期,苏联改革派为了抵御来自反对派的强大阻力,防止刚迈出的改革步伐被打回原地,必须采取效率更高的措施,“休克疗法”就在这时进入了当局的视野。[2] 当时在学术界占主要地位的激进过渡思想派认为,经过短时期的激进改革就可以进入市场经济。此后的历史证明,俄罗斯 20 世纪 90 年代所推行的激进改革并没有给其经济发展带来动力,“俄罗斯在改革头两年有 62.5%的企业和组织落入私人手中,7 个银行家和商人联合起来的垄断集团控制了俄罗斯 50%财产”。[3] 在此之后俄罗斯必须解

---

[1] See Korea's experience.

[2] “休克疗法”(shock therapy)本来是一种医学治疗方法。20 世纪 80 年代中期,玻利维亚国内经济遭遇严重危机,美国经济学家萨克斯(Jeffrey Sachs)临危受命被聘担任玻利维亚政府经济顾问。这期间他提出了将休克疗法引入经济领域,即采取一步到位的激进方式实现从计划经济向市场经济过渡。这种“大爆炸”式的改革方式很快就起到了较好的效果,玻利维亚的通货膨胀率从 1985 年的 24000%下降到 1986 年的 21.5%,1989 年又降为 16.6%。20 世纪 80 年代末 90 年代初,萨克斯又先后担任了波兰等东欧国家的经济顾问,在他的建议下这些国家也都采用他在玻利维亚成功使用过的改革方法。后来的经济学家就将这种激进的改革路径称为“休克疗法”。参见马蔚云:《对俄罗斯“休克疗法”的几点看法》,载《东欧中亚研究》2001 年第 1 期;OECD, *A Peer Review of Russia's Competition Law and Policy*, p. 5, http://www.oecd.org/dataoecd/10/60/32005515.pdf, Jul. 27, 2010. [hereinafterOECD: *Review of Russia*]

[3] [俄]维·梅·波尔捷罗维奇:《不断再分配的社会:改革的作用》,侯静娜译,载《经济社会体制比较》(双月刊)2006 年第 6 期;陆南泉:《对俄罗斯经济转轨若干重要问题的看法》,载《经济社会体制比较》(双月刊)2010 年第 2 期。

决的问题是，要克服从“休克疗法”中诞生的市场经济体制与生俱来的缺陷——财富集中、贫富差距、垄断横生——给俄罗斯经济的未来所埋下的巨大隐患，使市场经济体制不断完善和发展。

俄罗斯立法十分重视对竞争机制的保护。早在1991年俄罗斯成立之初，为了彰显新政权与旧体制在如何看待市场经济制度这一问题上的根本不同，俄罗斯就制定了反垄断方面的法律——竞争和限制产品市场垄断法。在之后的十多年里，立法机关根据俄罗斯的实际情况和法律执行的经验，又对竞争法进行了多次的修订。[1] 1993年，俄罗斯通过新宪法确立了市场经济体制的基础性地位：1993年宪法第8条规定：“在俄罗斯联邦范围内，经济领域单位，产品、服务和金融资产的自由流通，对竞争的支持以及经济活动的自由，受到宪法保护”；第34条规定：“任何公民都有权以法律不限制的方式，为企业或其他经济组织而自由支配其智慧和财产”；“为了垄断或者不正当竞争而实施的行为应当予以禁止”。俄罗斯联邦民法典中对一些经济行为准则作了进一步的明确，民法典第1条第3款规定：“产品、服务和金融资产，应当在全俄罗斯联邦境内自由流转。仅当为了提供安全，保护公民生命和健康，以及保护环境和文化财富，依联邦法律的明确规定可限制产品和服务流通。”第10条第1款规定：“公民和法人不得为损害其他人利益的行为，也不得以任何形式滥用权利。为限制竞争或者滥用市场优势地位而行使民事权利的行为应当被禁止。”[2]

然而，与繁多的竞争法律制度相比，俄罗斯竞争法的实施情况，以及竞争政策的地位则相对不那么突出。俄罗斯政府和领导人无疑已经意识到了这一点，2000年1月18日，普京在新一届杜马选举产生后的讲话中强调：“俄罗斯将广泛实施以市场为导向的经济，这种市场经济不是像叶利钦时期那样的野蛮的资本主义市场经济，而是文明的、建立在法律与平等竞争基础上的市场经济，这也是一种符合市场经济一般原则要求的自由经济。”[3] 与激烈而迅速的变轨相比，“过渡”阶段的过程要更加缓慢，需要有足够的耐心去培育和引导市场经济所需的各种因素。

（二）俄罗斯竞争推进制度的主要体现

2009年，俄罗斯联邦反垄断局（Federal Antimonopoly Service，FAS）副局

---

〔1〕 Law on Competition and the Limitation of Monopolistic Activity on Goods Markets. See OECD：*Review of Russia*，note 4.

〔2〕 See OECD：*Review of Russia*，pp. 6-8.

〔3〕 陆南泉：《对俄罗斯经济转轨若干重要问题的看法》，载《经济社会体制比较》（双月刊）2010年第2期。

长阿纳托利·哥尔莫林(Anatoly Golomolzin)在一次会议上指出,俄罗斯反垄断主管部门采取的竞争推进措施主要体现在"推动反垄断主管部门的透明化;向商业社会和广大社会公众提供资料;参与国家产业化和经济政策的制定;推动垄断行业内促进竞争的改革;对所有负责实施国家经济政策和产业政策的政府机构设定一项目标,即创造有益于推动竞争和消减经济垄断的环境"等方面。[1]

1. 开展公平竞争审查

作为俄罗斯联邦政府的组成部分,早期的联邦反垄断政策和企业扶持部(Ministry of Russian Federation for Antimonopoly Policy and Support to Enterprineur-ship; MAP)以及后来的FAS可以出席所有的政府会议,并有机会对任何法律草案或政府法令草案,或者任何讨论中的一般性政策作出评论。此外,它们还积极参与每年政府制定的未来工作计划的过程中,包括俄罗斯联邦政府中期工作计划和联邦政府立法计划。这些计划规定了政府立法提案、政策文件以及其他事物的顺序,以及安排政府与其他部委的基础和合作责任。MAP当前从事的最重要的竞争推进工作方式,包括重要的推进竞争的立法以及政策改革。此外,还包括计划任务,额外的与法律草案或政策文件相关的工作任务。例如,"2002年MAP就被指定为当年向政府提交的全部9部法律草案的首要负责部门,包括当年10月通过的修订竞争法的法案。此外,MAP还作为合作部委参与了其他30项法律草案。在2003年2月通过的立法提案计划中,MAP被安排作为修改广告法的首要负责部委,并且作为起草规范互联网贸易、企业名称保护,修订邮政和自然垄断方面法律的合作部委"。[2]

2. 筹划竞争文化培育

俄罗斯竞争主管机构成立后一直致力于改善国内竞争文化氛围,也积极地为此积蓄力量。俄罗斯垄断行业集中于一些重要的基础设施或者专业性较强的产业,要推动这些行业走向开放和竞争,必须对行业的运转规律和一些专业知识有深入的了解。为此,2004年FAS成立之初就成立了第一个专家委员会,"由FAS的代表,其他联邦执法部门的代表,研究组织、产业内的行业组织和联合会的代表以及一些独立专家构成",作为FAS的建议咨询

---

〔1〕 See Anatoly Golomolzin (Deputy Head of FAS Russia), "Sectoral Directions of Competition Advocacy in the Russian Federation, on international competition conference 2009", http://www.bric-competition.com/file/315.doc, Jun. 14, 2010. [hereinafter *Anatoly Golomolzin's speech*]

〔2〕 See OECD: *Review of Russia*, p. 48.

机构。经过多年的探索,“目前 FAS 根据不同行业,已经分别组建了近 20 个专家委员会”,这一制度已经进入了规范化运作的阶段。FAS 副局长阿纳托利·哥尔莫林表示,“在这些委员会的帮助下,FAS 得以跟相关行业的监管机构展开更为深入的对话”,从而促使这些机构更加了解竞争法和竞争政策。[1]

此外,对社会公众的宣传和教育对于俄罗斯而言至关重要。据 2008 年的统计数据,在俄罗斯 14190.39 万常住人口中,年龄在 40 岁以上的人群共计 6654.4 万人,占总人口的 46.4%。[2] 这一数据意味着当今的俄罗斯人中,有接近一半的人曾在苏联中央计划经济的体制下生活超过 22 年,这也成为俄罗斯在体制过渡的历史时期必须要面临的文化背景。俄罗斯竞争主管部门向来重视对社会公众的竞争文化教育,甚至一度认为“公众教育应当作为独立于竞争执法、竞争推进之外,俄罗斯竞争主管部门的又一大职责”。[3]

第三节　竞争推进发展模式差异的启示

一、经济发达国家以竞争推进作为竞争执法的补充机制

美国政府有奉行自由主义的传统,“政府(对市场机制)的干预多限于维护流通领域正常的商业秩序,对生产领域的干预很少,只要企业行为不直接与商业和贸易有关,便放任自流”。[4] 受到这一传统的影响,国内支持自由市场机制的政治力量比较坚实,即使在短期内由于市场缺陷的暴露而不得不引入政府干预力量时,决策层对政府力量的使用也持有谨慎的态度。因此,美国的竞争执法具有严密的制度支撑,政府、企业、消费者以及新闻媒体对于竞争执法的认知程度很高,其竞争执法活动严肃而具有强大的威慑力。虽然竞争推进制度是由美国等经济发达国家率先发起的,但它们国内的竞争执法机制并没有出现大的缺陷,竞争推进被提出的目的,是对竞争执法机制作出细微的修补。美国政府对待市场机制的态度以及它所积累的竞争执

---

〔1〕 See *Anatoly Golomolzin's speech*.

〔2〕 数据来自俄罗斯联邦统计局网:http://www.gks.ru/free_doc/2008/demo/nas-po108.htm。转引自颜俊、毛广雄:《俄罗斯人口结构研究》,载《世界地理研究》2009 年 9 月。

〔3〕 See OECD, *Review of Russia*, p. 49.

〔4〕 辜海笑:《美国反托拉斯理论与政策》,中国经济出版社 2005 年版,第 5 页。

法经验，是绝大部分经济发达国家的缩影，这种优势只为美国等经济发达国家所具备。

二、经济赶超国家竞争执法与竞争推进并重

日、韩等国政府出于经济赶超的目的，都选择了积极对国内市场的结构和秩序进行干预的经济政策，然而，日、韩并不排斥市场机制，它们对价值规律、市场交换机制还是持肯定态度的，其采取的是一种积极利用市场规律的策略，虽然有些时候政府会把手伸得太长，替代了市场机制的作用。可见，日、韩等国并不缺乏竞争法发挥作用的空间，只是长期以来政府主导经济发展的政策选择，在一定程度上挤压了这个空间，从而给日、韩等国的竞争执法带来了自上而下的压力。

另一方面，日、韩等国长期奉行的政府主导经济政策容易催生行业寡头，政府主导下的产业提升是对市场竞争结果的人为模仿，为了迅速见效，政府会预设一些政策条件，符合或者积极迎合这些条件的企业就能迅速获得资源投入，从而很快成长为行业内的寡头势力。寡头企业形成后，自然会积极谋求政府的持续支持，而游说是需要成本的，以侵害消费者利益为代价来攫取垄断利润以负担政策游说的投入，可以说是寡头企业的不二选择。然而这种行为不可能长久维系，随着消费者自我保护意识的觉醒，必然会为日、韩等国的竞争执法提供自下而上的动力。

除此之外，日、韩两国长期习惯于政府主导下的经济生产生活秩序，政府干预力量的减退在促进效率方面的效果不会立即显现，甚至在个别时期，还会因为市场分散决策代替政府统一决策，打破寡头结构削弱了规模效益的原因，在个别领域出现效率减退的现象。此时，竞争法和竞争政策的实施很可能会遇到来自社会舆论的反对。类似的经验在韩国就曾经发生过。〔1〕这给竞争执法带来了混淆视听的杂音。

竞争执法必须回应社会需求，日、韩等国的竞争主管部门不断感受到自下而上的破除行业寡头的压力，因而，它们自成立之初就不断致力于强化竞争执法机制。然而，竞争主管部门作为新成立的部门政治影响力相对较弱，受到来自政府经济主导部门遇到的阻力很大，加之社会对竞争法的不理解，竞争执法面临多方压力。在这样的背景下，日、韩等国采取了竞争执法与竞

〔1〕 韩国公平交易委员会前主席权五乘教授2009年在华东政法大学的演讲中曾经提到，韩国竞争法颁布初期，国内民众并不十分支持公平交易委员会对国内垄断企业的执法措施，因为他们认为这只会降低国内企业的国际竞争力。

争推进均衡用力的策略,一方面集中精力打击重大的垄断行为,另一方面在化解执法阻力上持续投入。

三、经济转型国家竞争推进先行、竞争执法逐步跟进

俄罗斯在计划经济向市场经济的转轨过程中,政治层面的转型取决于决策层的认识和决心,在这一步上打开局面并不困难,相比之下,社会文化真正接受市场经济模式的价值观则不那么容易。而一旦社会文化支撑问题没有解决好,否定市场机制的思潮还会反过来动摇决策层的决心,从而引发政治层面的反转。因此,这些转型国家在引入市场竞争机制的过程中遇到的最大问题,就是国内市场经济的文化氛围不足,它们在实施竞争推进制度时,基本的定位就是引导国内形成有利于市场经济模式的社会文化氛围,竞争执法只有在各方条件都比较成熟之后才可以跟进,来强化良好的竞争文化环境。

四、竞争推进三项制度的功用各有侧重

从比较中不难发现,虽然美国、日本、韩国、俄罗斯等国家都先后实施了竞争推进机制,但它们在具体推进方法的侧重上却各有特色,这与它们对竞争推进的理解紧密相关。

第一,公平竞争审查制度重在突破体制障碍。对比各国竞争推进的发展历程可以发现,虽然对市场竞争机制最深层的抵制因素来源于文化传统,但最直接的限制因素却往往是一个国家的法律制度。如果法律不允许展开自由竞争,或者法律鼓励限制竞争的企业及其行为,那么市场经济必然无法在这个国家建立。换言之,如果要在短期内为市场经济寻找到生存空间,最有效的办法就是进行法律制度的改革。俄罗斯引入市场经济的过程中,首先在宪法层面确立了市场竞争的合法性,并迅速颁布了反垄断法律。与此同时,俄罗斯竞争主管部门自成立之初,即可通过参与政府各层次决策会议的形式,对任何可能对竞争机制造成限制或者不良影响的政策提出建议,确保了法律制度对市场经济机制的接纳。这显然有助于市场机制合法的地位在短期内得到确立。

第二,垄断行业引入竞争制度重在改变市场结构。竞争推进的目的是遏制垄断、限制竞争的行为。只有打破对经济行为的人为管制,降低市场进入和退出门槛,才能够建立起最有利于竞争机制发挥作用的市场结构。无论是传统的市场经济国家,还是经济转轨国家,各国实施竞争推进的历程,都表现为不断地放松国内经济管制政策,鼓励更多竞争者参与和更自由的

竞争。而一旦有利于市场经济的市场结构被普遍建立起来,市场竞争机制就能够形成自我发展的力量。因此,在管制行业引入和培育新的竞争者,能够从市场结构上保障竞争机制发挥作用的空间,是竞争推进获得结构性胜利的最有效途径。

第三,竞争文化培育制度重在为竞争法和竞争政策强根固本。美、日、韩等国都具有相对浓厚的市场经济传统,因而在宣传、普及"市场竞争更要有利于促进社会整体经济效率"这类基本问题上,似乎无须投入过多的精力。然而,从美国竞争推进机制在20世纪90年代的收缩经历可见,对竞争文化的宣传不能因为本国具有较好的市场经济传统而忽视,一旦社会对竞争机制的关注稍有转移,竞争推进机制会很快丧失动力。又比如日本和韩国,两国的反垄断法通过之后都经历了较长时期的"沉寂期",近二十年里,政府依然习惯于运用产业政策而不是竞争政策,这充分说明,即使政府和社会公众认可市场竞争机制,他们也依然有可能对如何发挥好市场竞争机制产生错误的理解。而像俄罗斯这样存在计划经济传统的国家,国内各阶层对市场机制的接纳需要一个十分漫长的过程,竞争推进就需要从宣传市场经济的优势上切入,帮助让更多的人理解和接受市场经济和竞争机制。可见,无论国情如何,竞争文化培育都是需要长期坚持的重要措施。

第七章　中国竞争推进的基础与制度构建

讨论中国的竞争推进制度建设，本章首先要对中国市场竞争机制的现状进行归纳。笔者认为，我国市场经济体制改革的过程就是一次引入竞争政策、竞争机制的过程。竞争推进的核心制度大体上可分为三个方面：(1)对一国的法律和规范性文件进行公平竞争审查；(2)在垄断行业引入竞争；(3)竞争文化培育。前已论及，我国在市场经济体制改革的过程中，萌发出了一些与竞争推进十分类似的制度探索，但由于缺乏整体把握，这些分散的尝试并没有对国内竞争法律制度的健全和竞争文化的形成起到本应有的推动作用。

从本章开始，笔者将围绕系统性引入竞争推进制度的具体建议展开讨论。要提升制度引入的效率，或者说提高制度引入的成功率，最好的方法是改造现有制度，而不是另起炉灶。结合前一章模式比较的结论，我国的竞争推进应当重点围绕公平竞争审查和垄断行业引入竞争两项制度推开，因此，本章将选择几个国内与这两项制度相类似的做法进行案例分析，希望为我国的竞争推进制度建设找到具体、有操作性的建议。

第一节　中国引入竞争推进的前提讨论

随着中国市场经济体制改革深化，很多体制性的矛盾相互纠结，原先“摸着石头过河”，从个别领域突破的改革出路都变得不那么平坦。我们亟须一种新的思路来整合过去引入市场竞争机制过程中种种分散的制度，形成一套对市场竞争机制进行综合推进的框架。因此，中国需要建立竞争推进制度，并且需要找到最合适于国情的模式。从前三节对不同类型国家竞争推进发展模式的比较中不难看出，中国目前国情与其中一些类型国家建立竞争推进所面临的国情有相似之处，但又不完全对应。也就是说，要找准适合国情的竞争推进发展模式，还需要对我国市场经济体制的发展过程做更多的分析。

一、引入竞争推进的思想环境

中国的市场经济体制改革向国内引入了竞争政策。这个过程不是一蹴而就的，而是经历了一个讨论思考的过程。改革探索时期，主张发展市场经济的理论先驱通过谨慎地界定计划经济，或者重新解释价值规律，为市场竞争机制赢得了部分政治空间。如于光远在考察研究了匈牙利经济改革之后提出，中国经济的实际是“社会主义经济仍然是一种商品经济”，“社会主义国家的计划经济就是社会主义商品经济或市场经济有计划的发展”。[1] 薛暮桥主张客观地看待资本主义的发展历史和我国社会主义发展的现状，认为“社会需要过于复杂，无法精确计算，而且由于它经常发生变化，很难作出正确的预测”，“不可能作出千万种产品完全符合社会需要的正确计划”，他因此主张，“不能忽视价值规律在调节生产方面所起的作用”。[2]

20 世纪 80 年代中期，理论研究更加务实，逐步深入如何培育市场机制的若干具体问题。各方基本认识到，“要使经济得以有效运转，就要采用已经为各国经济发展证明为有效的市场体系下的分散决策体制”，“落实各生产单位的经营自主权”，“才能实现资源配置优化”。[3] 因此，经济体制改革应当以所有制和企业改革为主线，建立现代企业制度，最终带动经济体制的转变。同时，市场经济体制的核心规律是价值规律，理顺基本经济关系关键还要理顺价格机制。[4]

20 世纪 90 年代初，改革思潮经历了一次冲击，有观点认为经济体制改革只强调发展经济，而忽略了阶级斗争，放纵了资产阶级自由化的思潮。[5]

---

[1] 于光远：《政治经济学社会主义部分探索(五)》，第 61 页、第 63~64 页。转引自曾牧野、李新家：《于光远对经济体制改革和市场经济的研究》，载《南方经济》2005 年第 8 期。

[2] 《薛暮桥同志谈他和孙冶方同志对价值规律认识的异同》，载《江苏社会科学》1984 年第 13 期。此外，关于价值规律的体现形式——商品价格，薛暮桥还指出，计划价格体制存在很大的弊端，“使许多商品的价格既不反映价值，也不反映供求关系，价格体系常常陷入不合理状态”，“因而价格改革是整个经济体制改革的关键”。参见王恒立：《薛暮桥物价与货币理论研究》，载《管理世界》(双月刊)1991 年第 5 期。

[3] 《中国改革大思路》，第 2 页。

[4] 参见《中国改革大思路》，第 11~34 页；中国社会科学院课题组：《中国经济体制中期(1988—1995)改革纲要》，载《中国改革大思路》，第 68 页。

[5] 当时一些“左”的理论工作者也开始公开发表文章，批判不反对资产阶级自由化的经济体制改革，就是不坚持思想基本原则，不坚持社会主义。认为国有企业改革是搞取消社会主义公有制主体，实现私有化；经济体制改革是取消计划经济，实行市场化，动摇了社会主义的经济基础。参见 1990 年 2 月 22 日，时任中宣部部长的王忍之在人民日报发表的文章《关于反对资产阶级自由化》。

这些言论和理论文章甚至掀起了一场关于市场经济姓“资”姓“社”的全民大讨论。[1] 直至邓小平发表著名的南方谈话之后,这一质疑才暂时沉寂了一段时间。[2] 而到了20世纪90年代中后期,在“抓大放小”的国企改革方针下,一些不适应市场竞争的国有企业纷纷以各种方式退出市场,同时民营企业经过一段时间的积累,开始显现出蓬勃发展之势,在国民经济中的比重也有所上升。在这样的背景下,原本姓“资”姓“社”的争论改换头面再次袭来。[3] 1999年党的十五大上,江泽民代表第十四届中央委员会作政治报告。报告肯定“邓小平理论是马克思主义与中国实际相结合的第二次飞跃”,由于邓小平理论的核心内容就是中国特色社会主义,这也就肯定了过去二十年我党经济体制改革的正确性。报告还进一步指出,我国在社会主义初期阶段,要“坚持和完善社会主义公有制为主体、多种所有制经济共同发展的基本经济制度;坚持和完善社会主义市场经济体制,使市场在国家宏观调控下对资源配置起基础性作用”。[4]

通过对这个讨论过程的回顾可以发现,我国在市场经济体制改革推进的过程中,很早就意识到了要从根本上理顺政府与市场的关系,促进“政府职能转变”。这种讨论的过程实质上是完成了对国内知识精英的竞争文化普及。从这个意义上说,市场经济体制的大讨论就是中国竞争推进制度的萌芽。

政府职能转变并不是停留在讨论和观点层面,政府采取的具体措施也很明确。首先是主动限制政府的权力,防止其扭曲市场竞争机制本来的功

---

〔1〕 马立诚:《问一问姓资姓社》,载经济观察网:http://www.eeo.com.cn/observer/special/2010/08/04/177315.shtml,访问日期:2011年4月11日。

〔2〕 即“南方谈话”。邓小平批判前阶段的资社之争,他说“有些理论家、政治家拿‘大帽子’吓唬人,把改革开放说成是引进和发展资本主义”,“改革开放迈不开步子,就是怕资本主义走多了”。他进一步指出,市场机制是包括资本主义国家在内的人类社会共同创造的文明成果;经济体制改革就是要借鉴反映现代社会化生产规律的先进经营方式、管理方式。社会主义的本质是“三个有利于”,而不是市场和计划。参见马立诚、凌志军:《交锋:当代中国三次思想解放实录》,今日中国出版社1998年版,第194~198页。(下引称《交锋》)

〔3〕 1994年底至1997年,多份超过万字的批判文章箭头直指国有企业改革和非公经济的发展。“万言书”认为,“抓大放小”的国企改革方针导致了国有资产流失,动摇了社会主义公有制的主体地位,非公经济的发展壮大了资产阶级的力量,改变了中国社会的阶级结构,增加了和平演变的威胁。一些民营经济发展较好的地区的领导者,甚至遭到了点名批判。参见《交锋》,第242~260页、第276~281页、第312~317页、第351~353页。

〔4〕《高举邓小平理论伟大旗帜,把建设有中国特色社会主义事业全面推向二十一世纪——江泽民在中国共产党第十五次全国代表大会上的报告》,载新华网:http://news.xinhuanet.com/ziliao/2003-01/20/content_697189.htm,访问日期:2010年7月3日。

能;其次是要在弥补市场机制的缺陷方面实现政府的一些基本职能,确保市场经济机制的健康发展和有效运行。[1] 为此,中央提出的改革方针是,通过"确立制度、规范权责、保障权益,加强经济立法",尤其是"完善市场交易法律制度,保障合同自由和交易安全,维护公平竞争"等制度建设,来"完善政府重大经济社会问题的科学化、民主化、规范化决策程序",防止和纠正旧体制下的"地方保护主义和部门本位主义",最终"把政府经济管理职能转到主要为市场主体服务和创造良好发展环境上来"。[2] 同时,与政府的改革思路相呼应,中国知识界也主张通过教育来"唤醒政府工作人员对人民负责任的精神",影响决策者使其对政府和市场关系"有清晰的认识和打破阻力的决心",并通过教育公众让他们形成"维护自己权益的自觉"。[3]

上述提到的这些,无论是国家主导下的防止政府对市场竞争机制作出过度和不恰当干预的改革决策,还是学者自发形成的对市场经济的热情宣传,都已经触碰到竞争推进的核心精神,是我国竞争推进制度的尝试,也是未来我们系统引入竞争推进制度的基础。

二、模式选择:竞争推进优先

当前中国在竞争推进问题上所处的发展阶段,恰好介于经济转型国家和经济赶超国家之间,具有我们自己的特色。我国渐进式改革策略为社会接受经济体制的转轨提供了足够的缓冲。因此,当前再来讨论中国建立竞争推进的模式时,不需要像俄罗斯那样过多地考虑社会会不了解市场经济和竞争政策的问题。这是我国相对于俄罗斯这类经济转型国家的优势所在。

然而,我国的竞争推进制度长期缺乏竞争法律制度的支撑,这种现象在世界范围内是不多见的。竞争法律制度的缺失给我国的竞争推进造成两大先天不足:首先,我国很难准确地普及竞争法和竞争政策的知识,相关知识传播完全是对域外经验的介绍,很少涉及本土化的讨论,这种现象在2008年以后有所好转,但彻底改变仍需时日。因此,也有学者指出,对于我国绝大部分普通民众来说,"不清楚目标,不清楚过程,知道要改革,却不知道怎么

---

〔1〕 参见吴敬琏:《呼唤法治的市场经济》,生活·读书·新知三联书店2007年版,第76页。(下引称《呼唤法治的市场经济》)

〔2〕 参见《中共中央关于完善社会主义市场经济体制若干问题的决定》。

〔3〕 参见《呼唤法治的市场经济》,第76页。

改,更不知道要改成什么样子”。[1] 其次,我国没有形成关于竞争推进的完整认识,各项推进措施还只是出于应对改革过程中的各种个别矛盾,而分散应用于各个领域,缺乏总体层面的把握,尤其缺乏与竞争执法机制的互动和配合。这一点又跟绝大多数经济转型国家类似,是我国相对于日、韩这样的经济赶超国家的劣势。

我国在系统引入竞争推进制度之前,必须思考竞争推进与竞争法律制度,尤其是竞争执法的关系。通过前述优劣对比可知,我国的市场竞争机制是在政府主动改革的背景下,由外而内移植培育的,市场竞争机制的发展完善时刻不能停滞,我们不能将过多的希望寄托在竞争法产生后的执法机制上,因为这套刚刚诞生的竞争法律制度本身也并不成熟,竞争主管部门的相关执法经验更是少之又少。换句话说,我国的竞争推进制度不是建立在对成熟的竞争法律制度进行反思的基础上,相反,我们的竞争推进需要先导于成熟的竞争法律制度,为竞争法律制度的产生、发展和完善营造社会氛围。从这个意义上看,我们建立竞争推进的模式选择应当是:以经济转型国家模式为基础,在具体制度选择上略有差异。

三、制度构建重点:公平竞争审查与垄断行业引入竞争

中国实施竞争推进最大的背景是我国的渐进式改革。在推进改革的过程中,在政府主动宣传和知识界积极配合的影响下,我国普通群众对市场经济体制对资源配置的优势有了比较好的理解。尤其是改革开放以来,人民群众生活水平与计划经济时期相比有了显著提高,更是使市场经济体制深入人心。近期,据国际民意测验机构 GlobalScan 的调查显示,74%的中国人认可这样的观点,即市场经济和迈向国际化对未来有益,市场经济是未来发展的基础。这一比例在 GlobalScan 所调查的 20 个国家中高居首位,甚至超过了美国。(见表 10)这组数据也从一个侧面说明,经过三十余年改革实践,当前我国确保竞争政策实施的核心,或者说实施竞争推进的侧重点主要不在于提高人民群众对市场经济的认同,而在于亟须破除阻碍市场经济体制发挥作用的制度障碍。

---

[1] 参见柳红:《八〇年代:中国经济学人的光荣与梦想》,广西师范大学出版社 2010 年版,自序。

表 10 GlobalScan 机构对二十个国家所做的调查结果〔1〕

单位:%

提问:自由创办企业和市场经济是否对未来有益?			
序号	国别	是	不是
1	中国	74	20
2	菲律宾	73	22
3	美国	71	24
4	韩国	70	19
5	印度	70	17
6	印度尼西亚	68	29
7	英国	67	27
8	尼日利亚	66	29
9	加拿大	65	29
10	德国	65	32
11	西班牙	63	28
12	波兰	63	19
13	墨西哥	61	38
14	意大利	59	31
15	肯尼亚	59	25
16	巴西	55	30
17	俄罗斯	47	36
18	土耳其	43	34
19	阿根廷	42	29
20	法国	36	50

与上述情况形成对比的是,很长一段时期内,渐进式的改革策略在对待市场经济方面采取了双轨制的做法,即一面放开计划的束缚,放手让市场发

〔1〕 中华人民共和国驻法兰西共和国大使馆经济商务参赞处编译:《大多数法国人排斥资本主义,大多数中国人认同市场经济》,http://fr.mofcom.gov.cn/aarticle/jmxw/200603/20060301772154.html,访问日期:2012年3月11日。

展，另一面又保留一些领域依然由各级计划控制。这种体制的好处是解决了改革过程中因为手段措施过于极端带来的不稳定问题，弊端是政府仍然在很大程度上限制着市场的资源调配能力，长远来看对市场经济的伤害很大。

渐进式改革有一个很明显的表现是"市场分割"。实行放开束缚的领域，市场机制就能够自由发展。相反，保留计划控制的领域，市场机制就受到挤压，甚至被彻底排除。近年来，彻底排除市场机制的领域已不多见，但这种现象并没有完全消除。例如，我国较早放开的一些产业，纺织、轻工机械、建筑、运输、商贸等，这些领域很快成为我国民营经济活跃的行业。随后我国又逐步放开了对重工业、化工、基础设施、公共设施等领域的控制，民营经济很快跟进了这部分市场。〔1〕相反，有些行业和领域因为开放步伐较慢，一直成为民营经济的禁区，近年来也广遭诟病，如电信、电力、石油化工等。中国建立竞争推进制度也要应对渐进式改革的这个特点，要打破"市场分割"的状态。

首先，"市场分割"的合法存在是因为有相关法律制度的支撑，我国还存在不少依法设置的进入门槛，阻碍着许多产业的自由进入。因此，中国竞争推进的首要问题应当是清除这些阻碍市场机制全面发挥作用的法律障碍，公平竞争审查制度对于我国而言意义重大。

其次，"市场分割"的长期持续是因为业内缺乏新进入者的挑战，我国对民营企业进入这些垄断行业的支持力度不足，使不少民营企业有心无力。因此，中国竞争推进还要解决好特定行业内市场结构优化的问题，垄断行业引入竞争制度是我们必须抓紧践行的制度。

公平竞争审查和垄断行业引入竞争是我国构建竞争推进制度的切入点，而此前，我国在这两方面也已经有了类似的制度探索，为我国引入这两项制度奠定了很好的基础。本章第二节和第三节将以我国的类似制度探索为案例，提出构建公平竞争审查和垄断行业引入竞争制度的具体建议。

第二节　中国公平竞争审查制度构建

一、中国公平竞争审查制度的法律和政策基础

公平竞争审查制度落实的难点之一，是审查得出的结论要转化为法律

〔1〕 参见［美］罗伯特·劳伦斯·库恩：《中国30年：人类社会的一次伟大变迁》，吕鹏、李荣山、徐辰、吕佳龄译，李康校，世纪出版集团、上海人民出版社2008年版，第212页。

政策修改或者废止的实际行动,尤其是当一国法律政策体系中缺乏可供利用的制度时,还需要专门立法来推动,那就意味着更多的时间成本以及来自既得利益群体的阻力。1949年以来,我国在法律和规范性文件的评估方面有过不少实践,从其目的和类型上看,大致可以归纳为以下两种:一种是法律编纂型评估。为了摸清家底,保证我国法律和规范性文件的统一性,全国人大、国务院先后组织过多次对有效法律、法规的清理和评估。另一种是整顿和促进市场型评估。为限制行政权力的使用,防止地方政府滥用行政权力分割市场,确保我国市场经济运行秩序,国务院曾多次部署在全国范围内开展行政审批制度清理和改革。行政审批制度改革的价值理念中就包含了在市场经济体制背景下厘清政府与市场的关系,重新界定政府的权力范围,尤其是减少行政权力不当干预市场经济秩序。[1] 改革开放以来,我国法律政策提供了不少可供对接公平竞争审查制度的规定,这也是历届政府持续推动市场化改革过程中,共同为公平竞争审查制度打造的制度优势。

(一)公平竞争审查制度的法律基础

以1992年党的十四大正式作出决议,明确"我国经济体制改革的目标是建立社会主义市场经济体制"为标志,中国市场经济体制的确立为时已久,全国人大及其常委会、国务院也进行了广泛的市场经济立法,不少法律的规定已经接近于公平竞争审查制度的要旨,相关工作机制方面也具有共通性。过去,我们没有从推进和实施竞争政策的视角去看待和运用这些规定。在国务院《意见》颁布之际,很有必要回到现行法律规定当中去重新审视这些条文,作为推动制度落实的法律基础。

1.《立法法》中"法律法规的审查、改变和撤销"的规定。2001年《立法法》就规定了对不合法、不适当的法律法规的审查、改变与撤销程序。例如,"全国人民代表大会有权改变或者撤销它的常务委员会制定的不适当的法律","国务院有权改变或者撤销不适当的部门规章和地方政府规章","省、自治区、直辖市的人民代表大会有权改变或者撤销它的常务委员会制定的和批准的不适当的地方性法规","地方人民代表大会常务委员会有权撤销本级人民政府制定的不适当的规章","省、自治区的人民政府有权改变或者撤销下一级人民政府制定的不适当的规章"。2015年《立法法》修正也基本保留了2001年立法时的规定。据此,全国人大、国务院、省级人大、地方各级人大常委会、省级人民政府等主体,在各自的权限范围内有权启动相应程

[1] 参见廖扬丽:《我国行政审批制度改革研究》,中央党校博士学位论文,2004年。

序,对它们认为"不适当"的法律、规章和地方性法规进行审查、改变甚至是撤销。虽然《立法法》未明确"不适当"的具体情形,但理论上这个范围应该可以涵盖"不适当地限制市场竞争"的情形。可见,《立法法》为公平竞争审查制度提供了宪法类法律的基本规定。

2.《行政许可法》中"行政许可设定条件与评估、修改、废止"的规定。行政许可的设定和实施将直接决定特定市场的进入门槛与退出机制,对市场竞争机制的影响巨大。2001 年我国加入世界贸易组织,按照世贸组织协定和我国对外承诺,行政许可应当以透明和规范的方式实施,行政许可条件和程序对贸易的限制不能超过必要的限度。因此,2003 年颁布的《行政许可法》对行政许可的设定和实施做了严格的限制。一是对可以不设行政许可的事项做了明确规定:"公民、法人或者其他组织能够自主决定的;市场竞争机制能够有效调节的;行业组织或者中介机构能够自律管理的;行政机关采用事后监督等其他行政管理方式能够解决的"事项,可以不设行政许可。二是对设定行政许可的法律层级做了严格限制,只有法律、行政法规、地方性法规可以设定行政许可,且上位法未设定行政许可的,下位法不得增设许可。三是设定行政许可必须经过听证论证。起草法律草案、法规草案和省、自治区、直辖市人民政府规章草案,拟设定行政许可的,"起草单位应当采取听证会、论证会等形式听取意见,并向制定机关说明设定该行政许可的必要性、对经济和社会可能产生的影响以及听取和采纳意见的情况"。在严控行政许可设定的基础上,《行政许可法》还规定了行政许可设定后的评估程序。"行政许可的设定机关应当定期对其设定的行政许可进行评价;对已设定的行政许可,认为通过本法第十三条所列方式能够解决的,应当对设定该行政许可的规定及时予以修改或者废止。行政许可的实施机关可以对已设定的行政许可的实施情况及存在的必要性适时进行评价,并将意见报告该行政许可的设定机关。公民、法人或者其他组织可以向行政许可的设定机关和实施机关就行政许可的设定和实施提出意见和建议"。以上这些规定涵盖了行政许可设定的事前控制、事后评估以及不适当行政许可的修改、废止程序,几乎可以视为行政许可领域的公平竞争审查制度。

3.《行政诉讼法》《行政复议法》中"规范性文件和规章的审查、改变、撤销"的规定。1989 年颁布的《行政诉讼法》明确规定,"人民法院认为地方人民政府制定、发布的规章与国务院部、委制定、发布的规章不一致的,以及国务院部、委制定、发布的规章之间不一致的,由最高人民法院送请国务院作出解释或者裁决"。也就是说,当人民法院审理个案中发现地方政府规章可能是损害市场竞争行为的直接依据时,是有法定渠道向有权机关进行反馈的。结合法律确定的行政诉讼受案范围来看，当行政诉讼涉及对市场竞争秩序造成损害的具体行政行为时，人民法院的反馈就可能引起有权机关对涉诉行政行为依据的规范性文件的审查。而关于限制市场竞争的具体行政行为，1989年《行政诉讼法》规定了两种情形，即“行政机关侵犯经营自主权”和“符合法定条件申请行政机关颁发许可证和执照，行政机关拒绝颁发或者不予答复的”。2014年《行政诉讼法》修正时，修正案在可诉行政行为的类别中又增加了“认为行政机关滥用行政权力排除或者限制竞争的”一项。同时又规定，“公民、法人或者其他组织认为行政行为所依据的国务院部门和地方人民政府及其部门制定的规范性文件不合法，在对行政行为提起诉讼时，可以一并请求对该规范性文件进行审查”；“人民法院在审理行政案件中，经审查认为规范性文件不合法的，不作为认定行政行为合法的依据，并向制定机关提出处理建议”。同理，1999年颁布的《行政复议法》中也可以看到类似的规定。在提请行政复议时，公民、法人或者其他组织可以一并向行政复议机关提出对有关规定的审查申请，包括“国务院部门的规定、县级以上地方各级人民政府及其工作部门的规定、乡镇人民政府的规定”。《行政复议法》进一步规定，对这类审查申请，行政复议机关有权处理的，应当在30日内依法处理；无权处理的，应当按照法定程序转送有权处理的行政机关依法处理。而行政复议的受理范围包括了“行政机关侵犯合法的经营自主权”，“符合法定条件，申请行政机关颁发许可证、执照、资质证、资格证等证书，或者申请行政机关审批、登记有关事项，行政机关没有依法办理的”。可见，自1989年《行政诉讼法》颁布开始，经由具体涉及市场竞争秩序的行政诉讼、行政复议个案，而启动针对具体规范性文件直至其依据的具体法律法规的审查或者评估程序的法律通道就已经存在，并且1999年《行政复议法》和2014年《行政诉讼法》修正案将其两次强化。

4.《反不正当竞争法》《反垄断法》中对“滥用行政权力限制竞争行为”的规定。1993年颁布的《反不正当竞争法》最早明确了政府不得滥用行政权力限制竞争的原则，具体包括，“政府及其所属部门不得滥用行政权力，限定他人购买其指定的经营者的商品，限制其他经营者正当的经营活动。政府及其所属部门不得滥用行政权力，限制外地商品进入本地市场，或者本地商品流向外地市场”。2008年颁布的《反垄断法》针对我国国情设立了“滥用行政权力排除、限制竞争”一章，其中规定“行政机关不得滥用行政权力，制定含有排除、限制竞争内容的规定”。此外，《反不正当竞争法》对于这类行为的法律责任规定为“上级机关责令改正”，理论上可以认为，工商行政管理部门可以根据《反不正当竞争法》向违法单位的上级部门反馈相关情况，并建议其作出责令改正决定。《反垄断法》对这个建议渠道给予了明确和拓宽，“反垄断执法机构可以向有关上级机关提出依法处理的建议”。因此，我国的竞争法律执行部门有权启动针对一件具体规范性文件的审查和建议程序。

（二）公平竞争审查制度的政策准备

在推动市场经济体制改革方面，国务院制定的不少政策文件也与公平竞争审查制度相通，其中不少措施可供公平竞争审查制度借用。早在 1980 年，国务院就发布《关于开展和保护社会主义竞争的暂行规定》明确，“开展竞争必须打破地区封锁和部门分割。任何地区和部门都不准封锁市场，不得禁止外地商品在本地区、本部门销售”；“采取行政手段保护落后，抑制先进，妨碍商品正常流通的作法，是不合法的，应当予以废止”。2001 年，国务院颁布了《关于禁止在市场经济活动中实行地区封锁的规定》，强调要“建立和完善全国统一、公平竞争、规范有序的市场体系，破除地方保护”，“任何地方不得制定实行地区封锁或者烦忧地区封锁内容的规定”。规定还明确，各级人民政府及其所属部门制定的规范性文件中含有地区封锁内容的，由其上级部门负责改变或撤销。

在上面两个文件规定的基础上，国务院自 2001 年起，开始在全国范围内部署开展专门针对“行政审批制度”的清理改革工作。2001 年国务院批转《关于行政审批制度改革工作实施意见的通知》，要求对当时全部行政审批事项逐一清理，“不符合政企分开和政事分开原则、妨碍市场开放和公平竞争以及实际上难以发挥有效作用的行政审批，坚决予以取消；可以用市场机制代替的行政审批，通过市场机制运作”，“凡是通过市场机制能够解决的，应当由市场机制去解决；通过市场机制难以解决，但通过公正、规范的中介组织、行业自律能够解决的，应当通过中介组织和行业自律去解决。有关经营性土地使用权出让、建设工程招标投标、政府采购和产权交易等事项，必须通过市场机制来运作。对虽符合合法原则，但不符合上述要求的行政审批，也应当取消”。“对于确需保留的行政审批，要建立健全监督制约机制，做到审批程序严密、审批环节减少、审批效率明显提高，行政审批责任追究制得到严格执行。”从数据上看，这项工作是有实效的。根据国务院公开发文进行统计，截至 2016 年 2 月，中央政府共取消行政审批事项 2347 项，取消中央指定地方实施的行政审批事项214项。[1] 由于国务院同时要求省级及以下地方政府同步对地方自行设立的行政审批开展清理检查，所以实际上15年来，地方层面也在大规模减少行政审批事项。

（三）公平竞争审查制度初步确立的政策依据

1. 国务院《关于在市场体系建设中建立公平竞争审查制度的意见》

2016年6月1日，国务院发布《关于在市场体系建设中建立公平竞争审查制度的意见》（以下简称《意见》）将这一趋势推向高潮。文件提出“建立公平竞争审查制度，要按照加快建设统一开放、竞争有序市场体系的要求，确保政府相关行为符合公平竞争要求和相关法律法规，维护公平竞争秩序，保障各类市场主体平等使用生产要素、公平参与市场竞争、同等受到法律保护”。国务院《意见》的发布意味着中国竞争政策实践全面对接国际前沿。

国务院《意见》对我国未来一段时期要建设的公平竞争审查制度作了初步设定。第一，审查对象是行政机关和法律、法规授权的具有管理公共事务职能的组织，制定市场准入、产业发展、招商引资、招标投标、政府采购、经营行为规范、资质标准等方面的规章、规范性文件和其他政策措施。对于效力层级更高的行政法规、国务院制定的其他政策措施、地方性法规，《意见》是要求起草部门在起草过程中自行进行审查，且未明确对《意见》颁布前存量如何进行评估。第二，工作步骤上，首先对现行有效的进行审查，在此基础上形成对新出台文件的定期评估完善机制。第三，关于审查主体，国务院《意见》确定了“谁制定、谁清理”的工作原则。在中央政府层面，国务院各部门都是审查责任主体，对本部门制定的相关文件担负审查责任，这其中，发改委、国务院法制办、商务部、工商总局四个部门还负有牵头建立健全工作机制，并指导审查制度实施，总结成效和经验的职责。在地方层面，《意见》

---

〔1〕 这些文件分别是：《国务院关于第二批取消152项中央指定地方实施行政审批事项的决定》（国发〔2016〕9号），《国务院关于第一批取消62项中央指定地方实施行政审批事项的决定》（国发〔2015〕57号），《国务院关于取消和调整一批行政审批项目等事项的决定（2015）》（国发〔2015〕11号），《国务院关于取消和调整一批行政审批项目等事项的决定》（国发〔2014〕50号），《国务院关于取消和下放一批行政审批项目的决定（2014）》（国发〔2014〕5号），《国务院关于取消和下放一批行政审批项目的决定》（国发〔2013〕44号），《国务院关于取消和下放50项行政审批项目等事项的决定》（国发〔2013〕27号），《国务院关于取消和下放一批行政审批项目等事项的决定》（国发〔2013〕19号），《国务院关于第六批取消和调整行政审批项目的决定》（国发〔2012〕52号），《国务院关于第五批取消和下放管理层级行政审批项目的决定》（国发〔2010〕21号），《国务院关于第四批取消和调整行政审批项目的决定》（国发〔2007〕33号），《国务院关于第三批取消和调整行政审批项目的决定》（国发〔2004〕16号），《国务院关于取消第二批行政审批项目和改变一批行政审批项目管理方式的决定》（国发〔2003〕5号），《国务院关于取消第一批行政审批项目的决定》（国发〔2002〕24号）。

明确各级人民政府作为公平竞争审查的责任主体，这其中省级人民政府还需兼负对下级市县人民政府进行指导的职责。第四，审查标准方面，国务院《意见》从“市场准入和退出”“商品和要素自由流动”“影响生产经营成本”“影响生产经营行为”四个方面确定了18项审查标准，构建起了审查评估的基本指标体系。

国务院《意见》的规定勾勒出了公平竞争审查制度的雏形，对于起步阶段来说，这些制度措施极具开创意义，也有很强的操作性。但从长远看，国务院《意见》距离完善的公平竞争审查制度尚存在一定的距离，尤其是在基本定位上可能还需要作出以下调整：

第一，公平竞争审查制度的出发点不光是确保行政决策合法化，而应当是确保国家法律和公共政策与竞争政策相协调。行政机关代表狭义的政府，行政决策仅能体现一小部分的公共政策，公平竞争审查制度如果仅以行政机关内部决策合法为出发点，会极大地限制其效果。真正意义上的公平竞争审查应当站在广义政府的立场上，对全部法律和公共政策进行审查，审查的目的也必须超越“行政决策合法”的目标，更多地聚焦国家法律、公共政策与竞争政策相协调的目标。

第二，公平竞争审查的对象主要不是效力层级较低的规范性文件，而应当是一国法律体系中位阶较高、影响较大的法律文件。国务院本次宣告建立公平竞争审查制度是一个好的开头，由于处在起步阶段，因此审查的对象范围暂时集中于效力层级较低的规章、规范性文件和其他政策措施领域，这几类文件的制定主体众多，文件规模庞大，且制定过程相对于法律、行政法规、地方性法规而言，缺乏民主监督程序，最有可能产生滥用行政权力限制竞争的情况。因此，在制度建立之初选择这个范围是可行的。但从长远看，我国公平竞争审查制度的重点依然应当与世界主要市场经济国家一样，聚焦到效力层级更高的法律、行政法规以及地方性法规层面。主要的理由有两点：一是法律、行政法规和地方性法规是具有法律效力的文件，它们的制定机关处于我国政府序列的顶端，是政治决策中的最后环节。这些文件中一旦涉及不恰当地限制竞争的规定，个人、企业甚至是竞争主管部门很难通过常规的救济渠道予以改变。此外，法律、行政法规和地方性法规往往是其他规范性文件的制定依据，一旦这些高位阶法律文件与竞争政策相悖，就会衍生出源源不断的下位阶的法律文件去违背竞争政策。二是在我国当前的立法体制下，规章、规范性文件以及其他政策措施不具有独立创设新的行政管理措施的权限，诸如行政许可、行政处罚、行政强制、备案管理、行政收费等各类措施，均有严格的设定权限，规章、规范性文件以及其他政策措施无法突破上位法律法规所设定的底线。即使现实中有这类低位阶文件违法限制竞争的情况，基本上通过适用《立法法》确定的下位法不得抵触上位法的立法原则，以及相应地审查、修改、废止程序就可以对之进行纠正。而且由于这些文件的制定主体在行政机关体系中处于下级机关序列，个人、企业或者竞争执法部门通过向其上级主管部门反映、建议，也可以及时纠正这些行为。

第三，公平竞争审查制度的实施机关不能过于分散，而应当把审查职能逐步向少数专业化部门归并集中。国务院《意见》将当前公平竞争审查的对象聚焦在规模大、层级低的规章、规范性文件和其他政策措施领域，因此，无法单凭一个部门来完成全部的审查工作，为此，“谁制定，谁清理”的工作原则在目前是可行的。但从长远来看，公平竞争审查的本质是在竞争政策和其他经济政策、公共政策之间的价值判断，要遵循竞争政策目标优先的总体价值取向。这就需要公平竞争审查的主体对竞争政策有较为全面和深刻的理解，当其他经济政策、公共政策与竞争政策产生冲突时，从竞争政策目标出发去衡平其他政策。因此，审查的主体以相对确定、相对集中的部门为优，这也是世界上先行国家普遍遵循的规律。

2. 国家发改委等五部门《公平竞争审查制度实施细则（暂行）》

2017 年 10 月 23 日，国家发展改革委、财政部、商务部、工商总局和国务院法制办等五部委联合发布了《公平竞争审查制度实施细则（暂行）》（发改价监〔2017〕1849 号）（以下简称《实施细则》）。《实施细则》最重要的内容是对国务院 34 号文中列出的 18 项审查标准进行了解释，针对每一项具体标准又提出了若干情形，将 18 项审查标准细化为 51 种违反公平竞争审查制度的情形。为了清晰用表 11 进行展示：

表 11 公平竞争审查实施细则确定的审查标准

市场准入和退出标准	不得设置不合理和歧视性的准入和退出条件	1. 设置明显不必要或者超出实际需要的准入和退出条件，排斥或者限制经营者参与市场竞争
		2. 没有法律法规依据或者国务院规定，对不同所有制、地区、组织形式的经营者实施差别化待遇，设置不平等的市场准入和退出条件
		3. 没有法律法规依据或者国务院规定，以备案、登记、注册、名录、年检、监制、认定、认证、审定、指定、配号、换证、要求设立分支机构等形式，设定或者变相设定市场准入障碍
		4. 没有法律法规依据或者国务院规定，设置消除或者减少经营者之间竞争的市场准入或者退出条件

续表

市场准入和退出标准	未经公平竞争不得授予经营者特许经营权	5. 在一般竞争性领域实施特许经营或者以特许经营为名增设行政许可
		6. 未明确特许经营权期限或者未经法定程序延长特许经营权期限
		7. 未采取招标投标、竞争性谈判等竞争方式，直接将特许经营权授予特定经营者
		8. 设置歧视性条件，使经营者无法公平参与特许经营权竞争
	不得限定经营、购买、使用特定经营者提供的商品和服务	9. 以明确要求、暗示、拒绝或者拖延行政审批、重复检查、不予接入平台或者网络等方式，限定或者变相限定经营、购买、使用特定经营者提供的商品和服务
		10. 在招标投标中限定投标人所在地、所有制、组织形式，排斥或者限制潜在投标人参与招标投标活动
		11. 没有法律法规依据，通过设置项目库、名录库等方式，排斥或者限制潜在经营者提供商品和服务
	不得设置没有法律法规依据的审批或者具有行政审批性质的事前备案程序	12. 没有法律法规依据增设行政审批事项，增加行政审批环节、条件和程序
		13. 没有法律法规依据设置具有行政审批性质的前置性备案程序
	14. 不得对市场准入负面清单以外的行业、领域、业务等设置审批程序，主要指没有法律法规依据或者国务院决定，采取禁止进入、限制市场主体资质、限制股权比例、限制经营范围和商业模式等方式，直接或者变相限制市场准入	
商品和要素自由流动标准	不得对外地和进口商品、服务实行歧视性价格和歧视性补贴政策	15. 制定政府定价或者政府指导价时，对外地和进口同类商品、服务制定歧视性价格
		16. 对相关商品、服务进行补贴时，对外地同类商品、服务和进口同类商品不予补贴或者给予较低补贴
	不得限制外地和进口商品、服务进入本地市场或者阻碍本地商品运出、服务输出	17. 对外地商品、服务规定与本地同类商品、服务不同的技术要求、检验标准，或者采取重复检验、重复认证等歧视性技术措施
		18. 对进口商品规定与本地同类商品不同的技术要求、检验标准，或者采取重复检验、重复认证等歧视性技术措施
		19. 没有法律法规依据或者国务院规定，对进口服务规定与本地同类服务不同的技术要求、检验标准，或者采取重复检验、重复认证等歧视性技术措施
		20. 没有法律法规依据，设置专门针对外地和进口商品、服务的专营、专卖、审批、许可

续表

商品和要素自由流动标准	不得限制外地和进口商品、服务进入本地市场或者阻碍本地商品运出、服务输出	21. 没有法律法规依据，在道路、车站、港口、航空港或者本行政区域边界设置关卡，阻碍外地和进口商品、服务进入本地市场或者本地商品运出和服务输出
		22. 没有法律法规依据，通过软件或者互联网设置屏蔽以及采取其他手段，阻碍外地和进口商品、服务进入本地市场或者本地商品运出和服务输出
	不得排斥或者限制外地经营者参加本地招标投标活动	23. 不依法及时有效地发布招标信息
		24. 直接明确外地经营者不能参与本地特定的招标投标活动
		25. 对外地经营者设定明显高于本地经营者的资质要求或者评审标准
		26. 通过设定与招标项目的具体特点和实际需要不相适应或者与合同履行无关的资格、技术和商务条件，变相限制外地经营者参加本地招标投标活动
	不得排斥、限制或者强制外地经营者在本地投资或者设立分支机构	27. 直接拒绝外地经营者在本地投资或者设立分支机构
		28. 没有法律法规依据或者国务院规定，对外地经营者在本地投资的规模、方式以及设立分支机构的地址、模式等进行限制
		29. 没有法律法规依据，直接强制外地经营者在本地投资或者设立分支机构
		30. 没有法律法规依据，将在本地投资或者设立分支机构作为参与本地招标投标、享受补贴和优惠政策等的必要条件，变相强制外地经营者在本地投资或者设立分支机构
	不得对外地经营者在本地的投资或者设立的分支机构实行歧视性待遇	31. 对外地经营者在本地的投资不给予与本地经营者同等的政策待遇
		32. 对外地经营者在本地设立的分支机构在经营规模、经营方式、税费缴纳等方面规定与本地经营者不同的要求
		33. 在节能环保、安全生产、健康卫生、工程质量、市场监管等方面，对外地经营者在本地设立的分支机构规定歧视性监管标准和要求
影响生产经营成本标准	不得违法给予特定经营者优惠政策	34. 没有法律法规依据或者国务院规定，给予特定经营者财政奖励和补贴
		35. 没有法律法规依据或者未经国务院批准，减免特定经营者应当缴纳的税款
		36. 没有法律法规依据或者国务院规定，以优惠价格或者零地价向特定经营者出让土地，或者以划拨、作价出资方式向特定经营者供应土地

续表

<table>
<tr><td rowspan="7">影响生产经营成本标准</td><td rowspan="2">不得违法给予特定经营者优惠政策</td><td>37. 没有法律法规依据或者国务院规定，在环保标准、排污权限等方面给予特定经营者特殊待遇</td></tr>
<tr><td>38. 没有法律法规依据或者国务院规定，对特定经营者减免、缓征或停征行政事业性收费、政府性基金、住房公积金等</td></tr>
<tr><td colspan="2">39. 安排财政支出一般不得与企业缴纳的税收或非税收入挂钩，主要指根据企业缴纳的税收或者非税收入情况，采取列收列支或者违法违规采取先征后返、即征即退等形式，对企业进行返还，或者给予企业财政奖励或补贴、减免土地出让收入等优惠政策</td></tr>
<tr><td colspan="2">40. 不得违法违规减免或者缓征特定经营者应当缴纳的社会保险费用，主要指没有法律法规依据或者国务院规定，根据经营者规模、所有制形式、组织形式、地区等因素，减免或者缓征特定经营者需要缴纳的基本养老保险费、基本医疗保险费、失业保险费、工伤保险费、生育保险费等</td></tr>
<tr><td rowspan="2">不得在法律规定之外要求经营者提供或扣留经营者各类保证金</td><td>41. 没有法律法规或者国务院规定，要求经营者交纳各类保证金</td></tr>
<tr><td>42. 在经营者履行相关程序或者完成相关事项后，不及时退还经营者交纳的保证金</td></tr>
<tr><td colspan="2" style="display:none"></td></tr>
<tr><td rowspan="8">影响生产经营行为标准</td><td colspan="2">43. 不得强制经营者从事《中华人民共和国反垄断法》规定的垄断行为，主要指以行政命令、行政授权、行政指导或者通过行业协会等方式，强制、组织或者引导经营者达成、实施垄断协议或者实施滥用市场支配地位行为</td></tr>
<tr><td colspan="2">44. 不得违法披露或者违法要求经营者披露生产经营敏感信息，为经营者实施垄断行为提供便利条件。生产经营敏感信息是指除依据法律法规或者国务院规定需要公开之外，生产经营者未主动公开，通过公开渠道无法采集的生产经营数据。主要包括：拟定价格、成本、生产数量、销售数量、生产销售计划、经销商信息、终端客户信息等</td></tr>
<tr><td rowspan="3">不得超越定价权限进行政府定价</td><td>45. 对实行政府指导价的商品、服务进行政府定价</td></tr>
<tr><td>46. 对不属于本级政府定价目录范围内的商品、服务制定政府定价或者政府指导价</td></tr>
<tr><td>47. 违反《中华人民共和国价格法》等法律法规采取价格干预措施</td></tr>
<tr><td rowspan="3">不得违法干预实行市场调节价的商品和服务的价格水平</td><td>48. 制定公布商品和服务的统一执行价、参考价</td></tr>
<tr><td>49. 规定商品和服务的最高或者最低限价</td></tr>
<tr><td>50. 干预影响商品和服务价格水平的手续费、折扣或者其他费用</td></tr>
</table>

二、中国公平竞争审查的相关实践

(一)公平竞争审查制度实施情况分析

1. 基本情况

国务院《意见》发布后,各地政府和中央各部委很快开始了落实公平竞争审查制度的部署,2017 年是公平竞争审查制度快速发展的一年。结合 2017 年 7 月国家发改委等部门印发的《推进落实公平竞争审查制度 2017 年工作重点的通知》(发改价监〔2017〕1246 号)来看,当前公平竞争审查制度推进的重点在于三个方面,一是出台和完善公平竞争审查实施细则,二是督促各地方建立相应的工作机制,三是在确保增量政策落实公平竞争审查的基础上,逐步做好存量政策的公平竞争审查。目前看来,三方面的工作都得到了较好的推进。

国家发改委价监局局长张汉东撰文指出,在地方层面,30 个省(区、市)已转发文件或出台实施意见,明确了审查机制,落实了审查责任。上海、河北、江西、天津、宁夏、江苏、陕西、山西、吉林、黑龙江、辽宁、四川等 12 个省(区、市)已着手对省(区、市)政府出台的政策措施进行公平竞争审查。河北、江苏、湖南、四川、贵州、广东等省还指导 26 个地级市印发实施意见,部署开展审查工作。各地一般做法为:(1)地方性法规或以省(区、市)政府及省(区、市)政府办公厅名义印发的文件,由起草部门负责公平竞争审查,法制部门进行审核或者在程序上把关;(2)省(区、市)政府各所属部门制定的文件,由制定部门自我审查;(3)各所属部门联合制定的文件,由牵头部门负责审查。河北、山东、陕西、湖南、贵州、黑龙江、甘肃、宁夏等省(区)已建立联席会议制度或者相应的工作协调机制。〔1〕

在中央层面,国家发改委、商务部、工信部、住建部、人民银行等部门专门就落实公平竞争审查制度印发了通知,明确了内部审查机制和工作程序。其中,国家发改委、商务部明确由起草司局各自审查,法制和竞争主管司局分头把关;工信部明确由起草司局进行初审,出具自审承诺书后,由产业政策司进行复核。其他部门大多将公平竞争审查纳入合法性审查中一并落实。从目前情况看,各部门都已经着手对新出台的政策措施进行审查。〔2〕

---

〔1〕 参见张汉东:《公平竞争审查制度总体落实情况》,载《中国价格监管与反垄断》2017 年第 5 期。

〔2〕 参见张汉东:《公平竞争审查制度总体落实情况》,载《中国价格监管与反垄断》2017 年第 5 期。

2017年9月以来,国家发展改革委会同财政部、商务部、工商总局,以公平竞争审查部际联席会议名义,赴除吉林、广西(此前中改办已督查)之外的其他29个省(区、市)开展专项督查,了解各地制度落实情况,督促和指导各级政府部门做好公平竞争审查工作。从督查情况看,省级层面已基本完成工作部署、宣传培训、建立机制任务,进入实质性审查阶段,制度在规范政府行为、维护市场公平竞争方面的作用不断显现;地市层面基本完成工作部署,正在推动各部门建立审查机制;大部分县级层面正在安排部署相关工作。〔1〕

2. 围绕实施情况的思考和评价

国务院《意见》颁布后,学术界围绕实施情况的讨论十分热烈,总体评价十分积极,认为公平竞争审查制度是维护市场经济统一、协调发展的必要机制,在经济学理论和法理上都有深厚的理论基础,在我国宪法和法律中能够找到制度支持,而宪法和法律比较的结论则启发和推动我国进一步完善公平竞争审查方面的法律制度。〔2〕 公平竞争审查制度还处在初步探索的阶段,实施中也就难免存在不足之处。例如,当前以自我审查为主的审查模式是否能够确保审查的中立性? 有学者指出,政策措施制定过程中的地区、部门利益考虑往往是产生限制竞争效果的原因所在,如果审查依旧由原制定部门主导,则难以达到审查制度的初衷。〔3〕 再如,当前公平竞争审查的重点是新出台的政策措施,而面对规模巨大的存量政策,如何组织有效的审查?〔4〕 此外,公平竞争审查制度的责任追究机制也需要更加明确;建立信息公开、公众参与机制也十分必要。〔5〕 而一个比较重要的共识是,应当尽快推进公平竞争审查制度的法治化进程,以法律或行政法规的形式确立其法律地位。〔6〕

---

〔1〕 参见《国家发展改革委会同有关部门组织开展专项督查推动公平竞争审查制度深入实施》,载国家发改委价监局网:http://jjs.ndrc.gov.cn/gzdt/201801/t20180109_873336.html,访问日期:2018年7月17日。

〔2〕 参见张守文:《公平竞争审查制度的经济法解析》,载《政治与法律》2017年第11期。

〔3〕 参见李俊峰:《公平竞争自我审查的困局及其破解》,载《华东政法大学学报》2017年第1期。

〔4〕 万静:《反行政垄断顶层设计日渐清晰》,载《法制日报》2016年7月12日。

〔5〕 参见李俊峰:《公平竞争自我审查的困局及其破解》,载《华东政法大学学报》2017年第1期。

〔6〕 万静:《反行政垄断顶层设计日渐清晰》,载《法制日报》2016年7月12日。

（二）作为公平竞争审查制度雏形和重要辅助的行政审批制度改革：以上海的实践为例

1. 背景介绍

在公平竞争审查制度出现之前，我国并不缺乏政策措施要符合市场经济发展要求的约束机制，在《立法法》、《行政许可法》以及《反不正当竞争法》等法律中都有限制立法机关、行政机关滥用立法权、滥设行政许可以及其他滥用行政权力干预竞争的规定。然而，还有一项措施是最为接近于公平竞争审查制度的，可以说是中国公平竞争审查制度的雏形，未来它的继续存在也会成为公平竞争审查制度的重要辅助，那就是行政审批制度改革。

2001 年，国务院先后颁布了《关于禁止在市场经济活动中实行地区封锁的规定》（以下简称《禁止地区封锁规定》）和《批转关于行政审批制度改革工作实施意见的通知》（以下简称《行政审批改革通知》）。这类评估的目的直接与促进市场经济秩序发展，保护公平竞争机制相关。例如，《禁止地区封锁规定》就专门针对打破地方性垄断而制定，强调要"建立和完善全国统一、公平竞争、规范有序的市场体系，破除地方保护"，"任何地方不得制定实行地区封锁或者烦忧地区封锁内容的规定"。《禁止地区封锁规定》还明确，各级人民政府及其所属部门制定的规范性文件中含有地区封锁内容的，由其上级部门负责改变或撤销。《行政审批改革通知》则立足自上而下的行政审批制度改革，要通过"转变政府职能，减少行政审批"，"逐步建立、完善价格和市场机制"，"凡是通过市场机制能够解决的，应当由市场机制去解决"。《行政审批改革通知》还明确，要全面清理现行行政审批项目，根据文件精神予以取消、简化或者备案保留处理。行政审批是政府权力干预市场活动最直接的通道，行政审批制度改革的精髓就是按照市场经济的规律来运用政府权力，核心是约束行政审批的设立和实施过程，尽量减少行政审批对市场经济的不利影响。

上海市地处我国经济较发达的沿海地区，一直把行政审批制度改革作为改善本地市场环境的重要措施，自 2001 年起，上海市的行政审批制度改革几乎与国务院改革同步推开。由于上海市在发展社会主义市场经济和推行改革开放方面位于全国前列，因此，其实施行政审批改革过程中取得的经验和遇到的问题，对客观认识我国实行法律和规范性文件的公平竞争审查制度的前景具有较好的案例效果。笔者选取 2001 年至 2010 年的十年间，上海市先后四次对行政审批项目进行清理和改革的工作过程作为分析对象。在分析思路上，主要从改革的背景、主要工作方法以及改革的效果等三个层面进行分析，目的是比对行政审批改革与法律和规范性文件的公平竞争审查的异同，论证在我国推动行政审批制度改革向法律和规范性文件的公平竞争审查过渡的可行性。

2. 过程和基本方法

21 世纪初，上海市基本完成了国民经济和社会发展第九个五年规划，重点国有企业建立现代企业制度为核心的改革正逐步推行深入，多种所有制经济共同发展的态势初步显现，要素市场体系逐步完善，城市对内外资的吸引力有了较大的提升。[1] 市场经济的发展对政府职能的转变提出了新的要求。上海市政府决定从提高行政行为的透明度和可预见性，扩大市场准入，取消各种限制性和歧视性规章，拓宽投融资渠道，完善反垄断和反不正当竞争法规等方面入手，突破原有制度中不适应的条纲，为促进本市市场经济发展提供持续的动力。[2] 行政审批制度改革成为推进政府职能转变的抓手。2001 年，上海市成立了由市委、市政府主要领导牵头的行政审批制度改革办公室，正式启动了这一制度改革。

上海市行政审批制度改革的初衷是消除行政管理过程中，对市场经济运行造成不当干预或限制的制度，尤其是各类政府规范性文件中包含的限制公平竞争的内容。2001 年，上海市人民政府发布了《关于本市行政审批制度改革的通知》（以下简称《审改通知》），对行政审批制度改革作出了总体部署。2002 年和 2003 年，上海市又分别发布《关于规范本市行政审批工作若干意见的通知》（以下简称《规范意见通知》）和《关于今年本市行政审批制度改革中有关部门职责分工意见》（以下简称《职责分工意见》），明确了许多具体事项。从上述三个文件中，可以对上海市行政审批制度改革的主要工作方法作如下归纳：

第一，在经济增长压力下，行政审批改革被视为提升地方政府行政效率的措施。21 世纪初，我国各地方政府肩负的发展经济压力，一方面来自于将 GDP 纳入地方官员政绩考核体系，另一方面由于地方政府承担的地方公共事业职能亟需财政来源。在当时我国经济发展普遍缺乏资金的大背景下，广泛地引进国内外资本，并促进资金使用效率的提高，成为地方政府发展经济的主要途径。上海市行政审批制度改革正是出于践行这一经济发展途径的考虑，一方面，改变政府管控资源的旧体制，尽可能地减少政府在企业设立、市场准入、市场经营等环节对企业行为的限制。如《审改通知》就提出，要在全面清理的基础上，使现有的行政审批事项减少 50%左右，可以用告知

[1] 相关内容摘自上海市十五计划纲要。

[2] 相关内容摘自 2001 年初上海市市长所做的政府工作报告。

承诺、事后监管手段进行管理的事项应取消审批。另一方面,优化行政审批程序设计、缩短审批时限,以达到提高审批效率的目的。如《规范意见通知》规定,能够当场作出决定的审批事项,应当当场决定。《职责分工意见》则强调“并联审批”,提高审批效率。

第二,行政审批制度改革是在政治责任约束下,在行政机关内部开展的自我评估。上海市的行政审批制度改革是由市政府发文形式推进的,政府文件无法设定法律责任,但可以明确政治责任。如《审改通知》要求,各部门及区县人民政府的“一把手”对改革“负总责”,使这场改革成为严格的政治任务。由市政府发文自上而下推动改革的形式,还决定了这类改革的方法是行政机关内部的自我评估。整个评估过程按照部门职责分工,由原审批项目的主管部门自行拟定评估和整改方案,报市政府同意后实施。这个过程中,固然会有来自相邻部门的意见反馈,或者自上而下的要求,但总体上还是主管部门自我主导的。

经过近十年先后分四批的清理、调整,2001 年上海市原有需要市级审批的 2027 项行政审批事项,到 2009 年底仅保留 117 项,5 项下放到下级政府主管部门,30 项改为后置备案,还有 44 项与其他行政审批事项整合,清理、调整的比例占到了原行政审批事项的 90.33%。〔1〕 从清理比例上看,行政审批制度改革极大地简化了市场交易流程,提高了企业经营效率。另有数据显示,至 2014 年 5 月,上海分七批次累计取消行政审批 1174 项,至 2015 年 1 月,取消行政审批增加至 1230 项。〔2〕

在此基础上,改革还注重简化和明晰审批申请材料,凡是未列明的申请材料一律不得要求申请人提供。推行告知承诺制,只要申请人签署告知承诺格式文本,即可当场发放许可证书。不再以年检作为日程监督的主要方式,取消各种无依据的年检。对需要行政机关行使一定自由裁量权的行政审批,则引入网上评审和专家评审制度,增强审批的透明度和公正性。并开

〔1〕 上海市人民政府法制办公室编:《上海市依法行政状况白皮书(2004—2009)》,上海人民出版社 2011 年版,第 58~59 页。(下引称《上海依法行政白皮书》)

〔2〕 上海市审改办金跃明处在参加市人大“网议日”活动时的介绍,载上海人大公众网:http://www.spcsc.sh.cn/shrdgzw/node4/n226/n227/u1ai58716.html,访问日期:2016 年 7 月 14 日;上海市机构编制委员会办公室副主任钱明涛,在市第十四届人民代表大会常务委员会第十八次会议上所做的《关于本市深化行政审批制度改革加快政府职能转变情况的报告》,载上海人大公众网:http://www.spcsc.sh.cn/shrdgzw/node5/node48/n1907/u1ai60160.html,访问日期:2016 年 7 月 14 日。

通电子监察系统，对审批程序进行全程监督。[1]

3. 存在的问题

从上海的经验看，行政审批制度改革的效果很好，起到了提升行政效率，减少市场壁垒的改革预期。其理念与公平竞争审查制度存在许多契合之处，制度上也有类同，因此，我国构建公平竞争审查制度时应当利用好行政审批制度改革这一平台。促成行政审批制度改革向公平竞争审查制度转型，是我国公平竞争审查制度构建的最佳途径。

目前，上海在推动行政审批改革过程中还存在不少问题。首先，必须遏制行政审批数量的反弹。目前，上海市审改办通过建立审批事项目录管理制度来起到监督遏制审批数量反弹的作用，凡增加行政审批的，必须先经审改办登记，并列入目录后方可实施。但由于审改办的登记备案缺乏公开性和必需的民主监督程序，监督的效果容易受到行政力量的影响。这也导致了审批改革中不少好的经验"在面上难以推开"，"政府部门对审改成效的自我评价与企业和老百姓的感受反差明显"。[2]

其次，行政审批改革的效果始终局限于行政许可的项目、流程、方法等行政管理范围内，在帮助理顺政府与市场关系方面，发挥的作用还不够。上海市市政府在总结改革经验时也提出，应当以行政审批制度改革为契机，"切实把政府职能转到创造良好的发展环境，提供优质公共服务，维护社会公平正义上来"。[3] 这就需要进一步提高改革的立意。

综上可见，在促成行政审批制度改革向公平竞争审查制度转型的过程中，仍需要注意以下问题：

第一，行政审批制度改革应当由各级权力机关主导。从目前中央以及各地方实施行政审批制度改革的情况看，这一工作均由一级政府在其管辖权限范围内主持展开，使其审查评估的范围只能局限于具体的行政许可事项，评估结果依然停留在行政机关工作优化层面，缺少法律支撑。对照法律和规范性文件的公平竞争审查制度，权力机关主导下的法律和规范性文件评估具有很高的权威性，评估的过程的民主化程度高，随时接受权力机关的监督，评估结果以法案、决议的形式加以确立。这也是弥补行政审批制度改革在评估单位、评估范围以及审查评估方法方面不足的有效措施。

第二，行政审批制度改革应当有竞争主管部门的参与。当前我国行政

---

[1] 参见《上海依法行政白皮书》，第61~63页。

[2] 参见《上海依法行政白皮书》，第63页。

[3] 参见《上海依法行政白皮书》，第64页。

审批制度改革一直停留在改进行政流程、提高行政效能的层面，没有确立起维护市场竞争机制的指导思想。因此，审批项目的清理过程始终是行政机关的自我检查，没有专门的部门从维护市场竞争机制的角度，对审批项目提出意见。竞争主管部门的参与则有助于对于改变这种既定的审查模式。

第三，行政审批制度改革需要提高定位并扩大适用范围。结合上海市的经验来看，行政审批改革的定位是严格立足于行政许可项目的清理和评估，借此减少许可项目、优化许可办理程序，提高许可效率。但与行政审批制度改革相比，公平竞争审查的定位更宏观，着眼于所有可能对市场竞争秩序造成限制作用的法律规范，并扩及其草案。因此，应当逐步扩大行政审批改革的范围。

第四，行政审批适度改革的操作层面需要引入更多元的方法。目前的行政审批制度改革在方法上还比较简单，公平竞争审查是一个严谨、科学的过程，尤其在涉及政策的不同价值目标的对比、权衡和取舍方面，有很多先进的方法和经验。要实现审批制度改革向公平竞争审查的转型，还需要引入一些科学的理念和方法。

三、完善中国公平竞争审查制度的建议

（一）公平竞争审查制度应当与现行法律政策整合

未来，我国公平竞争审查制度历经一段时间的重点推进之后，必然会进入常态化。那时要继续维持制度的长效影响力，就应当对现有法律规定和政策措施进行研究整合，让分散的规定在竞争政策的指导下集中发力。

1. 立法机关法律清理审查工作要逐步接纳公平竞争审查标准

根据《立法法》关于“法律法规的审查、改变和撤销”的规定，由制定法律、行政法规、地方性法规、规章的机关定期开展清理审查工作，把公平竞争审查的标准纳入对法律、行政法规、地方性法规、规章及其草案的审查标准，必要时委托熟悉竞争政策的部门提供专业意见，对确有不适当限制竞争的规定，及时启动修改、废止程序。

2. 公平竞争审查要与法律、政策的修改、废止程序相衔接

在公平竞争审查过程中发现法律、行政法规、地方性法规和规章可能存在的限制竞争规定时，由组织审查的机关向制定部门反馈，建议其适用《立法法》作出修改或者废止相关规定的决定；其中，针对地方性法规、规章的意见，还可以向有权撤销该法规、规章的上一级人大常委会、上一级人民政府同时提出。

3. 建立竞争执法部门向制定、修改法律政策的机关进行信息反馈机制

工商行政管理机关或者其他竞争执法部门发现规范性文件可能存在的限制竞争规定时，由执法部门依据《反不正当竞争法》和《反垄断法》向制定部门或者其上级部门反馈，建议修改或者废止相关规定。

4. 人民法院、行政复议机关与公平竞争审查机关要有信息共享机制

人民法院在审理行政案件过程中，各级政府承办行政复议案件的机关，在办理案件过程中，发现法律、行政法规、地方性法规、规章以及规范性文件可能存在的限制竞争规定时，除依据《行政诉讼法》《行政复议法》进行处理之外，还可以向组织公平竞争审查的机关通报，由其视情况启动针对该项规定的公平竞争审查。

5. 行政审批制度改革向人大常委会主导下的行政许可设定审查制度转化

在制定法律、地方性法规的过程中，由人大常委会主导进行行政许可设定必要性的事前审查，行政许可设定后，由人大常委会主导进行实施情况审查，以及定期组织行政许可存续对竞争秩序的影响力的审查，根据审查结论定期对法律、地方性法规设定的行政许可进行修改或者废止，确保我国行政许可设定符合竞争政策要求。同时，严格限制没有法律、法规依据的限制审批。

（二）公平竞争审查制度自身的发展完善

在制度的起步阶段，国务院《意见》确立的许多规定是由点及面逐步展开的，这是一种必要的策略。但从期待中国公平竞争审查机制健全完善的角度出发，未来这项制度可能还需要在以下六个方面完成一些具体的转变，或者至少需要采取一些过渡措施。

1. 以全部法律、行政法规和地方性法规及其草案为审查对象

应当尽快扩大公平竞争审查的对象范围，把法律、行政法规、地方性法规及其草案，列入常规的公平竞争审查范围。而当前可行的过渡方案是，根据个别情况对个别法律、行政法规或者地方性法规组织审查，采取个别发现、个别纠正的办法。在当前起步阶段可组织对个别法律、行政法规和地方性法规的审查。

2. 由外部独立主体进行公平竞争审查是大方向

法律政策制定机关自行组织的审查在一定程度上会影响审查的中立性；在关键问题的判断上，分散的审查主体也可能在竞争政策的统一理解、适用方面存有分歧。经验表明，竞争主管部门对公平竞争审查的参与非常重要。在以美国为代表的立法机关启动模式中，联邦贸易委员会和司法部反托拉斯局始终对 AMC 的各项工作给予支持，AMC 的主席就是前 FTC 官

员。而在以澳大利亚为代表的行政机关内部启动模式中,已离不开澳大利亚竞争委员会的身影。澳大利亚法律评估指南就规定,当地方政府对一部法律是否涉及限制竞争问题存在疑虑时,可以提请竞争委员会的帮助。因此,未来我国也应当建立起在竞争主管部门深度参与下的外部主体独立审查机制。当前可行的过渡方案是,由从事竞争政策研究实施的部门对各方审查主体在审查的口径上给予政策指导,并组织对审查结果的复查。

3. 审查标准从形式标准向实质标准过渡

未来要防止一些部门和地方从文义上规避目前国务院《意见》所列举的18项审查标准——一些文件从形式上绕过了公平竞争审查,但经过政策措施的变形、组合,实际上还是可以起到限制竞争的效果。因此,公平竞争审查的标准要以实质构成限制竞争的效果为准,多运用综合调查、跟踪观测等手段,不是停留于文义比对。

4. 审查工具从定性分析向定量分析过渡

定性分析是公平竞争审查的基础方法,是定量分析的前提。尤其在起步之初,首要的目标是去除法律政策中明显不符合竞争政策的规定,定性分析方法简便易行。但未来面临的一定是一个越来越复杂的综合情境,定性判断可能难以应对,因此引入一些程度性的判断也是必需的,例如,政策措施的限制竞争的程度,以及该政策给社会带来其他收益的程度对比分析,替代措施与原政策措施的成本收益分析,等等。在定性分析的基础上,定量的分析方法要越来越多地引入公平竞争审查。

5. 审查节点从事后审查向事中审查过渡

公平竞争制度从无到有之初,首要的是对既存法律政策进行审查,因此体现为事后审查和纠正。但从长远看,事后审查纠正不仅意味着试错成本已经产生,还需要追加纠正成本,这些都将由全社会共同负担。因此,健全的公平竞争审查制度应当以法律政策制定的事中环节审查为主,在起草阶段避免大部分不符合竞争政策的措施转化为正式的法律、政策,只有极少部分起草阶段难以对其限制竞争的效果作出准确判断的法律、政策,才需要组织事后审查。

6. 审查效力从政策性审查向法律性审查过渡

公平竞争审查的实效要借助法律、政策的修改、废止程序来最终完成,要修改、废止低位阶的规章、政策,仅需要由中央政府或者省一级政府以文件形式授权审查机关按照相应程序提出即可。但要修改和废止法律、行政法规、地方性法规,则必须依《立法法》由相应的立法机关启动专门程序。要确保这些立法机关接受公平竞争审查的结论,则需要给予公平竞争审查一定的法律地位，这样公平竞争审查就不再是依据一项政策文件而开展的临时性工作，而是成为依法行使职权，其结论对于立法机关的影响力才能够有效提高。

(三)在《反垄断法》中固化公平竞争审查制度

为了明确公平竞争审查的法定地位，《反垄断法》有必要对这一制度给予固化。首先，要明确审查应当由权力机关主导；其次，要尽快明确竞争主管部门与权力机关的关系，这涉及竞争主管部门参与审查的法律地位；最后，要明确将哪些法律文件列入审查范围。最应当对此作出回应的《反垄断法》没有对上述问题进行明确规定，这是这部法律的一个重大遗憾。但我国的公平竞争审查制度构建并不能就此止步，从其他国家的经验看，当修改竞争法引入公平竞争审查制度暂时不具备条件时，一般有两种方式来解决公平竞争审查的合法性问题：一是在竞争主管部门主导下，由立法机关通过专项决议，来推动公平竞争审查工作；二是由竞争主管部门与相关行政机关或者地方政府达成协议，以非正式的方式来推动公平竞争审查工作。可见，无论采取哪种方式，都必须以更宽泛地解释竞争主管部门的职权范围作为前提。我国《反垄断法》的一些规定可以为这种折中措施提供支持。首先，《反垄断法》的立法宗旨明确要“保护市场公平竞争、提高经济运行效率……促进社会主义市场经济健康发展”，这是公平竞争审查的价值导向；其次，《反垄断法》第 9 条规定，国务院专设的反垄断委员会，承担“调查、审查市场总体竞争状况”的职能。这一规定与公平竞争审查的关系最为密切。一个积极的方案是，对这一条文进行扩大适用，在立法、行政法规以及其他与市场经济运行相关的规范性文件制定过程中，或者制定实施后，听取国务院反垄断委员会的意见，那么，我国完全有可能建立起公平竞争审查制度。若不能全面推动上述法律和规范性文件的制定机关主动听取反垄断委员会的意见，那么是否可以退一步考虑，由国务院反垄断委员会借助起草“市场总体竞争状况”报告的机会，将对上述文件的审查意见定期向有关部门反馈，并向全社会公布，以推动上述机关尽快修改或废止不适合市场竞争机制的法律和规范性文件。

第三节　中国垄断行业引入竞争制度构建

受到计划经济传统的影响，我国存在大量的管制行业，电力、电信、石油、铁路、航空，等等。这些行业在市场经济体制改革中屡次作为改革的对象，不少行业已在不同程度上引入了竞争，例如电信业由过去的“独此一家”

分拆为目前的移动、联通、电信、网通“四分天下”。铁路行业则在个别线路上进行调度和运营的分离改革。然而,我国垄断行业的市场化改革进程与社会的期望相比还存在差距。国际经验告诉我们,竞争执法对于管制行业的引入竞争问题有着天然的局限,相比之下,竞争推进制度很可能是更好的选择。

我国自20世纪80年代开始推行电力行业改革,但多年来依然有许多困境难以打破,在我国的垄断行业引入竞争方面,国际上普遍采取的竞争推进制度也许能发挥意想不到的作用,这对于我国其他管制行业的改革也具有启发意义。

一、中国电力行业引入竞争的相关制度探索

(一)改革的背景介绍

20世纪80年代,随着改革开放的不断深化,电力短缺成为制约经济发展的“瓶颈”。国家有关部门制定了包括开征能源交通基金在内的一系列加快电力建设的政策措施,电力基础设施建设得到了一定程度的提升,但电力短缺未得到明显缓解,垄断体制给电力行业发展造成的瓶颈效应日益显露。我国逐渐开始推行多家办电、政企分开的改革方略,并缓步推开“厂网分开,竞价上网”试点。2000年以后,电力体制改革的缓慢引起舆论不满,社会各界展开了关于电力体制改革的大讨论。在此期间,国务院明确电力体制改革工作由国家计委牵头,会同国家经贸委、国家电力公司等部门和单位,组成电力体制改革协调领导小组,不断推动电力行业改革的深化。[1]

发电、输配电产业长期被视为自然垄断产业,电厂和电网建设需要大规模的资金投入,因此我国电力行业长期以来停留在国家主导、高度垄断的状态。但社会在不断进步,发电技术的进一步降低了电厂的建设、运营成本,社会用电需求规模增长摊薄了电力生产和输配的平均成本,社会财富的不断积累则给民间资本进入电力行业奠定了基础,电力行业市场化改革的各种条件逐渐具备。因此,行业改革伊始,决策层对电力行业改革的方向一直非常明确,即打破垄断、引入竞争。竞争推进中的一个重要内容是打破合法垄断,在管制行业引入和培育竞争。竞争推进的基本精神与我国电力行业改革的指导思想是十分契合的。如何不断推进引入竞争的措施,是关系到电力行业改革的关键。在这方面,竞争推进可以帮助我国电力行业改革思

---

〔1〕 参见《经济参考报》2002年10月30日。

路的拓展。

（二）改革的过程

20世纪80年代前后，电力行业刚刚脱离计划经济的束缚，整体实力还比较薄弱。由于建设和经营模式上过于依靠政府投入，在一段时间内电力行业发展的前景并不乐观，电力短缺的形势也没有明显的缓解。随着决策层打破“独家办电”模式的意图越来越明显，鼓励多种资本进入电力行业的政策开始陆续出台，进入20世纪90年代后，民营资本、外商投资纷纷被允许进入发电行业，电力市场的投资主体开始多元化。这一阶段我国电力行业改革的主要目的，是引进多方资本，搞活我国发电行业的建设和经营，解决经济高速发展对电力的巨大需求。在“做大蛋糕”的背景下，引进资本的政策符合电力行业中各方主体的利益，这一阶段的改革受到普遍的接受。随着近十年的引进资本，我国的发电产能基本适应了经济发展速度，电力行业逐渐由供不应求转入供大于求的状态。在这种背景下，进一步优化产业结构，以提升行业生产效率成为下一阶段电力改革的重点任务。

20世纪90年代末至2006年前后，为了在电力行业内引入竞争机制，国家首先开始酝酿发电环节的竞争，总的原则是通过实现“厂网分离、竞价上网”的经营模式，迫使众多发电企业展开竞争，提高发电效率。根据2002年国务院下发的《国家电力改革方案》（以下简称《改革方案》），这一阶段改革的主要目的，是优化电力行业结构，通过发电和电网经营的分离，推动建立电力行业新的价格形成机制。发电企业通过自主确定上网电价来展开发电价格竞争，高压输电网络是承担远距离电力调度传输的重要基础设施，具有自然垄断属性，将接受主辅分离改革，输电价格则实施严格的政府监管。区域配售电企业则通过自主确定过网电价来展开电力配送竞争，终端环节还可以通过成立若干售电企业来扩大竞争。最终，消费者承担的电价是由上网电价、输电电价、配电电价三个部分组成，而由于其中每个环节都展开了充分的竞争或者接受严格的政府监管，因此将最大限度地增加消费者福利，提升电力行业整体效率。

2007年前后至今，电力行业改革进入输配分离改革阶段，就是将输电和配电环节从电网公司的整体资产中剥离出来独立运行，输电环节由电网公司管理，配电网的建设运行下放地方，售电环节则由众多独立法人实体经营，再辅之以购电大户与电厂签订直供合同。只有输配分开，才能打破电网作为单一购买方的现有市场格局。2007年4月，国务院办公厅转发电力体制改革工作小组《关于“十一五”深化电力体制改革实施意见的通知》（以下简称《实施意见》），明确指出，十一五期间，我国的电力行业改革要进一步巩固厂网分开,逐步推进主辅分离,改进发电调度方式,加快电力市场建设,创造条件稳步实行输配分开试点。但是,要真正实现理顺电价形成机制的改革目标,还必须继续推动输配电环节与售电环节,以及其他辅业的分离。而在2017年出台的《电力发展"十三五"规划(2016-2020年)》依然以理顺输配电价格,实现售电市场化为目标,提出"2017年底前,完成分电压等级核定电网企业准许总收入和输配电价,逐步减少电价交叉补贴;2018年底前,启动现货交易试点;2020年全面启动现货市场,研究风险对冲机制"。[1]

我国电力行业的改革经历了三个阶段,目前依然存在一些难题。第一,价格管制还未完全放开。我国推行"竞价上网"改革后,电力市场中发电一侧的价格初步引入了竞争机制,但并不完全。首先,并不是所有的发电企业都参与竞价上网。包括电网企业保留的发电机组、部分水电、核电、新能源发电等,都因为体制原因或者技术原因不参加竞价上网。其次,在参加竞价上网的发电企业中,我国为了保护发电企业收回投资,实行了容量电价和电量电价相区分的两部制电价。[2] 只有电量电价由发电企业自主确定价格,竞价上网。容量电价和不参与竞价上网的发电企业的上网电价,则根据国家发改委2005年颁布的《上网电价管理暂行办法》,由政府价格主管部门根据发电项目经济寿命周期,按照合理补偿成本、合理确定收益和依法计入税金的原则核定。[3] 2003年,国务院办公厅关于印发电价改革方案的通知中,也体现出明显的价值取舍,即以牺牲价格竞争为代价换取电力投资回报。通知规定,为引导电力长期投资,"容量电价水平可按电力调度交易中心经营范围内发电企业平均投资成本的一定比例制定,原则上实行同网同价,并保持相对稳定"。

---

〔1〕《〈电力发展"十三五"规划(2016—2020年)出炉》,载 http://shupeidian.bjx.com.cn/news/20161107/786746-10.shtml,访问日期:2017年11月30日。

〔2〕容量电价用来反映供电成本中固定费用的补偿,按照工业用户的变压器容量或最大需用量(一月中每15分钟或30分钟平均负荷的最大值)作为计算电价的依据,由供电部门与用电部门签订合同,确定限额,每月固定收取,不以实际耗电数量为转移;电量电价用来反映供电成本中变动费用的补偿,按用电部门实际耗电度数计算的电价。关于实施两部制电价制度优劣分析的资料比较充分,不做详细介绍,可参考陈清瑞:《两部制电价制度与改进策略》,载《粤港澳市场与价格》2008年第9期;余瑞祥、李彦军:《两部制电价对我国西电东送的影响》,载《经济问题探索》2005年第1期;胡恩同:《上网电价形成机制与中国上网电价改革》,"第七章 中国上网电价市场模式与定价机制改革",复旦大学博士学位论文,2006年。

〔3〕其中,发电成本为社会平均成本;合理收益以资本金内部收益率为指标,按长期国债利率加一定百分点核定。通过政府招标确定上网电价的,按招标确定的电价执行。(《上网电价管理暂行办法》第7条)

第二,网络的区域化管制还未放开。2002年的厂网分离改革中,一些电网公司并没有按照改革方案的要求,剥离其所控制的发电资产,[1]在一些地方电网中,由于各省电网与本省电力企业未能断开利益联系,电网企业很难按照改革方案的要求,完全按照市场规则进行电力调度。受到短期利益驱动,各省大搞区域分割,排斥省外电能进入本地。[2]

第三,输配电管制向售电业务蔓延。输配电在电力系统中属于自然垄断环节,是面向电力市场竞争主体和为电力使用者提供公平、无歧视、开放的一个平台,理应独立运营并纳于政府严格监管之下。然而,我国的电网管理体制是输、配、售垂直一体化的管理体制,输、配、售价格在用户终端反映在同一个价格里的价格机制,使电力使用者不能及时了解电力市场相关信息的变化,无法对价格的变化作出反应,抑制了市场作用的发挥。然而,自2002年改革方案出台以来,我国输配分离改革的步伐一直较缓慢。输配分离改革受到来自电网公司的批评声最大,国家电网公司以及支持其的学者提出反对意见,认为"以输配分离为突破口推动电价改革是本末倒置,不解决电价改革,无法奢谈输配分开","拆分电网公司是一招险棋,后果是成本升高,拆得越多,成本越高,难以扭转电价上涨,更可能导致电网调度和安全上的事故"。[3]

上述问题是我国电力行业改革缓慢进程中的一些表象,在电力改革渐入核心领域的近十年里,我国还没有反垄断法,也没有独立的竞争主管部门。在电力行业打破垄断,引入公平竞争的改革意图只能反映在国务院下发的一系列行业改革文件当中,对管制政策的形成缺少限制力。对比前述三国的经验来看,如我国能尽早建立管制约束机制,必然能对垄断行业的改革起到有力的推动作用。

二、中国构建垄断行业引入竞争制度的途径

在电力改革渐入核心领域的近十年里,我国还没有反垄断法,也没有独立的竞争主管部门。在电力行业打破垄断,引入公平竞争的改革意图只能反映在国务院下发的一系列行业改革文件当中。这些文件没有法律责任追

[1] 参见刘伟勋:《电力改革挺进核心地带》,载《经济观察报》2006年5月6日。

[2] 参见王骏:《令人沮丧的电力改革》,载《经济学消息报》2000年5月5日。(作者时任国家计委基础产业司电力处处长)

[3] 参见《电改僵局》,载 http://www.sifl.org.cn/cn/research_info.aspx?id=505,访问日期:2011年9月12日。

究机制，对违反公平竞争的行为也没有确定的主管部门，导致改革过程中，公然违反公平竞争的改革方向的个案时有发生。[1] 而面对电网企业滥用市场优势地位的行为，主管部门只能通过牵头调解、跨部门谈判的方式予以化解，无法追究相关企业的竞争法律责任。电力行业改革的方案以及相关的政策法规制定过程中，主张打破垄断的一方往往只能从公众的意见中获得微弱的支持，这与电网企业强大的游说能力相比，其承受的压力可想而知。

对照欧洲电力市场引入和培育竞争的改革过程，我们不难发现，在竞争推进制度的支撑下，在垄断行业内引入和培育竞争的改革将会顺利得多。一方面，改革方案的制定过程能够得到来自竞争主管部门的支持，有效抵御既得利益集团的影响；另一方面，凡是涉嫌违反竞争法律的行为，将受到竞争主管部门的查处，有效遏制垄断利益集团破坏改革进程的企图。然而，我国的电力行业改革恰恰是在缺少这两方面支撑的前提下独自前行的，因此，改革进程的艰难和反复也是必然的。因此，未来推动我国电力行业改革进一步深化的出路，就在于竞争主管部门的推动和参与。

三、中国垄断行业引入竞争制度构建的建议

我国垄断行业引入竞争制度建构需要解决三个层面的法律制度支持，一是确保新进入市场者的合法权利，主要是对网络资源的互联互通；二是限制管制部门的权力，防止其与在位垄断企业的利益输送；三是确立竞争主管部门主动介入行业改革的法律地位。从国外的立法经验看，由于管制行业门类众多，各行业的经营模式有很大不同，因此，通过行业专门立法来解决上述问题是比较多见的情形，竞争法大多只作出一般性规定。

（一）完善竞争法律和电力行业法律法规

管制行业的竞争秩序问题一般都由行业专门立法来规定，国外已有不少这方面的成例。然而我国《电力法》在引入竞争的问题上还是一个空白，该法仅在第 3 条第 2 款规定：“国家鼓励、引导国内外的经济组织和个人依法投资开发电源，兴办电力生产企业。”体现了国家对电力行业引入多方竞争者的基本态度。这也使得竞争主管部门很难在电力行业引入竞争的改革中发挥作用。与《电力法》的规定类似，我国《能源法》《电信条例》中，涉及

〔1〕 2000 年前后，二滩水电站遭到电网企业的排挤而产生巨额亏损。东北电网组建后即发生了抵制内蒙古东部煤矿坑口电厂进入的事件，甚至在东北电网内部，黑龙江省火力发电都无法进入辽宁。参见王晓冰：《电力改革方案始末》，载《中国改革》2004 年第 4 期。

行业内的引入竞争问题，也都只有一些模糊的、原则性的规定。行业立法对竞争问题的规定不足，反垄断法、反不正当竞争法当中对于某个行业内的竞争行为更缺少专门规定，这是我国管制行业垄断行业引入竞争的一大法律缺陷。

（二）从《反垄断法》中寻求引入竞争的法律依据

构建垄断行业引入竞争制度的关键，是为竞争主管部门主动介入管制行业的改革寻找法律支持。笔者认为，要从《反垄断法》个别条文的解读上，为竞争主管部门的介入行为寻找法律空间。《反垄断法》第 7 条规定，国有经济占控制地位的关系国民经济命脉和国家安全的行业以及依法实行专营专卖的行业，“经营者应当依法经营，诚实守信，严格自律，接受社会公众的监督，不得利用其控制地位或者专营专卖地位损害消费者利益”。这一条文虽然处于总则当中，但依然可以为竞争主管部门利用。首先，竞争主管部门可以依法监督管制行业的经营行为，对其实施的侵害消费者利益的行为实施规制。其次，竞争主管部门可以依法敦促管制部门在这些行业内推动改革，以确保反垄断法基本原则的实现。笔者认为，在目前的情形下，《反垄断法》第 7 条适用空间的扩展，是竞争主管部门推动行业改革的最佳法律依据。

第四节　中国竞争推进的机遇与挑战

自党的十一届三中全会以来，我国改革开放中政府所采取的一系列改革措施与国际上竞争推进制度的内涵是十分接近的。我们积极引入适合市场经济体制发展的各类元素，有制度建设方面的，也有文化培育方面的。只不过我们一直没有将这些行为提炼到一个集中的宗旨之下，由一个统一的部门来统筹实施。而这一点正是许多国家通过建立竞争推进制度已经普遍实现的。实施证明，由竞争主管部门主导下的竞争推进制度比零散的行动更有效率，更有利于推动国内市场竞争机制发挥作用。

此外，我们在推动那些制度尝试中也会存在一些困境，除了我们缺少一个体系化的竞争推进制度的支撑之外，还因为我们长期缺乏一部真正意义上的竞争法，更没有法律地位明确的竞争主管部门。2008 年以后，上述条件已经完全具备，国内相关政府部门和学者也对竞争推进有了初步的了解。我们完全可以在过去类似制度实践的基础上，把国际上已经试行的比较成功的竞争推进制度，逐步移植到国内，为我们更好地推动市场经济体制改革发挥作用。

建立符合我国国情的竞争推进制度不是一件简单的工作，除了了解国际经验之外，更重要的是了解国情。除了要找准制度引入的突破口之外，化解阻碍制度引入的瓶颈也很重要。幸运的是，我国四十年市场经济体制改革积累了很多有利于维护市场竞争机制的宝贵经验，既有法治层面的，也有文化层面的，这些都是中国进行竞争推进的制度构建的优势，从这个意义上讲，当前是我国全面确立竞争推进制度的绝好机遇。我们当然也不会盲目乐观。当前，我国社会主义市场经济体制已经初步建立，但仍存在不少问题，主要是市场秩序不规范，以不正当手段谋取经济利益的现象广泛存在；生产要素市场发展滞后，要素闲置和大量有效需求得不到满足并存；市场规则不统一，部门保护主义和地方保护主义大量存在；市场竞争不充分，阻碍优胜劣汰和结构调整；等等。这些问题不解决好，完善的社会主义市场经济体制是难以形成的。[1] 竞争推进理论和制度为上述问题的解决提供了一种比较系统的思路。由此可见，当前竞争推进理论和制度在中国的发展恰逢机遇和挑战并存的重要时期。

一、竞争推进需要以社会共识为基础

改革开放以来，我们曾长期面临的社会环境是了解竞争政策和竞争推进的人不多，认识到竞争推进的重要意义的人更少，但接触到竞争推进思想的人不少，理解和接受市场经济理念的人很多，支持、提倡和积极践行市场经济理念的人更多。因而在引进竞争推进制度时急需解决的问题，是如何把人们对竞争推进的分散的认识，凝结成有影响力的社会舆论。这就需要明确和清晰的宣传竞争推进的理论和国际经验，尤其要加快提升国家和地方各级决策层对这一问题的关注度，让竞争推进从理论探讨层面落实到制度实践阶段。2016 年国务院发布关于建立公平竞争审查制度的意见之后，理论界围绕公平竞争审查制度的讨论十分热烈，也带动了对竞争推进理论和制度的宣传讨论，这是近年来一个十分积极的变化。应当借助公平竞争审查制度的落地，不断推动竞争推进理论研究和制度探索，用实践证明，国际上同行的竞争推进措施对于提升竞争政策在国家决策中的影响力，提升经济发展潜力方面都具有明显的成效。

---

〔1〕 习近平：《关于〈中共中央关于全面深化改革若干重大问题的决定〉的说明》，载新华网：http://www.xinhuanet.com/politics/2013-11/15/c_118164294.htm，访问日期：2017 年 10 月 19 日。

二、竞争推进需要保持对经济政策的反思

改革开放以来,尤其是前二十年中,中国经济实现了持续快速的增长,这与政府主导下的改革息息相关,各种产业政策在这个阶段也发挥了十分重要的作用。因此,竞争推进问题需要形成怎样的社会共识,首要面对的是如何看待改革过程中政府与市场的关系。一直以来这种反思都存在,渐进式的改革取得了一些成效,也造成了一些难以逾越的障碍。2008年金融危机发生后,很多人开始对市场经济产生怀疑,认为市场经济过度泛滥导致了金融危机。竞争推进制度起源于成熟市场经济国家,是在美欧发达国家对国内竞争政策实施过程中遇到的各种问题进行反思的基础上产生的。接受竞争推进的理念,必须首先以完全的市场经济体制作为改革政策的预设目标,如果一开始就把政策停留在反市场或者怀疑市场的观念层面,那么就不会真正理解竞争推进的内涵,更无谈引入和运用好这一制度。

20世纪末以来,不少国际知名的经济学家和政治学家认为,中国选择的市场经济体制改革道路有别于同时期其他发展中国家。由于我们没有采取类似于俄罗斯的"休克疗法",渐进式改革步伐避免了大规模的失业和社会动荡,又保持了经济的高速发展。[1] 国外因此把中国改革开放的政策设计用"中国模式""北京共识"来概括,并用"华盛顿共识"来概括美国等成熟市场经济国家所宣扬的"新自由主义"经济政策,有意将两者相对立。2008年世界金融危机当中,以美国、日本等为代表的一些发达市场经济国家遭遇了较大的冲击,中国受到的冲击则相对较小,危机过后的经济恢复信心和速度还明显快于前者。国际上对中国模式的推崇也进一步高涨,认为中国政府具有强大的社会动员能力和应对金融危机的能力。美国"新美国基金会"的资深研究员迈克尔·林德甚至指出:"中国模式现在可能更多地会被认为是未来的潮流,华盛顿倡导的自由市场和不受限制的资本主义模式的终结。"[2]

除去这场讨论中有关政治体制改革的内容,单纯从经济体制改革的角度看,提出中国模式者用这个名词代表的是一种渐进式的市场化改革道路,渐进的政策选择是出于降低社会变革的冲击力,维持社会稳定的目的。我

---

〔1〕 参见[美]马丁·哈特-兰兹伯格、保罗·伯克特:《解读中国模式》,庄俊举编译,载《经济体制比较》(双月刊)2005年第2期。

〔2〕 参见赵红凯:《国内外学术界关于"中国模式"问的争议述评》,载《上海党史与党建》2010年12月号。

国政府因此采取了“经济改革为先导,政府主导与市场经济相结合”的先易后难的改革方案。[1] 在改革初期,“作为一种过渡的制度安排,它具有合理性”,[2]也取得了预期的经济发展与社会稳定兼顾的效果。然而,这种渐进的改革模式同时也意味着改革的不彻底性。“尤其当这种过渡式的制度设计被固化、强化、并作为经济发展的模式时,就会束缚企业家的创新精神、扭曲资源配置,这有悖于市场化改革的目标。特别值得警惕的是政府职能的固化和强化不仅受到观念上的影响,更为主要的是权力和资本相结合形成的特殊利益集团的驱动。”[3]以应对金融危机为例,有些人认为,“中国靠的就是国家的行政手段,他们把这看作中国特有的政治优势”,但不去思考“这种行政手段究竟效果好不好”“中国现在是不是存在过度使用国家行政调控手段的倾向”“这些手段符合市场经济的本质要求吗”这些问题。[4] 实际上,正是由于改革的不彻底性,我国在如何处理好政府与市场的关系问题上始终存在体制性的不畅,渐进式改革“产生的双轨制可能会培育起新的既得利益集团,旧体制久拖得不到解决导致改革成本增大”,新旧两种势力交织形成对改革的双重压力。[5]

对中国模式的过度鼓吹反而会模糊对市场经济体制的认识,甚至产生市场怀疑心态。最近十余年我们就遇到这种问题,“好像改革的动力越来越小,反倒使得反市场的势力开始抬头”,实际上反观我们三十多年的改革,无不是旨在引进和建立市场机制的过程。[6] 而到目前为止,经济上取得的成就,无不得益于政府谨慎地退出市场,而迄今为止累积的未能解决的问题,恰恰存在于那些政府力量迟迟无法退出的领域。

三、竞争推进需要自上而下与自下而上的互动

竞争推进与深化市场经济体制改革的整体战略具有高度的融合性和协调性,它的系统引入尤其需要从改革的整体战略中寻找到合适的理论支撑。

---

[1] 参见唐晓:《欧美媒体对“中国模式”的评价及其启示》,载《外交评论》2010年第1期。

[2] 参见秦晓:《是制度缺陷,还是制度创新——对“中国模式论”的质疑》,载《经济导刊》2010年5月。

[3] 参见秦晓:《是制度缺陷,还是制度创新——对“中国模式论”的质疑》,载《经济导刊》2010年5月。

[4] 参见吴敬琏:《“中国模式”应思考的问题》,载《中国物流与采购》2010年第20期。

[5] 参见庄俊举:《关于“北京共识”与中国模式研究的若干思考》,载《当代世界与社会主义》(双月刊)2005年第5期。

[6] 参见网易财经中心编:《中国经济这些年》,上海财经大学出版社2010年版,第102页。

只有不断深化中国特色社会主义市场经济体制建设，竞争推进的理论发展才能获得足够的空间，竞争推进和制度建设才能够真正落地。党的十七届五中全会和国家“十二五”规划中反复提到“顶层设计”的概念，指的是党和政府从改革的全局出发，全面协调推进经济、政治、文化、社会的体制创新。竞争推进亟须融入我国当前的顶层设计之中，获得自上而下的推力。

与此同时，我国幅员辽阔、经济社会发展存在区域性不平衡，不同的地区、不同的层级对市场经济的理解不够，经济发展中对政府的依赖程度也不一致。竞争推进不是一个“一刀切”的过程，经济欠发达地区急需的不是对政府干预市场经济行为的规范和约束，而是政府在经济发展中发挥更大的引导和扶持作用。但在经济较发达地区，已经有了如何处理好政府与市场关系的思考，政府正从很多具体的经济事务中退出来，把精力投入经济发展的制度环境建设、民生建设等领域。在这些地区，可以先行开展竞争推进的试点，树立模式，自下而上地把竞争推进从理念推向实践。

四、竞争推进需要核心机构的持续推动

竞争推进制度不只停留在文化传播层面，它包含一系列实实在在的制度，需要一个强有力的机构来推动。竞争法和竞争政策的任务“不仅是要同大企业集团或者垄断企业限制竞争的行为作斗争，而且还要同政府滥用行政权力限制竞争的行为作斗争，这就要求执法机关具有相当大的独立性和足够大的权威性”。[1] 反观我们的近邻日本、韩国，竞争政策的引入和扎根都是在一个独立的竞争主管部门的推动下缓步实现的。发展中国家和经济转型国家很难在一开始就建立一个具有高度权威的竞争主管部门，但从坚定市场经济体制的基础性地位出发，首先应当确保有一个统一的竞争主管部门存在。在不断的摸索中，竞争主管部门会逐渐加深对国情的理解，并在此基础上拟定合适的竞争政策实现路径。我国当前的现状是，“分散、不明确的”执法主体已经影响到了我国反垄断法的实施，更莫谈竞争政策的整体部署和推进。[2] 因而从根本和长远角度出发，中国并不乏学者呼吁，我们“缺少一个独立和权威的反垄断执法机关”，“我们需要建立一个统一的、独

〔1〕 参见王晓晔：《中国反垄断法的难题》，载中国网：http://www.china.com.cn/chinese/OP-c/577559.htm，访问日期：2011年8月2日。

〔2〕 参见史燕君：《反垄断法：离执法还有多远》，载《国际金融报》2011年1月10日，第2版。

立的、权威的反垄断主管部门”。[1] 这是引入竞争推进制度的当务之急。ICN 等国际组织针对如何从制度层面确保竞争主管部门的独立地位，以及提升竞争主管部门的影响力，有过专门的调研和总结，在未来考虑我国竞争主管部门架构搭建时值得参考。[2]

在竞争推进理论看来，一切有助于竞争主管部门独立行使职权，不受到不当干预的机制都是可行的。根据经验，“独立机制的建立围绕于法律、政治和财政三大因素展开”往往会达到较好的效果，[3]具体体现为以下三个方面：

首先要保证竞争主管部门在法律地位（行政序列）上独立。因为隶属于某个经济主管部门（Ministry）的竞争主管部门太容易受到“上司”的干预。实践一再表明这一观点的正确性。据 ICN 调查结果显示，高达 62%的国家在竞争主管部门的法律地位上都采取了独立于经济部门的设计，而在剩余非独立设置的国家中，也有相当一部分国家表示，虽然其竞争主管部门在行政序列上隶属于经济主管部门，但前者独立作出决策的权力是受到尊重的。[4] 相反的例子也有很多，据国际消费者团结和互信促进协会（Consumer Unity & Trust Society International，CUTS International）对七个发展中国家的竞争法和竞争政策的实施情况做过的调查，不乏因为竞争主管部门作为经济主管部门的下属部门而设置，导致原本违反竞争法的行为逃脱法律责任的例子。[5]

其次要保障竞争主管部门的预算独立。“预算独立与否可能是与部门本身的独立性关系最为密切的因素之一”，ICN 调查也显示，“近 40%的国家认为，由议会直接决定本部门财政预算的机制有助于提高竞争主管部门的独立性（autonomy）”。[6] 而那些在法律地位上隶属于经济主管部门的竞争主管部门也表示，“预算的相对独立在一定程度上能够帮助它们抵御来自上

---

[1] 王先林：《反垄断法：解决配套立法、完善执法体制》，载《中国社会科学报》2010 年 2 月 23 日。

[2] 2000 年前后，为了了解竞争主管部门在日常工作中对于各种具体因素与部门独立性之间关系的切身感受，ICN 在成立之初曾组织了一次针对 50 个国家的调查，其中一些数据极具说服力。以下的内容主要根据这次调查的结论展开。See *ICN doc*358.

[3] See *ICN doc*358，pp. vi-vii. 这里的法律独立主要是指竞争主管部门在行政序列上的独立性，而政治独立则指的是人事任命和决策过程的独立。

[4] See *ICN doc*358，p. 45.

[5] CUTS 列举了发生在坦桑尼亚和巴基斯坦的例子。See CUTS，*Pulling Up Our Socks*，p. 37.

[6] See *ICN doc*358，chart 8，p. 55.

级部门的压力”。[1]

最后是要保障竞争主管部门的人事任命和决策独立。竞争主管部门主官的任命也至关重要，他在政治上对谁负责直接决定了他以及他领导下的整个竞争主管部门的倾向性。比较有意义的区分是，竞争主管部门的主官是由经济部长提名还是直接由政府首脑或国会提名。后者显然比前一种情形更能确保竞争主管部门决策的独立性。国际比较颇能说明路径的优劣，在46个接受ICN调查的国家中，有25个是由国家首脑或政府总理提名任命竞争主管部门主官的，2个国家由议会任命，选择后一种方式的国家占了58.7%。[2]

独立决策机制建立在多方面因素的基础上，上述提到的人事任命的独立是最能直接影响到决策独立的因素。除此之外，还有一些因素也很重要，却容易被忽视，那就是决策层的构成。首先是决策层的专业背景，决策者对竞争法和竞争政策知识越精通，作出内合于竞争政策和竞争法的决策的可能性也越高。ICN调查显示，绝大多数国家竞争主管部门的决策成员具有较为贴近的专业背景和职业经历。[3] 主官的任职年限和部门决策风格的延续性也有微妙的联系，一般来说，主官任职年限较长并且任职期固定，有利于部门独立意识的养成。从实践来看，大多数国家也主张赋予竞争主管部门的主官相对稳定和长期的任职期限。在接受ICN调查的国家中，71%的国家任职期限是固定的，其中69%的国家将任职期限确定在5年左右，22%的国家为5年到10年，还有8%的国家甚至终身任职。[4]

在确保竞争主管部门独立的前提下，逐步提升竞争主管部门的影响力对于竞争推进而言也至关重要。竞争主管部门影响力的提升源于对竞争主管部门恰当的权力配置，具体也体现在三个方面：

首先要完善竞争主管部门的政策执行权(enforcement power)。在推动竞争政策目标的实现以及执行竞争法的过程中，一国的竞争主管部门必须被授予与其职责相匹配的执法权，两种基本的权力形式是比较常见的，即“调查权”(investigation)和“裁判权”(adjudicative)。不同国家的司法体制会

---

〔1〕 See *ICN doc*358, p. 56.

〔2〕 剩余国家中，还有17个国家由经济主管部长任命，1个国家由综合代表企业、消费者和学者的社会团体来挑选任命，1个由司法机关任命。See *ICN doc*358, chart 3, p. 47.

〔3〕 在接受调查的48个国家中，竞争主管部门主官的专业背景和职业经历来源前三位的分别是：来自政府和公共管理部门的占36%，学术机构占26%，商业领域的占13%，其余还有法律服务业(9%)，司法审判(8%)，消费者保护部门(3%)，等等。See *ICN doc*358, chart 6, p. 48.

〔4〕 See *ICN doc*358, chart 5, p. 47.

使这两种权力配置的形式也不同。对于发展中国家来说，由于司法体系发育不充分（庭前调解机制不发达），法院的审理任务本来就已经很重，加之法院大多对竞争法和竞争政策缺乏深入理解，因此竞争主管部门拥有相当程度的裁判权可以减轻其讼累。如赞比亚竞争委员会、巴基斯坦反垄断局以及斯里兰卡公平贸易委员会都同时享有竞争案件的调查权和裁判权。发达国家虽然在这方面的顾虑不多，但也要考虑过多的诉讼程序会牺牲竞争执法效率的问题。美国的双部门主管（duplication authority）结构体现了兼顾效率和平衡的想法，美国联邦贸易委员会既享有对案件的调查权，又有裁判权，但当事人可通过向法院上诉启动对委员会裁判权的评估；联邦司法部则仅享有案件调查权，对违法行为只能通过起诉来要求法院作出裁判。相比之下，欧盟竞争事务总理事享有调查权和裁判权，不服裁判的当事人可以向欧盟法院上诉。竞争政策和竞争法的比较研究认为，调查权和裁判权不宜过度集中于竞争主管部门，以防止竞争制度体系“缺乏必要的掣肘和平衡”，欧盟竞争事务总理事的权力结构也因此颇受业内人士批评。[1] 也有不少发展中国家为了兼顾制度的效率和平衡问题，采取了设立专门的竞争裁判机构的做法，即由竞争主管部门行使案件调查权，竞争裁判机构行使裁判权。例如南非竞争委员会对限制竞争案件进行调查，竞争法院（competition tribunal）负责对案件的裁判，高等法院还专设竞争庭受理不服竞争法院裁判的上诉。相似的制度设计还有，肯尼亚的垄断和价格管制委员会与限制贸易行为法庭，坦桑尼亚的公平贸易委员会和公平贸易法庭，等等。[2]

其次要完善竞争主管部门的咨询建议权（advice and recommendation）。竞争主管部门一般不是中央政府的组成部门，其首长也大多不是内阁成员，因此，从宪法意义上讲，竞争主管部门对一国的经济决策的参与能力是很有限的。然而，竞争推进理论的一个基本信念就是，竞争政策目标的实现不能只停留在竞争执法层面，必须强化竞争政策对国家经济决策的影响力。这就需要赋予竞争主管部门一定程度的参与国家经济决策过程的权力。对世界各国在这个问题上的实践进行比较，可以发现有三种参与形式：

最有利于竞争政策实现的形式是，竞争主管部门作为政府高层会议（内阁会议）的正式成员，其首长可以在涉及竞争问题的政策讨论中发表意见。竞争主管部门通过“参与内阁会议，可以把竞争的基本理念贯彻到政府最高层级的决策当中，对社会经济问题发挥最大的影响力”。这种形式的不利之

---

〔1〕 See CUTS, *Pulling Up Our Socks*, pp. 36-37.

〔2〕 See CUTS, *Pulling Up Our Socks*, p. 35.

处在于，过多的关注点会分散竞争主管部门的精力，影响竞争推进的效率。

最不利于竞争政策实现的形式当然是竞争主管部门没有资格直接出席政府高层会议（内阁会议），一些采取这种形式的国家的竞争主管部门甚至表示，“他们独立于政府之外的地位，使其在竞争推进问题上毫无作为”。

折中的形式是，竞争主管部门部分地参与政府高层会议（内阁会议），即仅当会议议题涉及竞争问题时才出席。这种形式似乎弥补了第一种形式在关注点过于分散方面的缺陷，又避免了第二种形式极端消极。但这种形式也并非毫无瑕疵，那就是由谁来决定哪些议题涉及竞争问题，进而启动竞争主管部门的参与程序。这又无外乎两种方式：一是竞争主管部门自行判断，并有权主动提出参与会议；二是由政府首脑根据需要邀请竞争主管部门参与或者发表意见。前一种方式有利于强化竞争主管部门的影响力，当然也可能具有与第一种形式类似的隐患，那就是分散竞争主管部门的注意力，但对于市场竞争机制不够健全，各种政府机构对竞争的理解不够深入的发展中国家而言，这种方式还是利大于弊的。后一种方式有利于提高咨询建议机制的效率，但最大的不足就是可能导致竞争主管部门的参与权形同虚设，实践中也确有这样的例子。如一些发展中国家的竞争主管部门曾向 ICN 抱怨，说“法律虽然规定总统可以在涉及市场和竞争的政策决策时邀请竞争主管部门出席内阁会议，并发表意见，但实际上这种机会少之又少，在十一年间总统仅发出过三次邀请”。[1] 可见，这种方式可能不太适合于发展中国家。

如 ICN 所指出的，让竞争主管部门参与政府高层会议，发挥咨询建议的影响力，能够为一国重要的经济决策起到“看门人”（caretaker）的作用，使其重要的经济决策符合市场竞争的基本规律。ICN 的调查显示了发达国家和发展中国家对上述三种形式的咨询建议制度的选择情况：在接受调查的发达国家当中，有 58%选择第一种形式，35%选择第二种形式，8%选择第三种形式；这一比例在接受调查的发展中国家当中分别为 16%、79%和 5%。[2] 看来实然与应然之间的差距巨大，越是市场竞争机制发育健全的发达国家，其制度设计越有利于竞争主管机构发挥咨询建议作用，而市场竞争机制亟待完善的发展中国家却忽视了这一重要的制度建设问题。

最后要完善竞争主管部门的资源调配权（resource availability）。资源分配对于一个机构能力的发挥有着重要的作用，在相同的制度环境下，人力财

〔1〕 See *ICN doc*358, p. 51.

〔2〕 See *ICN doc*358, chart 7, p. 49.

力充足的部门总是比人力财力紧张的部门能发挥更多的影响力,这一点毋须作过多的论述。一国分配给竞争主管部门的人力和财力是否充足可以依据三方面因素来衡量:政府的财政实力、国家对竞争政策需求的急迫程度、国内竞争案件的规模(已发和预期)。[1] 从世界各国的实际情况看,欧美发达国家竞争主管部门的财力是最为雄厚的,2000 年时,美国联邦贸易委员会和司法部反托拉斯局的预算就达到了 23.6 亿美元。但从竞争主管部门的预算与本国政府财政总支出的比例来看,非洲国家基本与欧美国家处于同等水平,反而使南美和亚洲国家远不及非洲国家。[2] 财力投入的影响虽然不是绝对的,但这必然影响到竞争主管部门对高级专业人才的吸引力,因为这些人才如果不能被吸引到竞争部门,就很可能投身于垄断企业。同样受到财力制约的还有竞争主管部门的办案能力,极端的情形是,有的发展中国家的竞争主管部门只有 5 名职员,4 年间只处理了 7 件案件。[3]

五、结束语

市场机制之于资源配置的机理就如同自然规律之于生命的机理一样,尽管“不是完善的,但仍不妨碍经济成长”。[4] 因此,以市场机制为基础,经济全球化浪潮才能够在世界各国迅速扩展,在全球范围内更有效地配置资源,从而有力地推动全球经济的发展。自然界有巨大的破坏力,利用好自然规律可以巧妙地化解或者缓和自然的破坏。市场机制也存在固有的缺陷需要人为校正,但这不代表市场机制就应当被任何其他人造的机制所取代。校正市场必须以尊重市场为前提,校正市场的目标是回归市场而不是远离市场。计划经济体制过分强调人收集、处理和分配各类生产、消费信息的能力,而企图以人的精心安排来取代市场分配机制。但人的认识能力局限使这个企图很快成为泡影,就像违背自然规律的生命注定难以长久一样。理性人懂得正视市场机制的缺陷,运用竞争政策来修复市场,并时刻防止理性的力量过于自信和过快膨胀。竞争推进正是贯穿于市场和政府关系处理模式中的自律元素。中国建立市场经济体制的历程不长,在我们的文化中,依赖乃至夸大政府力量的传统多于鼓励或者尊重自由市场的传统。因此,中

---

[1] See CUTS, *Pulling Up Our Socks*, p. 38.

[2] See CUTS, *Pulling Up Our Socks*, p. 39.

[3] 坦桑尼亚公平贸易委员会只有 5 名工作人员,其中仅 1 名全职;斯里兰卡公平贸易委员会在 1996 年至 2000 年间只处理了 7 件案件,其中涉及企业合并的仅 1 件,不公平竞争的 6 件。See CUTS, *Pulling Up Our Socks*, p. 41; table 9, p. 42; table 10, p. 44.

[4] 参见《经济制度与国家竞争力》,第 13 页。

国的市场经济体制改革进程中,往往不缺乏对市场机制种种不足的谨慎心态,而是时常会忽略对政府干预市场力量的警惕和约束。竞争推进可以帮助我们改变这种观念上的不平衡,这对我国不断深化和发展市场经济具有良好的影响。

参考文献

一、著作及译著类

1. 徐士英:《竞争法论》,世界图书出版公司2003年版。

2. 徐士英等:《竞争法新论》,北京大学出版社2006年版。

3. 王晓晔:《竞争法学》,社会科学文献出版社2007年版。

4. [美]戈登·塔洛克:《寻租:对寻租活动的经济学分析》,李政军译,西南财经大学出版社2000年版。

5. [美]W. 基普·维斯库斯、约翰·M. 弗农、小约瑟夫·E. 哈林顿:《反垄断与管制经济学》(第4版),陈甬军、覃福晓等译,中国人民大学出版社2010年版。

6. [美]理查德·A. 波斯纳:《反托拉斯法》(第2版),孙秋宁译,中国政法大学出版社2003年版。

7. [英]亚当·斯密:《道德情操论》,谢宗林译,中央编译出版社2008年版。

8. [荷]霍夫斯泰德:《文化与组织:心理软件的力量》(第2版),李原、孙健译,中国人民大学出版社2006年版。

9. [美]曼瑟尔·奥尔森:《集体行动的逻辑》,陈郁、郭宇峰、李崇新译,格致出版社、上海人民出版社2011年版。

10. [美]罗伯特·劳伦斯·库恩:《中国30年:人类社会的一次伟大变迁》,吕鹏、李荣山、徐辰、吕佳龄译,李康校,世纪出版集团、上海人民出版社2008年版。

11. [美]迈克尔·波特:《国家竞争优势》,李明轩等译,华夏出版社2002年版。

12. [美]施蒂格勒:《产业组织》,王永钦、薛锋译,上海人民出版社2006年版。

13. [美]谢泼德等:《产业组织经济学》(第5版),张志奇等译,中国人大学出版社2007年版。

14. [美]温斯顿:《反垄断经济学前沿》,张嫚、吴绪亮、章爱民译,东北财经大学出版社2007年版。

15. [美]戴维·伯格尔:《二十世纪欧洲的法律与竞争》,冯克利、魏志梅译,中国社会科学出版社2004年版。

16. [美]E.博登海默:《法理学:法律哲学与法律方法》,邓正来译,中国政法大学出版社1999年版。

17. [美]康芒斯:《制度经济学》,于树生译,商务印书馆1997年版。

18. [英]罗素:《西方哲学史》(下卷),何兆武、李约瑟译,商务印书馆2007年版。

19. [美]哈尔·R.范里安:《微观经济学:现代观点》,费方域等译,上海三联书店、上海人民出版社2003年版。

20. [美]道格拉斯·G.拜尔、罗伯特·H.格特纳、兰德尔·C.皮克:《法律的博弈分析》,严旭阳译,法律出版社1999年版。

21. [英]弗雷德里希·奥古斯特·哈耶克:《自由宪章》,杨玉生、陈茅等译,杨玉生、陆衡、伊虹统校,中国社会科学出版社1998年版。

22. [日]金泽良雄:《经济法概论》,满达人译,中国法制出版社2005年版。

23. [日]村上政博:《日本禁止垄断法》,姜姗译,法律出版社2008年版。

24. 厉以宁:《超越市场与超越政府——论道德力量在经济中的作用》,经济科学出版社2010年版。

25. 张五常:《中国的经济制度》,中信出版社2009年版。

26. 唐要家:《反垄断经济学:理论与政策》,中国社会科学出版社2008年版。

27. 李钟斌:《反垄断法的合理原则》,厦门大学出版社2005年版。

28. 吴越:《经济宪法学导论——转型中国经济权利与权力之博弈》,法律出版社2006年版。

29. 王俊豪:《政府管制经济学导论》,商务印书馆2001年版。

30. 辜海笑:《美国反托拉斯理论与政策》,中国经济出版社2005年版。

31. 吴小丁:《反垄断与经济发展——日本竞争政策研究》,商务印书馆2006年版。

32. 孔德周:《系统经济法论》,中国法制出版社2005年版。

33. 王显勇:《公平竞争权论》,人民法院出版社2007年版。

34. 张雪樵:《产业结构法研究》,中国人民大学出版社 2005 年版。

35. 肖竹:《竞争政策与政府规制——关系、协调及竞争法的制度构建》,中国法制出版社 2009 年版。

36. 张维迎:《市场的逻辑》,上海人民出版社 2010 年版。

37. 周子学:《经济制度与国家竞争力——鉴于中国经济制度变迁视角》,上海三联书店 2008 年版。

38. 封毓昌:《辩证逻辑——认识史的总结》,中国社会科学出版社 1990 年版。

39. 夏光:《东亚现代性与西方现代性:从文化的角度看》,生活·读书·新知 三联书店 2005 年版。

40. 马立诚、凌志军:《交锋:当代中国三次思想解放实录》,今日中国出版社 1998 年版。

41. 吴敬琏:《呼唤法治的市场经济》,生活·读书·新知三联书店 2007 年版。

42. 柳红:《八〇年代:中国经济学人的光荣与梦想》,广西师范大学出版社 2010 年版。

43. 郑永年:《中国模式——经验与困局》,浙江出版联合集团、浙江人民出版社 2010 年版。

44. 杨沐:《产业政策研究》,上海三联书店 1993 年版。

45. 资中筠、陈乐民:《冷眼向洋》(上卷),生活·读书·新知三联书店 2001 年版。

46. 王维平:《经济政策创新与区域经济发展》,中国社会科学出版社 2006 年版。

47. 李忠杰、徐耀新、魏力:《社会主义改革史》,春秋出版社 1988 年版。

48. 胡象明:《经济政策与公共秩序》,湖北人民出版社 2002 年版。

49. 蔡荣生:《经济政策学》,经济日报出版社 2005 年版。

二、编著类

1. 徐士英主编:《新编竞争法教程》,北京大学出版社 2009 年版。

2. 王晓晔主编:《经济全球化下竞争法的新发展》,社会科学文献出版社 2005 年版。

3. 吴敬琏、江平主编:《洪范评论》(第 13 辑),生活·读书·新知三联书店 2011 年版。

4. 符启林主编:《暨南大学法律评论》(第 1 卷),法律出版社 2007 年版。

5. 李昌麒主编:《经济法学》,法律出版社 2007 年版。

6. 沈宗灵主编:《法理学》,北京大学出版社 2000 年版。

7. [美]J. E. 克伍卡、L. J. 怀特编著:《反托拉斯革命(第 4 版)——经济学、竞争与政策》,林平、臧旭桓等译,经济科学出版社 2007 年版。

8.《辞海》,上海辞书出版社,1979 年版缩印本,1985 年第 6 次印刷。

9. [日]小宫隆太郎、奥野正宽、铃村兴太郎编:《日本的产业政策》,黄晓勇等译,国际文化公司出版社 1988 年版。

10. 张维迎主编:《中国改革 30 年:10 位经济学家的思考》,世纪出版集团、上海人民出版社 2008 年版。

11. 王俊豪主编:《管制经济学原理》,高等教育出版社 2007 年版。

12. 网易财经中心编:《中国经济这些年》,上海财经大学出版社 2010 年版。

13.《各国反垄断法汇编》编选组编:《各国反垄断法汇编》,人民法院出版社 2001 年版。

14. 上海市人民政府法制办公室编:《上海市依法行政状况白皮书(2004—2009)》,上海人民出版社 2011 年版。

三、杂志类

1. 闫茂旭:《价格改革与社会主义市场经济体制目标的确立》,载《中共党史研究》2017 年第 7 期。

2. 龚育之:《从南方谈话到十四大、十五大、"七一"讲话》,载《中共党史研究》2002 年第 2 期。

3. 张卓元:《从计划经济体制向社会主义市场经济体制的大跨越》,载《经济研究》1998 年第 11 期。

4. 王先林:《竞争政策的基础性地位及其主要实现路径初探》,载《中国价格监督与反垄断》2016 年 S1 期(贯彻落实《中共中央国务院关于推进价格机制改革的若干意见》专刊)。

5. 高尚全:《中国改革开放三十年:总结和展望》,载《中国改革》2008 年第 12 期。

6.《吴敬琏、厉以宁解读改革开放三十年得失》,载《今日中国论坛》2008 年增 1 期。

7. 茅于轼:《国富与国穷:制度和中国的经济改革》,载《商界评论》2008 年第 21 期。

8. 张卓元:《垄断行业改革任重道远》,载《四川改革》2011 年第 6 期。

9. 张卓元:《利益关系和谐论:一种新的市场秩序观》,载《经济管理与经济研究》2005年第3期。

10. 张维迎:《我看改革开放三十年》,载《银行家》2008年第8期。

11. 钱颖一:《避免坏的市场经济,走向好的市场经济》,载《协商论坛》2005年第1期。

12. 成思危:《改革的核心是制度创新》,载《资本市场》2008年第3期。

13. 萧功秦:《中国现代化转型中的地方庇荫网政治》,载《社会科学》2004年第12期。

14. 周业安等:《地方政府竞争与市场秩序的重构》,载《中国社会科学》2004年第1期。

15. 萧功秦:《国家、社会与转型》,载《中国企业家》2008年第16期。

16. 于建嵘:《社会泄愤事件反思》,载《南风窗》2008年第15期。

17. 李昌麒、黄茂钦:《公平分享:改革发展成果分享的现代理念》,载《社会科学研究》2006年第6期。

18. 李昌麒:《发展与创新:经济法的方法、路径与视域(上)》,载《山西大学学报》2003年6月。

19. 李昌麒:《发展与创新:经济法的方法、路径与视域(下)》,载《山西大学学报》2003年8月。

20. 王晓晔:《论竞争法在市场经济法律体系中的地位》,载《中南大学学报》(社科版)2006年2月。

21. 漆多俊:《反垄断立法中的行政性垄断问题》,载《时代法学》2006年第4期。

22. 徐士英:《政府干预与市场运行之间的防火墙》,载《华东政法大学学报》2008年第2期。

23. 王先林:《论中国反垄断法的平等适用》,载《法治研究》2007年第5期。

24. 苏浩开:《澳大利亚推出国家竞争政策》,载《全球科技经济信息瞭望》1996年第2期。

25. 曹红英:《澳大利亚竞争政策改革(一)》,载《中国工商管理研究》1999年第5期。

26. 曹红英:《澳大利亚竞争政策改革(二)》,载《中国工商管理研究》1999年第6期。

27. 曹红英:《澳大利亚竞争政策改革(三)》,载《中国工商管理研究》1999年第12期。

28. 张占江:《竞争倡导研究》,载《法学研究》2010 年第 5 期。

29. 王晓晔:《行政垄断问题的再思考》,载《中国社会科学院研究生院学报》2009 年第 4 期。

30. 许光耀:《行政垄断的反垄断法规制》,载《中国法学》2004 年第 6 期。

31. 刘继峰:《俄罗斯反垄断法规制行政垄断之借鉴》,载《环球法律评论》2010 年第 2 期。

32. 黄勇、邓志松:《论规制行政垄断的我国〈反垄断法〉特色——兼论行政垄断的政治与经济体制根源》,载《法学杂志》2010 年第 7 期。

33. 叶卫平:《竞争立法与竞争秩序建构——以行政垄断规制必要性为中心》,载《深圳大学学报》(人文社会科学版)2007 年第 1 期。

34. 王俊豪、王建明:《中国垄断性产业的行政垄断及其管制政策》,载《中国工业经济》2007 年第 12 期。

35. 过勇、胡鞍钢:《行政垄断、寻租与腐败——转型经济的腐败机理分析》,载《经济社会体制比较》2003 年第 2 期。

36. 胡光志、王波:《行政垄断及反行政垄断法的经济学分析》,载《中国法学》2004 年第 4 期。

37. 于良春、杨骞:《行政垄断制度选择的一般分析框架——以我国电信业行政垄断制度的动态变迁为例》,载《中国工业经济》2007 年第 12 期。

38. 于林、于良春:《地区性行政垄断的经济增长效应》,载《当代财经》2010 年第 6 期。

39. 于良春、余东华:《中国地区性行政垄断程度的测度研究》,载《经济研究》2009 年第 2 期。

40. 丁国峰:《我国反垄断法私人实施的竞争文化探讨》,载《法治研究》2009 年第 7 期。

41. 黄勇、江山:《反垄断法实施的文化维度论纲——以竞争文化、诉讼文化与文化为中心》,载《江西社会科学》2008 年第 7 期。

42. 李梅:《培育企业的竞争文化》,载《中国电力企业管理》2009 年第 2 期。

43. 李宏斌:《和谐与竞争:中西文化精神新论》,载《延安大学学报》(社会科学版)2005 年 8 月。

44. 赵世义:《经济宪法学基本问题》,载《法学研究》2001 年第 4 期。

45. 李靖堃:《欧洲经济宪法的发展及其对共同市场的规制——以自由竞争与自由流动为例》,载《欧洲研究》2007 年第 6 期。

46. 蒋文能:《搭便车、集体行动与国家兴衰——奥尔森集体行动理论述评》,载《学术论坛》2009 年第 11 期。

47. 高鸿钧:《法律移植:隐喻、范式与全球化时代的新趋向》,载《中国社会科学》2007 年第 4 期。

48. 刘德成(中国商务部商业改革发展司):《中法流通业比较》,载《商业时代杂志》2004 年第 29 期。

49. 马蔚云:《对俄罗斯"休克疗法"的几点看法》,载《东欧中亚研究》2001 年第 1 期。

50. 陈清瑞:《两部制电价制度与改进策略》,载《粤港澳市场与价格》2008 年第 9 期。

51. 余瑞祥、李彦军:《两部制电价对我国西电东送的影响》,载《经济问题探索》2005 年第 1 期。

52. 王晓冰:《电力改革方案始末》,载《中国改革》2004 年第 4 期。

53. 池建新、朱庆华:《美国与日本电信产业政策变化的比较分析——由管制产业向自由竞争产业的转变》,载《情报杂志》2006 年第 2 期。

54. 徐士英:《"必须设备原理"在反垄断法中应用之评析》,载李明发主编:《安徽大学法律评论》(2008 年第 1 辑),安徽大学出版社 2008 年版。

55. 宋永华、孙静:《欧洲的电力市场发展及对我国的启发》,载《电力技术经济》第 20 卷第 3 期。

56. 王磊:《韩国竞争法律制度简评》,载《中国工商行政管理》2001 年第 1 期。

57. 陆南泉:《对俄罗斯经济转轨若干重要问题的看法》,载《经济社会体制比较》(双月刊)2010 年第 2 期。

58. 颜俊、毛广雄:《俄罗斯人口结构研究》,载《世界地理研究》2009 年 9 月。

59. 曾牧野、李新家:《于光远对经济体制改革和市场经济的研究》,载《南方经济》2005 年第 8 期。

60.《薛暮桥同志谈他和孙冶方同志对价值规律认识的异同》,载《江苏社会科学》1984 年第 13 期。

61. 王恒立:《薛暮桥物价与货币理论研究》,载《管理世界》(双月刊)1991 年第 5 期。

62. 赵红凯:《国内外学术界关于"中国模式"问题的争议述评》,载《上海党史与党建》2010 年 12 月号。

63. 唐晓:《欧美媒体对"中国模式"的评价及其启示》,载《外交评论》

2010 年第 1 期。

64. 秦晓:《是制度缺陷,还是制度创新——对“中国模式论”的质疑》,载《经济导刊》2010 年 5 月。

65. 吴敬琏:《“中国模式”应思考的问题》,载《中国物流与采购》2010 年第 20 期。

66. 庄俊举:《关于“北京共识”与中国模式研究的若干思考》,载《当代世界与社会主义》(双月刊)2005 年第 5 期。

67. 戚聿东:《深化垄断行业改革 促进社会全面发展》,载吴敬琏、江平主编:《洪范评论》(第 13 辑),生活 · 读书 · 新知三联书店 2011 年版。

四、文集类

1. 邓小平:《邓小平文选》(第 3 卷),人民出版社 1993 年版。

2.《江西财经大学学报》(中国法学会经济法学研究会 2005 年年会专辑)。

3.《亚洲竞争法论坛(2008)学术论文集》。

4.《亚洲竞争法论坛(2010)学术论文集》。

五、学位论文类

1. 徐士英:《日本反垄断法的理论与实践研究》,中南大学博士学位论文,2008 年。

2. 贾继峰:《战略性竞争政策——论应对全球化的竞争政策发展方向》,上海社会科学院博士学位论文,2002 年。

3. 郑鹏程:《行政垄断的法律控制研究》,西南政法大学博士学位论文,2002 年。

4. 刘桂清:《产业政策与竞争政策——反垄断法协调其冲突的法律机制研究》,华东政法大学博士后研究工作报告,2008 年。

5. 喻玲:《从一元到多元——寡头的反垄断法规制》,华东政法大学博士学位论文,2012 年。

6. 杨兰品:《中国行政垄断问题研究》,武汉大学博士学位论文,2005 年。

7. 杨玉秀:《中国电信行业行政垄断与竞争政策研究》,山东大学博士学位论文,2010 年。

8. 王会宗:《中国铁路运输业行政垄断与引入竞争问题研究》,山东大学博士学位论文,2010 年。

9. 刘长霞:《经济转轨时期中国银行业反行政垄断与促进竞争政策研

究》,山东大学硕士学位论文,2008年。

10. 杨淑云:《中国电力产业行政垄断及其效率影响分析》,山东大学博士学位论文,2010年。

11. 顾爱平:《行政许可制度改革研究》,苏州大学博士学位论文,2006年。

12. 廖扬丽:《我国行政审批制度改革研究》,中央党校博士学位论文,2004年。

13. 胡恩同:《访问电价形成机制与中国访问电价改革》,复旦大学博士学位论文,2006年。

六、报纸类

1. 刘伟勋:《电力改革挺进核心地带》,载《经济观察报》2006年5月6日。

2. 王骏:《令人沮丧的电力改革》,载《经济学消息报》2000年5月5日。

3. 史燕君:《反垄断法:离执法还有多远》,载《国际金融报》2011年1月10日,第2版。

4. 王先林:《反垄断法:解决配套立法、完善执法体制》,载《中国社会科学报》2010年2月23日。

七、中文网站类

1. 商务部条法司:《于广洲副部长会见美国联邦贸易委员会主席梅杰罗斯》,载 http://tfs. mofcom. gov. cn/aarticle/dzgg/f/200605/20060502126220. html,访问日期:2009年2月15日。

2. 萧功秦:《我更担心改革被锁定》,载 http://www. infzm. com/content/68300/1,访问日期:2012年2月8日。

3. 陈达:《关键在于保护市场竞争环境——APEC部分成员反垄断的一些做法及启示》,载 http://www. ceh. com. cn/ceh/llpd/2010/2/4/59385. shtml,访问日期:2009年9月3日。

4. 徐士英、沈路:《竞争法与消费者保护》,载 http://www. zgxzsfjdw. com/t_newsshow. asp? NewsID=8992,访问日期:2011年4月8日。

5. 马立诚:《问一问姓资姓社》,载 http://www. eeo. com. cn/observer/special/2010/08/04/177315. shtml,访问日期:2011年4月11日。

6.《高举邓小平理论伟大旗帜,把建设有中国特色社会主义事业全面推向二十一世纪——江泽民在中国共产党第十五次全国代表大会上的报告》,

载新华网：http://news. xinhuanet. com/ziliao/2003－01/20/content_697189. htm,访问日期:2010 年 7 月 3 日。

7. 王晓晔:《中国反垄断法的难题》,载 http://www. china. com. cn/chinese/OP－c/577559. htm,访问日期:2011 年 8 月 2 日。

8. 俄罗斯联邦统计局网:载 http://www. gks. ru/freedoc/2008/demo/nas－po108. htm,访问日期:2010 年 10 月 20 日。

9.《电改僵局》,载 http://www. sifl. org. cn/cn/research_info. aspx? id=505,访问日期:2011 年 9 月 12 日。

10. 中华人民共和国驻法兰西共和国大使馆经济商务参赞处编译:《大多数法国人排斥资本主义,大多数中国人认同市场经济》,载 http://fr. mofcom. gov. cn/aarticle/jmxw/200603/20060301772154. html,访问日期:2012 年 3 月 11 日。

八、中译论文类

1. [美]马丁·哈特-兰兹伯格、保罗·伯克特:《解读中国模式》,庄俊举编译,载《经济体制比较》(双月刊)2005 年第 2 期。

2. [日]栗田诚:《日本的规制改革与反垄断法·竞争政策》,张军建译,载《河南省政法干部管理学院学报》2007 年第 2 期。

3. [俄]维·梅·波尔捷罗维奇:《不断再分配的社会:改革的作用》,侯静娜译,载《经济社会体制比较》(双月刊)2006 年第 6 期。

九、外文案例类

1. Continental T. V. ,Inc. v. GTE Sylvania Inc. ,433 U. S. 36 (1977).

2. United States v. Arnold,Schwinn & Co. ,388 U. S. 365 (1967).

3. Parker v. Brown and progeny,317 U. S. 341 (1943).

4. Goldfarb v. Virginia State Bar,421 U. S. 773,792 (1975).

5. City of Lafayette v. Louisiana Power & Light Co. ,435 U. S. 389,410,55 L. Ed. 2d 364,98 S. Ct. 1123 (1978).

6. Community Communications v. City of Boulder,455 U. S. 40 (1982).

7. Southern Motor Carriers Rate Conference,Inc. v. United States,105 S. Ct. 1721(1985).

8. California Retail Liquor Dealers Assn. v. Midcal Aluminum,Inc. ,445 U. S. 97 (1980).

9. Town of Hallie v. City of Eau Claire,105 S. Ct. 1713(1985).

10. New Motor Vehicle Board v. Orrin W. Fox Co. ,439. U. S. 96(1978).

11. Hoover v. Ronwin,104 S. Ct. 1989(1984).

12. Hybud Equipment Corp. v. City of Akron, 742 F. 2d 949 (6th Cir. 1984),cert. denied,105 S. Ct. 1866(1985).

13. Miller v. Hedlund,579 F. Supp. 116(D. Or. 1984).

14. Ciminelli v. Cablevision,583 F. Supp. 144 (E. D. N. Y. 1984).

15. FTC v. Ticor Title Ins. Co. ,504 U. S. 621 (1992).

十、外文论著类

1. Geert Hofstede, *Cultures' Consequences: Comparing Values, Behaviors, Institutions and Organizations Across Nations*, California, Sage, Thousand Oaks, Publications, 2003.

2. Kathleen H. J. Liebfried and C. J. McNair, *Benchmarking: A Tool for Continuous Improvement*, New York, Harper Business, 1992.

3. Hobvenkamp, Herbert, *Federal Antitrust Law Policy: The Law of Competition and its Practice*, West Publishing Co. ,1994.

十一、外文编著类

1. Austrialia Productivity Commission, *Review of National Competition Policy Reforms*, *Report No.* 33: 2005, Canberra.

2. Bernard Hoekman, Peter S. Holmes, *Competition Policy, Developing Countries, and the World Trade Organization*, World Bank Policy Research Working Paper, No. 2211.

3. Chia-Jui Cheng ed. , *Clive M. Schmittoff's Select Essays on International Trade Law*, Kluwer, 1998.

4. Jens Høj, Toshiyasu Kato and Dirk Pilat, *Deregulation and Privatization in the Service Sector*, OECD Economic Studies, No. 25, 1995/11.

5. Lisbon European Council, *Presidency conclusions*, 24 *March* 2000, Press release No. 100/1/00, 24 March 2000.

6. Korea Fair Trade Commission, 2008 *Annual Report.*

7. Paul Cook, Raul Fanella, Cassey Lee, *Competitive Advantage and Competition Policy in Developing Countries*, Edward Elgar, 2007.

十二、外文论文类

1. Deborah Platt Majoras, " State Intervention: A State of Displaced Competition", *GEO. Mason L. Rev.* Vol. 13, 2006.

2. Arnold C. Celnicker, "The Federal Trade Commission's Competition and Consumer Advocacy Program", *S. Louis U. L. J.* Vol 33:380, 1988-1989.

3. A. E. Rodriguez, Malcolm B. Coate, " Competition Policy in Transition Economies: The Role of Competition Advocacy ", *Brooklyn Journal of International Law*, 1997.

4. James C. Cooper, Paul A. Pautler, Todd J. Zywicki, "Theory and Practice of Competition Advocacy at The FTC", *Antitrust Law Journal Vol.* 72, *No.* 3., 2005.

5. Simon J. Evenett, " Competition Advocacy: Time for A Rethink?", 26 *NW. J. INT'L L. & BUS.*, 2006.

6. Maurice E. Stucke, " Better Competition Advocacy", *ST. John's Law Review*, *Vol.* 82, 2008.

7. Alan Devlin & Michael Jacobs, " Antitrust Divergence and the Limits of Economics", *Northwestern University Law Review*, Vol. 104, No. 1, 2010.

8. Frank H. Easterbrook, " The Limits of Antitrust", 63 *Tex. L. Rev.* 1, 1984.

9. Ki Jong Lee, "Culture and Competition: National and Regional Levels", *Loyola Consumer Law Review*, Vol. 21:1.

10. Parham D., " Sources of Australia's Productivity Revival", *Economic Record*, Vol. 80, No. 249.

11. William A. Jordan, "Producer Protection, Prior Market Structure and the Effects of Government Regulation", *Journal of Law and Economics*, 15, 1972.

12. Robert H. Lande, Howard P. Marvel, "The Three Types of Collusion: Fixing Prices, Rivals, and Rules", *Wisconsin Law Review* 941, 2005.

13. Kees Koedijk, Jeroen Kremers, Paul David, "Lars-Hendrik Röller, Market Opening, Regulation and Growth in Europe", *Economic Policy*, Vol. 11, No. 23, 1996.

14. Kotlowski, Alexander, " Third - Party Access Rights in the Energy Sector: A Competition Law Perspective", *Utilities Law Review*, Vol. 16, No. 3, 2007.

15. Robert D. Anderson, Abraham Hollander and Joseph Monteiro,

"Regulatory Reform and the Expanding Role of Competition Policy in the Canadian Economy, 1986-1996", *Review of Industrial Organization*, April 1998, Volume 13, Issue 1-2.

十三、外文网站类

1. Robert D. Anderson, "Competition Policy in the WTO: An Introduction to the Issues", Accessed Feb. 8, 2009. www. wto. org/english/tratop_e/dda_e/symp04_pp_anderson_e. ppt.

2. CUTS Centre for Competition, "Investment and Economic Regulation: Towards a Healthy Competition Culture...", accessed Oct. 3, 2008. http://www. cuts-international. org/THC. pdf.

3. "Advocacy and Competition Policy: Report Prepared by the Advocacy Working Group", accessed Oct. 20, 2007. http://www. internationalcompetitionnetwork. org/uploads/library/doc358. pdf.

4. "Competition Advocacy in Regulated Sectors: Examples of Success", accessed Feb. 8, 2009. http://www. internationalcompetitionnetwork. org/uploads/library/doc370. pdf.

5. Eleanor M. Fox, "A Report on the First Annual Conference of the International Competition Network", accessed Feb. 11, 2009. http://www. internationalcompetitionnetwork. org/uploads/library/doc582. pdf.

6. "Centre for International Economics, Guidelines for NCP legislation reviews", accessed Mar. 11, 2010. http://ncp. ncc. gov. au/docs/LEGu-001. pdf.

7. "Fca yearbook 2008", accessed Mar. 13, 2010. http://www. kilpailuvirasto. fi/tiedostot/vuosikirja-2008-englanti. pdf.

8. Meng Xiangjun, "Make Great Efforts to Intensify Publicity of Competition Enforcement and Vigorously Promote Competition Enforcement", accessed May. 5, 2010. http://www. bric-competition. com/page. php? id=81.

9. Tomas Serebrisky, "The Role of Advocacy in Competition Policy: The Case of the Argentine Gasoline Market", accessed Sep. 8, 2008. http://www-wds. worldbank. org/external/default/WDSContentServer/IW3P/IB/2003/10/03/000094946_03092310565341/Rendered/PDF/multi0page. pdf.

10. Timothy J. Muris, "Creating a Culture of Competition: The Essential

Role of Competition Advocacy", accessed Feb. 8, 2009. http://www. ftc. gov/speeches/muris/020928naples. shtm.

11. József Sárai, "Model Advocacy Provisions Panel", accessed Feb. 11, 2009. http://www. internationalcompetitionnetwork. org/uploads/library/doc437. pdf.

12. ICN, "Practical Techniques: A Toolkit for Advocacy", accessed Feb. 11, 2009. http://www. internationalcompetitionnetwork. org/uploads/library/doc433. pdf.

13. ICN, "Report on Competition and the Judiciary (2006), and Competition and the Judiciary 2nd Phase Report - Case Studies (2007)", accessed Sep. 12, 2008. http://www. internationalcompetitionnetwork. org/library. aspx.

14. ICN, "ICN Advocacy Working Group Long - Term Strategic Plan 2011-2016", accessed Oct. 1, 2008. http://www. internationalcompetitionnet-work. org/uploads/library/doc763. pdf.

15. B Block, Paryavaran Bhavan, Lodhi Road, Public Awareness on Competition Law & Policy, accessed Feb. 8, 2009. http://www. cci. gov. in/images/media/Advocacy/Awareness/pacl. pdf? phpMyAdmin = NMPFRah-GKYeum5F74Ppstn7Rf00.

16. Deborah Platt Majoras, "Promoting a Culture of Competition", accessed Feb. 8, 2009. http://www. ftc. gov/speeches/majoras/060410chinacompetitionadvocacy. pdf.

17. AWG of ICN, "Report prepared by the subgroup n°3 : case studies", accessed Feb. 11, 2009. http://www. internationalcompetitionnetwork. org/uploads/library/doc359. pdf.

18. ICN documents library, accessed Feb. 8, 2009. http://www. internationalcompetitionnetwork. org/library. aspx? search = &group = 5&type = 0&workshop = 0&page = 3.

19. ICN, "Enforcement Experience in Regulated Sectors", accessed Sep. 11, 2008. http://www. internationalcompetitionnetwork. org/uploads/library/doc379. pdf.

20. John E. Lopatka and William H. Page, "Economic Authority and the Limits of Expertise in Antitrust Cases", accessed Mar. 11, 2010. http://papers. ssrn. com/sol3/papers. cfm? abstract_id = 507542.

21. William H. Page, " Microsoft and the Limits of Antitrust, Research Roundtable on the Limits of Antitrust Revisited", accessed Mar. 11, 2010. www. law. northwestern. edu/. . . /Page_Microsoft_and_Limits_Antitrust. pdf.

22. "The History of AT&T", accessed Mar. 2, 2012. http://www. corp. att. com/history/.

23. OECD, "Fighting Hard-Core Cartels: Harm, Effective Sanctions and Leniency Programmes at 82 (2002)", accessed Oct. 22, 2010. http://www. oecd. org/dataoecd/41/44/1841891. pdf.

24. CUTS Centre for Competition, " Investment & Economic Regulation, Pulling Up Our Socks—A Study of Competition Regimes of Seven Developing Countries of Africa and Asia under the 7—Up Project", accessed Mar. 11, 2010. www. cuts-international. org/pdf/CCIER-1-2003. pdf.

25. Timothy J. Muris, "Improving the Economic Foundations of Competition Policy, Remarks at George Mason University Law Review's Winter Antitrust Symposium", accessed Feb. 4, 2008. http://www. ftc. gov/speeches/muris/improveconfoundatio. shtm.

26. Centre for International Economics (CIE), " Guidelines for NCP legislation reviews 1999 (prepared for NCC)", accessed Mar. 10, 2007. http://www. thecie. com. au/content/publications/CIE-NCP_guidelines_report. pdf.

27. Herbert J. Hovenkamp, "The Neal Report and the Crisis in Antitrust", University of Iowa Legal Studies Research Paper Number 09-09, accessed Oct. 13, 2009. http://ssrn. com/abstract=1348707.

28. Deborah A. Garza, "Modernization of Antitrust Law—Private and Public Enforcement and Abuses-Europe and the U. S. ", accessed Sep. 5, 2009. http://www. justice. gov/atr/public/speeches/235658. htm.

29. " Commonwealth National Competition Policy Annual Report 1997-1998", accessed Mar. 10, 2007. http://www. treasury. gov. au/documents/176/PDF/cncp. pdf.

30. OECD, "Annual Report on Competition Policy Developments in Australia 2005", accessed Mar. 10, 2008. http://www. oecd. org/dataoecd/62/2/36498632. pdf.

31. Competition Law and Policy in Australia (July 2002 - June 2003), accessed Mar. 12, 2008. http://www. oecd. org/dataoecd/22/10/34830529. pdf.

32. Industry commission, "Regulation and Its Review 1995-96", accessed May. 11, 2008. http://www.pc.gov.au/ic/research/annualreport/reglnrev9596/reglnrev9596.pdf.

33. Queensland Treasury, "Public Benefit Test Guidelines", accessed May. 11, 2008. http://www.treasury.qld.gov.au/office/knowledge/docs/ncp/public-benefit-test-guidelines.pdf.

34. "Agreement to Implement the NCP and Related Reforms", accessed May. 13, 2008. http://ncp.ncc.gov.au/docs/Agreement%20to%20Implement%20the%20NCP%20and%20Related%20Reforms.pdf.

35. "Hearing before the Antitrust Task Force of the Committee on The Judiciary House of Representatives (Serial No. 110 - 23)", accessed Jun. 6, 2009. http://judiciary.house.gov/hearings/printers/110th/35243.PDF.

36. "Statement of John Conyers, Jr. Antitrust Task Force Hearing on The Findings and Recommendations of the Antitrust Modernization Commission, May 8, 2007", accessed Jun. 6, 2009. http://old.judiciary.house.gov/OversightOpeningStatement.aspx? ID=96.

37. National Competition Council, *Legislation Review Compendium (Sixth edition)*, Melbourne, 2010, accessed Oct. 12, 2010. http://ncp.ncc.gov.au/docs/LRC10-001.pdf.

38. OECD, "Economic Survey of Australia: Policy Brief", accessed Jun. 9, 2009. www.oecd.org/dataoecd/4/6/2497195.pdf.

39. Fabio Domanico, "Liberalization of the European Electricity Industry: Internal Market or National Champions?", accessed Jul. 8, 2008. http://www.worldenergy.org/documents/p001227.pdf.

40. Diathesopoulos, Michael D., "Third Party Access and Refusal to Deal: How Sector Regulation and Competition Law Meet Each Other (December 29, 2010)", *SSRN*, accessed Jul. 22, 2009. http://ssrn.com/abstract=1732210.

41. Mark Whitwill, "European Deregulation: One Year On", accessed Aut. 10, 2008. http://www.world-nuclear.org/sym/2000/whitwill.htm.

42. EC DG, "Competition report on energy sector inquiry", accessed Jul. 20, 2009. http://ec.europa.eu/competition/sectors/energy/inquiry/index.html.

43. House of Commons Committee of Public Accounts, "The new electricity trading arrangements in England and Wales (Second Report of Session 2003 -

04)", accessed Jun. 20, 2010. http://www. publications. parliament. uk/pa/cm200304/cmselect/cmpubacc/63/63. pdf. r.

44. Norman W. Hawker, " Competition in the Residential Real Estate Brokerage Industry: A Summary of the AAI Symposium", accessed Oct. 21, 2009. http://www. antitrustinstitute. org/node/10044.

45. " Complaint", United States v. National Association of Realtors, Civil Action, No. 05C-5140, accessed Aut. 30, 2009. http://www. justice. gov/atr/cases/f211000/211009. htm.

46. Matthew Magura, " How Rebate Bans, Discriminatory MLS Listing Policies, and Minimum Service Requirements Can Reduce Price Competition For Real Estate Brokerage Services and Why It Matters", Economic Analysis Group Discussion Paper, accessed Aut. 30, 2009. http://www. justice. gov/atr/public/eag/225695. htm#N3.

47. NAR, "Field Guide to NAR Membership Statistics (1908-Present)", accessed Mar. 12, 2009. http://www. realtor. org/library/library/fg003.

48. " Memorandum Opinion And Order Denying Defendant's Motion To Dismiss Complaint Of The United States", United States v. National Association of Realtors, accessed Apr. 12, 2009. http://www. justice. gov/atr/cases/f219800/219889. htm.

49. " Final Judgment", United States v. National Association of Realtors, accessed Sep. 11, 2010. http://www. justice. gov/atr/cases/f239600/239655. htm.

50. "Competition In The Real Estate Brokerage Industry: A Report by The Federal Trade Commission and U. S. Department Of Justice", accessed Mar. 5, 2012. http://www. ftc. gov/reports/realestate/V050015. pdf.

51. "FTC Approves Fidelity National Financial's Proposal to Sell Rights to Michigan Title Plant Assets to Data Trace Information Services, Inc. ", accessed Mar. 5, 2012. http://www. ftc. gov/opa/2010/11/fidelityagilent. shtm.

52. Anti-Competitive Regulatory Team KFTC, " Competition Assessment Manual (October 2010)", accessed Sep. 4, 2011. http://eng. ftc. go. kr/files/static/International _ Relations/Seoul _ Forum/CompertitionAssessmentManual _ KFTC. pdf.

53. Council Of Australian Governments, "Best Practice Regulation: A Guide

For Ministerial Councils And National Standard Setting Bodies", p. 1, accessed Jul. 7, 2009. http://www.finance.gov.au/obpr/proposal/coag-guidance.html.

54. "Best Practice Regulation Handbook", accessed Jun. 6, 2009. http://www.finance.gov.au/obpr/proposal/gov-requirements.html.

55. OBPR, "Preliminary Assessment Form", accessed Jun. 6, 2009. http://www.finance.gov.au/obpr/proposal/ria-guidance.html.

56. Government of Canada, "Cabinet Directive on Streamlining Regulation", accessed Mar. 3, 2009. http://www.tbs-sct.gc.ca/ri-qr/directive/directive-eng.pdf.

57. "About Treasury Board of Canada Secretariat", accessed Mar. 4, 2009. http://www.tbs-sct.gc.ca/ri-qr/abu-ans/abu-ans-eng.asp.

58. Treasury Board of Canada Secretariat, "Canadian Cost-Benefit Analysis Guide Regulatory Proposals", accessed Jun. 8, 2009. http://www.tbs-sct.gc.ca/ri-qr/documents/gl-ld/analys/analys-eng.pdf.

59. "Brazilian Competition Policy System, BCPS", accessed Feb. 10, 2010. http://pt.wikipedia.org/wiki/Sistema_Brasileiro_de_Defesa_da_Concorr%C3%AAncia.

60. SEAE Technical Team, The Importance of Communications: Enhancing Competition Advocacy in Brazil, at http://www.seae.fazenda.gov.br/central_documentos/documento_trabalho/2002-1/doctrab24.pdf, Feb. 12, 2010.

61. Pillsbury Winthrop Shaw Pittman LLP, "Benchmarking and the Antitrust Laws", accessed Mar. 11, 2009. http://library.findlaw.com/1997/Jul/1/131309.html.

62. Department of Justice and Federal Trade Commission, "Statements of Antitrust Enforcement Policy in Health Care: statement 6", accessed Apr. 12, 2010. http://www.ftc.gov/bc/healthcare/industryguide/policy/statement6.htm.

63. Nam-kee Lee (Chairman of Korea Fair Trade Commission), "Toward an Advanced Market Economy", accessed Apr. 22, 2010. http://eng.ftc.go.kr/utility/quicksearch.jsp? pageId=0501.

64. Michele Lee, "Building an Effective Antitrust Compliance Program: International and Cultural Challenges, Antitrust Compliance Bulletin, March 2006", accessed May. 11, 2010. http://new.abanet.organtitrustSearchable%20Antitrust%20Libraryat-compliance-march-06-article-04.pdf.

65. Asian Develop Bank, " Competition Law Toolkit, Enforcement Mechanisms", Competition Law Compliance Programs, accessed Jun. 7, 2010. http://www. adb. org/Documents/Others/OGC - Toolkits/Competition - Law/complaw 091000. asp.

66. "Report of Competition Commission Roundtable held at Victoria House, London, on 30th. March 2009", accessed May. 6, 2010. http://www. competition-commission. org. uk/our_role/speeches/pdf/seminar_300309_summary. pdf.

67. " The Turner Review, a regulatory response to the global banking crisis", accessed Jul. 12, 2010. http://www. fsa. gov. uk/pubs/other/turner_review. pdf.

68. "Amicus curiae", accessed Jan. 4, 2010. http://en. wikipedia. org/wiki/Amicus_curiae.

69. "Brief of The Federal Trade Commission as Amicus Curiae in Support of Wal-Mart Stores, Inc. 's Motion to Dismiss", accessed Jan. 5, 2009. http://www. ftc. gov/opp/advocacy/1985/P854622. PDF.

70. "Advocacy Filings", accessed Jul. 24, 2011. http://www. ftc. gov/opp/advocacy_date. shtm#2005.

71. " Commission Approves Filing of Joint FTC/DOJ Comments with Michigan Governor on Real Estate Services Provision", accessed Jan. 5, 2010. http://www. ftc. gov/opa/2007/06/fyi07253. shtm.

72. "FTC/DOJ File Joint Comments with NY State Assembly Committee on the Unauthorized Practice of Law", accessed Jan. 6, 2010. http://www. ftc. gov/opa/2007/04/fyi07238. shtm.

73. Federal Trade Commission, "Department of Justice Issue Joint Statement on Certificate-of-Need Laws in Illinois", accessed Jan. 6, 2010. http://www. ftc. gov/opa/2008/09/illcon. shtm.

74. OECD, "Relationship between Regulators and Competition Authorities, 1998", accessed Feb. 16, 2008. http://www. oecd. org/dataoecd/35/37/1920556. pdf.

75. Antonio de Vera, "Introduction to Economic Regulation", accessed Mar. 11, 2009. http://www. adb. org/Documents/Produced - Under - TA/34315/intro. pdf.

76. Federal Energy Regulatory Commission Distinguished Speaker Series

(Address by Joel I. Klein), "Making the Transition from Regulation to Competition: Thinking About Merger Policy During the Process of Electric Power Restructuring", accessed Jan. 11, 2009. http://www.justice.gov/atr/public/speeches/1332.htm.

77. "FCA and EMA stress importance of cooperation in monitoring electricity and natural gas markets", accessed Feb. 21, 2008. http://www.kilpailuvirasto.fi/cgi-bin/english.cgi? luku=news-archive&sivu=news/n-2006-01-27.

78. "Remarks of Chairman Jon Leibowitz 36th Annual Conference on International Antitrust Law & Policy Fordham Competition Law Institute at Fordham Law School, September 24, 2009", accessed Sep. 22, 2010. http://www.ftc.gov/speeches/leibowitz/090924fordhamspeech.pdf.

79. Won Joon KIM, "Competition Advocacy Role of the Korea Fair Trade Commission", accessed Apr. 24, 2008. http://www.jftc.go.jp/eacpf/05/APECTrainingProgram2002/Korea.pdf.

80. Hak-kuk Joh, "Korea's experience in competition advocacy and ways to improve the effectiveness of the advocacy", accessed Jun. 15, 2009. http://www.internationalcompetitionnetwork.org/uploads/library/doc534.pdf.

81. OECD, "Competition Law and Policy in Korea", accessed Mar. 19, 2009. http://cplaw.cupl.edu.cn/upload//temp_08031110157175.pdf.

82. OECD, "A Peer Review of Russia's Competition Law and Policy", accessed Jul. 27, 2010. http://www.oecd.org/dataoecd/10/60/32005515.pdf.

83. Anatoly Golomolzin, "Sectoral Directions of Competition Advocacy in the Russian Federation, on international competition conference 2009", accessed Jun. 14, 2010. http://www.bric-competition.com/file/315.doc.

84. Productivity Commission, "Review of Legislation Regulating the Architectural Profession", accessed Jun. 13, 2010. http://www.pc.gov.au/__data/assets/pdf_file/0019/22744/architects.pdf.

85. "List of Panelists", accessed Oct. 11, 2009. http://govinfo.library.unt.edu/amc/commission_hearings/pdf/State_Action_Panelists.pdf.

86. "Carlton Varner's Witness Statements on AMC's public Hearing on the State Action Doctrine", accessed Oct. 11, 2009. http://govinfo.library.unt.edu/amc/commission_hearings/pdf/Varner.pdf.

87. "Hearing Transcript of AMC's public Hearing on the State Action

Doctrine", accessed Mar. 11, 2010. http://govinfo. library. unt. edu/amc/commission_hearings/pdf/050929_State_Action_Transcript_reform. pdf.

88. "Active Supervision After Ticor: Be Careful of What You Wish For! "(John C. Christie, Jr.'s Witness Statements on AMC hearing meeting), accessed Oct. 11, 2009. http://govinfo. library. unt. edu/amc/commission_hearings/pdf/Christie_Statement. pdf.

后　　记

本书是以我的博士论文为基础完成的。从 2008 年夏天与徐士英老师的一次谈话中确定论文选题，到 2012 年论文初步定稿，经历了整整四年，这是一次难得的学术训练。博士论文的写作让我充分体验到了理论创新的不易，也深刻认识到了自身研究能力的不足。博士论文答辩让我进一步意识到竞争推进的重大意义的同时，也发现论文在资料收集和研究深度方面存在的很多不足。毕业后，徐老师不断提醒我关注竞争推进理论和实践的发展，集中精力修改论文争取出版，甚至帮助我联系出版社和落实出版经费。每逢业内较有影响力的会议，徐老师总是提醒我争取提交论文参加会议，而我却好多次因为懈怠而放弃。幸运的是在老师召集的一次次读书会上，总能够获得竞争法理论界最新的理论动态，让我不至于远远落后于国内竞争法研究的步伐。这本书就是在徐老师不断的鼓励和帮助下得以完成的。本书出版前，尽可能对 2012 年以来国内外竞争推进研究和实践的进展做了补充，尤其是党的十八大以来我国不断深化市场经济体制改革方面的最新进展，及其对竞争推进理论和实践的深刻影响。近年来，中国竞争推进理论和实践都以极快的速度向前发展，博士论文写作期间的很多设想已经变成现实，公平竞争审查制度的建立就是最明显的例子。目前看来，本书中很多资料和观念都算不上创新，但笔者希望借助本书的出版，再一次系统地回顾国内外竞争推进的理论发展和实践经验，为我国正在形成中的竞争推进制度提供一些呼应和支持。

能够追随徐士英教授学习竞争法是我一生中的幸事。徐老师善于利用课题研究的形式启发学生独立思考，使我获益良多。对待学问，徐老师从不含糊，勤奋、严谨的治学精神令我钦佩。对待朋友，徐老师谦和大气、与人为善，翩翩君子之风令我景仰。对待社会和民族，徐老师感时忧世，每每谈及风气和时弊，针砭之余又总能为我们指出希望所在。久而久之，与徐老师的谈话成为学生洗涤心灵的重要仪式。在本书出版之际，我衷心地祝愿徐老师身体健康！

我还要感谢郑少华教授。追随郑老师攻读硕士期间，他广博的学识、缜密的思维令我折服，毕业后郑老师依然十分关心我的学习生活，遇到困难时，他总是毫不犹豫地伸出援手。郑老师调任上海财经大学以后，仍时刻不忘提携晚辈学子，为我们提供学习和交流的机会和平台。在博士学习期间和本书写作的过程中，我还有幸得到了许多老师无私的帮助与教诲，在这里也要致以真诚的谢意！他们是：顾功耘教授、吴弘教授、罗培新教授、林燕萍教授、唐波教授、陈少英教授、刘伟教授、李建伟教授，等等。感谢论文答辩期间王先林教授、王全兴教授、肖国兴教授对论文提出的宝贵意见。还要感谢读博期间的兄弟姐妹们，刘学庆、顾全、喻玲、丁茂中、应品广、徐明妍、王鑫。工作期间，不少同事、领导、朋友无私的帮助令我感动。在上海市人大工作期间，我有幸在法理学泰斗沈国明教授身边工作了一段日子，沈老师的士人风骨、严谨的治学态度和对年轻学子的关怀备至令我终生难忘。沈老师从领导岗位退休后，仍坚持学术研究，笔耕不辍，每每想起先生如此就越发不敢放松。在此也衷心祝愿沈老师身体健康！市人大法制委阎锐博士亦师亦友，工作学习中每每遇到困惑总是习惯性地向她求教，十分感激！论文编辑出版过程中还得到了法律出版社何敏老师的悉心指导和帮助，真挚感谢！最后，感谢家人多年来给予我支持却不言回报！

二〇一八年八月

上海—北京

图书在版编目(CIP)数据

竞争推进的理论与制度研究 / 向立力著. -- 北京 : 法律出版社, 2019
(华东政法大学竞争法与竞争政策丛书 / 徐士英主编)
ISBN 978-7-5197-3104-5

Ⅰ.①竞… Ⅱ.①向… Ⅲ.①市场竞争—经济法—研究—中国 Ⅳ.①D922.294.4

中国版本图书馆CIP数据核字(2019)第022996号

竞争推进的理论与制度研究
JINGZHENG TUIJIN DE LILUN YU ZHIDU YANJIU

向立力 著

策划编辑 何 敏
责任编辑 何 敏
装帧设计 汪奇峰

出版 法律出版社
总发行 中国法律图书有限公司
经销 新华书店
印刷 北京虎彩文化传播有限公司
责任校对 王晓萍
责任印制 张建伟

编辑统筹 法律出版社
开本 710毫米×1000毫米 1/16
印张 16.5
字数 230千
版本 2019年3月第1版
印次 2019年3月第1次印刷

法律出版社 / 北京市丰台区莲花池西里7号(100073)
网址 / www.lawpress.com.cn
投稿邮箱 / info@lawpress.com.cn
举报维权邮箱 / jbwq@lawpress.com.cn
销售热线 / 010-83938336
咨询电话 / 010-63939796

中国法律图书有限公司 / 北京市丰台区莲花池西里7号(100073)
全国各地中法图分、子公司销售电话:
统一销售客服 / 400-660-6393
第一法律书店 / 010-83938334/8335　西安分公司 / 029-85330678　重庆分公司 / 023-67453036
上海分公司 / 021-62071639/1636　深圳分公司 / 0755-83072995

书号: ISBN 978-7-5197-3104-5
定价: 49.00元
(如有缺页或倒装,中国法律图书有限公司负责退换)